ROMA

Das unbekannte Volk

Schicksal und Kultur

ROMA

Das unbekannte Volk
Schicksal und Kultur

Herausgegeben von

Mozes F. Heinschink

und

Ursula Hemetek

für den Verein Romano Centro, Wien

BÖHLAU VERLAG WIEN · KÖLN · WEIMAR

Gedruckt mit Unterstützung durch
den Fonds zur Förderung der wissenschaftlichen Forschung
und das Bundesministerium für Unterricht und Kunst,
Abteilung Erwachsenenbildung.

Die Deutsche Bibliothek – CIP-Einheitsaufnahme

Roma : das unbekannte Volk ; Schicksal und Kultur / hrsg. von
Mozes F. Heinschink und Ursula Hemetek für den Verein
Romano Centro, Wien. – Wien ; Köln ; Weimar : Böhlau, 1994
ISBN 3-205-98149-9
NE: Heinschink, Mozes F. [Hrsg.]

ISBN 3-205-98149-9

Titelbild: Romamädchen in Novo Mesto (Slowenien).
Foto: Mozes F. Heinschink, 1985.

Satz und Repro: Zehetner Ges. m. b. H., 2105 Oberrohrbach.

Druck: Manz, A-1050 Wien.

Inhalt

Te del o Del
le Romenge
but bax aj zor peske dromesa

Vorwort

Das Volk der Roma lebt auf der ganzen Welt verstreut. Unterschiedlich sind die Namen, mit denen die Gastvölker dieses Volk bezeichnen: „Zigeuner", Cigani, Gypsies, Gitanos usw. Meist sind diese Begriffe mit negativen Vorurteilen belastet. Die Roma selbst benennen sich in ihrer Sprache, dem Romanes, auch unterschiedlich, je nach Gruppenzugehörigkeit. Jene Eigenbezeichnung, die bei den meisten Gruppen verwendet wird, vor allem auf dem Balkan und im deutschsprachigen Raum, findet sich im Titel unserer Publikation: ROM (Ez.), ROMA (Mz.). Es ist jener Überbegriff, der am ehesten als Synonym für das Wort Zigeuner gebraucht werden kann.

Sinti (Ez. Sinto) ist die Eigenbezeichnung einer vorwiegend in Deutschland, Frankreich und Italien lebenden kleineren Gruppe. Aufgrund historischer Gegebenheiten und des Einflusses der deutschen Sprache haben sie sowohl sprachlich als auch kulturell eine eigenständige Identität entwickelt.

Gemeinsam ist all diesen Menschen, mögen sie sich nun Roma, Sinti, Manush oder Cale nennen, die ursprüngliche Heimat Nordindien. Anhand der Sprache, dem Romanes, konnte man die Stationen der Wanderungen dieses Volkes nachvollziehen.

Historisch belegbar ist auch die Geschichte der Verfolgungen und der Diskriminierung, die ihnen überall widerfahren ist. Nicht ein „angeborener Wandertrieb", sondern wirtschaftliche und soziale Umstände haben sie zu Nomaden gemacht. Schon frühe historische Belege lassen darauf schließen, daß sie, wohin sie auch kamen, abgelehnt, diskriminiert und verfolgt wurden. Erschreckend ist die Kontinuität der Feindseligkeiten gegenüber den Roma bis in die heutige Zeit.

In Österreich wurden Roma und Sinti als Volksgruppe anerkannt (16. 12. 1993). Aber die Ereignisse in den Nachbarländern werfen ihre Schatten: Fast täglich berichten die Medien über Pogrome, Morddrohungen, Brandanschläge und Abschiebungen, die Roma betreffen.

Noch im Juli 1991 schrieb Dragan Jevremović, der Obmann von Romano Centro (Wien), in einem Gedicht:

> „Es liegt lange Zeit zurück,
> „daß wir uns fürchten mußten,
> „daß wir uns verstecken und flüchten mußten."
> (Siehe auch Heinschink: Die Sprache der Roma)

Heute, imDezember 1993, nur zwei Jahre später, kann er weder so schreiben noch so empfinden. Zu viel hat sich in dieser kurzen Zeit verändert. An die Stelle von Vertrauen ist Angst getreten. Die Situation vieler Roma in Österreich zwischen Anerkennung und Bedrohung ist ambivalent.

Dem wachsenden Nationalismus, der sich meist die Roma als erste Sündenböcke erwählt, muß in seinen Anfängen entgegengetreten werden. Xenophobie heißt Fremdenangst und wird oft zum Fremdenhaß, denn Angst erzeugt Aggression. Die Roma sind „fremd", weil das Wissen über sie mangelhaft und von Vorurteilen geprägt ist. Die vorliegende Publikation versucht dem entgegenzuwirken, indem wissenschaftlich fundiert über einige Bereiche ihrer Geschichte und ihres Lebens gearbeitet wurde. Wissenschaft im Dienste der Roma – so ist diese Publikation zu verstehen. Dies muß eigens betont werden, denn im Laufe der Geschichte ist die Wissenschaft zu oft gegen die Roma verwendet worden. Wissen – und zwar meist vorurteilsbeladenes Teilwissen – um die Roma diente den Machthabern als Handhabe gegen dieses Volk.

Der Anlaß für dieses Buch war eine Veranstaltungsreihe im Amerlinghaus (Wien) 1991 unter dem Titel „Volk ohne Rechte". Was dort begonnen wurde, als vielfältige kulturelle und wissenschaftliche Präsentation, findet in dieser Publikation nun eine Fortsetzung.

Die Autoren des vorliegenden Buches, Spezialisten ihres Faches, behandeln das Thema ROMA jeweils aus ihrer fachspezifischen Sicht heraus. Die einzelnen Beiträge stehen jeder für sich als abgeschlossene Einheit. In den Teilen I und II sind sie jedoch thematisch zusammengefaßt und ermöglichen im Zusammenwirken einen Einblick in die historisch-politische Situation der Roma einerseits und in die kulturelle Identität der Roma andererseits.

Die Beiträge im Teil I beschreiben den Weg der „Zigeuner" in der Sozietät der Nichtzigeuner; ein Leidensweg. Er wird hier soziologisch, politisch und historisch bearbeitet.
Teil II ist mit der Kreativität der Roma befaßt, wobei die Sichtweise der Roma selbst und die kulturellen Ausdrucksformen im Vordergrund stehen.

Beide Teile ergänzen einander und versuchen verschiedene Zugänge zur Thematik. Gerade durch die Annäherung von unterschiedlichen Seiten wird das zu vermittelnde Bild vielfältig und mehrdimensional. Das Buch erhebt nicht den Anspruch, vollständig zu sein. Wie könnte man dies auch angesichts der Fülle an noch nicht Erforschtem im weiten Feld der Romakultur behaupten!

Die Möglichkeit, ein solches Buch herauszugeben, verdanken wir in erster Linie und vor allem den Roma selbst. Obwohl das Buch nicht nur von den Roma in Österreich handelt, liegen doch die Wurzeln für diese Arbeit hier. Die meisten Autoren leben in Österreich und haben ihre Informationen von Roma in Österreich.

Ohne die Bereitschaft, die Geduld und das Vertrauen vieler von ihnen, ohne den ständigen Kontakt und die enge Zusammenarbeit von „forschendem Gađo" und „wissendem Rom", ohne das Miteinander von Betrachter und Betroffenem, wäre diese Arbeit lebloses Stückwerk.

Es ist die erste Publikation dieser Art in Österreich, und es ist kein Zufall, daß diese erst jetzt entstanden ist. Noch vor einigen Jahren wäre so ein Buch nicht möglich gewesen. Zu groß war das verständliche Mißtrauen der Roma den Gađe gegenüber. Außerdem bekannten sich viele nicht zu ihrem Volk, um nicht permanent Vorurteilen und Diskriminierungen ausgesetzt zu sein. Es gab keine offizielle Vertretung der Roma. Diese Ausgangssituation änderte sich grundlegend 1989 mit der Gründung der ersten offiziellen Vertretung von Roma in Österreich, dem Verein „ROMA und SINTI – Verein zur Förderung von Zigeunern" in Oberwart. Viel verdanken die Roma in Österreich dem ersten Obmann des Vereins, Ludwig Papai. Seine gefestigte und ausgleichende Persönlichkeit, seine Integrität und seine große Menschlichkeit prägten die Anfangszeit und halfen der jungen Bewegung zu wachsen. Ludwig Papai bot den Gađe die Hand zur Versöhnung und zur Zusammenarbeit. Nicht (zweifelsohne berechtigte) Gedanken der Vergeltung bestimmten sein Wirken, sondern die Hoffnung auf ein neues und integratives Zusammenleben von Roma und Nichtroma. Ludwig Papai starb im November 1990, doch sein Werk hat Früchte getragen. Heute, im Oktober 1993, zählen wir bereits drei Romavereine und einen Sintiverein in Österreich. Weitere sind im Entstehen. Das Selbstbewußtsein der Ethnie wächst, man beginnt, sich zur Romaidentität zu bekennen. Eine der ersten Persönlichkeiten, die es öffentlich wagte, sich als „Zigeunerin" zu deklarieren, war Ceija Stojka (heute Vizeobfrau von Romano Centro). Sie schrieb 1988 ein Buch „Wir leben im Verborgenen" (Picus Verlag), in dem sie ihre Leidensgeschichte aufarbeitete. Ceija Stojka hat das KZ überlebt und hat versucht, sich ihr Trauma von der Seele zu schreiben. Sie ist eine Zeitzeugin, die durch ständige Aufklärungs- und Vortragstätigkeit in der Welt der Roma und in der Welt der Gađe wirkt.

Ihr erstes Buch ließ viele aufhorchen, Roma wie Gađe. Dies war wohl der erste Schritt auf einem Weg, der nun zur Anerkennung der Roma als österreichische Volksgruppe geführt hat.

Es wären noch viele Roma zu nennen, die sich um die Romabewegung in Österreich verdient gemacht haben: Eduard Karolyi (Beratungsstelle für Roma und Sinti im Landesinvalidenamt für Wien, NÖ und Bgld.), Rudolf Sarközi (Obmann des Kulturvereins österreichischer Roma und Sinti), Elisabeth Feuerstein (die Tochter Ludwig Papais, die sein Werk fortführt), Susanne Baranyai (Obfrau des Roma- und Sinti-Vereins in Oberwart 1990–1991, 1993), Emmerich Gärtner-Horvath (Obmann des Roma- und Sinti-Vereins in Oberwart 1992). Der Verein Romano Centro vereinigt in seinem Vorstand viele Romapersönlichkeiten, die durch unermüdlichen Einsatz für die Roma in Österreich den Anfang eines Umdenkens bewirkt haben. Allen voran ist Generalsekretär und erster Obmann Dragan Jevremović zu nennen. Er ist als Kalderaš (Kupferschmied) fest in seiner Tradition verwurzelt (siehe Mayerhofer: Zu Handwerk und Lebensweise der Roma). Ähnlich wie Ludwig Papai ist er eine integrative Persönlichkeit. Er wird sowohl von den Roma als auch von den Gađe akzeptiert und geachtet. Durch seine Offenheit und Toleranz gestaltet sich die Zusammenarbeit zwischen den beiden Kulturen sehr erfolgreich. Ilija Jovanović, Obmann 1993 und Initiator des Vereins, arbeitet erfolgreich in kulturellen Belangen. Seine Gedichte in Romanes zeugen von großer dichterischer Begabung und Phantasie.

Diese Genannten wirken zusammen mit vielen anderen in einem Prozeß, der die Lage der Roma im sozialen, pädagogischen, politischen und kulturellen Bereich verbessern soll. Ein Schritt auf diesem Weg liegt hier in Buchform vor: Wissensvermittlung zum Abbau von Vorurteilen – eine gesellschaftspolitische Aufgabe der Wissenschaft.

Die Herausgeber danken dem Verein Romano Centro für das Vertrauen, das ihnen entgegengebracht wurde. Herzlich gedankt sei allen Autoren und Gewährspersonen, die zum Entstehen dieses Werkes beigetragen haben; insbesondere auch dem Bundesministerium für Unterricht und Kunst, Abteilung Erwachsenenbildung, und dem Fonds zur Förderung der wissenschaftlichen Forschung, durch welche dieses Projekt finanziell unterstützt wurde.

T'aven baxtale (Glücklich sollt ihr sein)!

Mozes F. Heinschink Ursula Hemetek

TEIL I

Fremd – ausgegrenzt – verfolgt: Das Schicksal der Roma

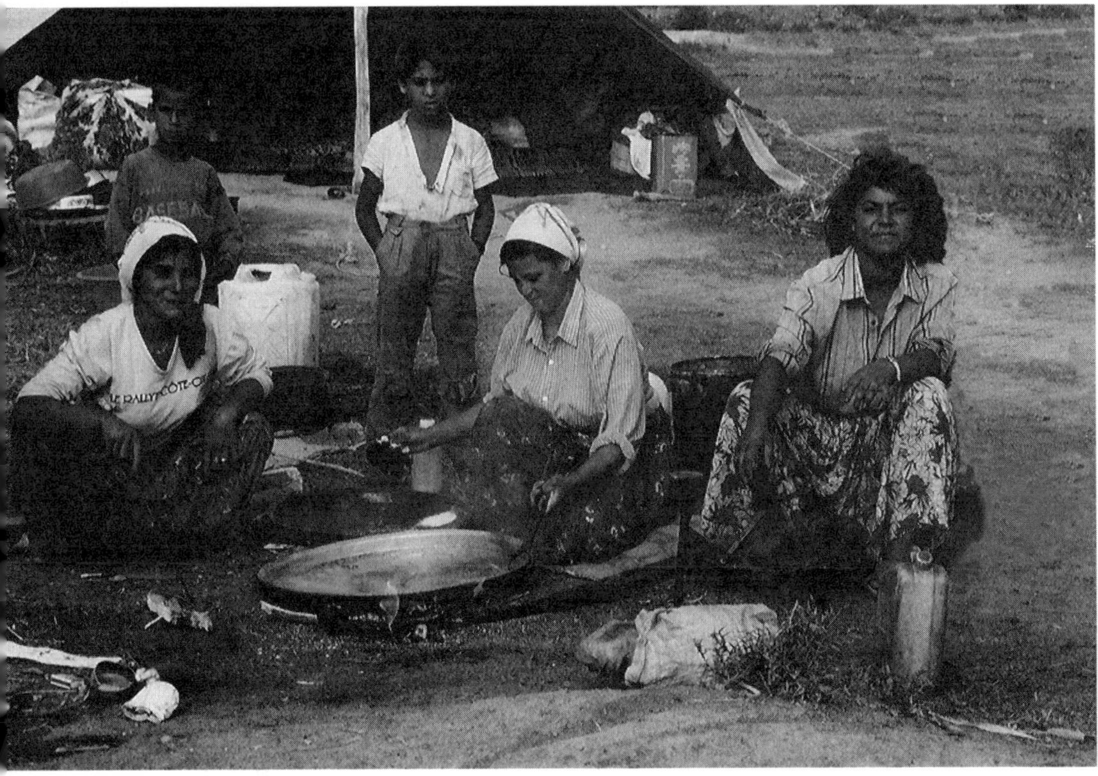

Romafrauen beim Verzinnen in der Nähe von Izmir (Türkei). Foto: Mozes F. Heinschink, 1988.

ROM ZIGEUNER
auf dem Weg in die Postmoderne

Von Reimer Gronemeyer und Georgia A. Rakelmann

> Graf Leinsdorf dachte also „Was einmal war, wird niemals wieder in der gleichen Weise sein", und während er das dachte, war er sehr erstaunt. Denn angenommen, daß es in der Geschichte kein freiwilliges Zurück gebe, so glich die Menschheit einem Mann, den ein unheimlicher Wandertrieb vorwärtsführt, für den es keine Rückkehr gibt und kein Erreichen, und das war ein sehr bemerkenswerter Zustand.
>
> (Robert Musil. Der Mann ohne Eigenschaften 1978 I, S. 234)

Hermann Cornerus ist der Name eines Dominikanermönchs. Er schreibt zu Beginn des 15. Jahrhunderts eine Chronik: Sie reicht vom Beginn der Weltgeschichte bis zum Jahre 1453. Zum Jahr 1417 notiert Cornerus auch die Ankunft von Zigeunern im Norden Deutschlands. In Hamburg, Lübeck, Wismar, Rostock, Stralsund, Greifswald werden sie gesehen, und sie sollen – nach Cornerus – aus dem Osten gekommen sein.[1] Der Zuzug von Rom[1a] aus dem Osten in den Westen ist – wie man sieht – ein altes Phänomen. Ebenso alt ist die Abneigung der Westler gegen diese Fremden. „Fures autem erant magni" schreibt der Dominikaner: Sie waren große Diebe, vor allem ihre Frauen. Und: Sie sind an verschiedenen Orten ergriffen und getötet worden.

Die Notizen des Cornerus gehören zu den ältesten Mitteilungen über Zigeuner in Europa, und sie berichten sogleich von heftigen Auseinandersetzungen zwischen den westlichen Seßhaften und den östlichen Eindringlingen. Wir können die Vorgänge, die Cornerus uns berichtet, nicht mehr rekonstruieren: Haben sie gestohlen? Sind sie zu Unrecht verdächtigt worden? Sitzt in diesem Bericht wie ein Embryo der künftige jahrhundertewährende Kulturkonflikt zwischen Seßhaften und den letzten europäischen Nomaden, der wachsen wird, bis er in Auschwitz zur systematischen Ausrottungsmanie sich ausdehnt?

---

1 Vgl. die Textedition bei Reimer Gronemeyer: Zigeuner im Spiegel früher Chroniken und Abhandlungen. Quellen vom 15. bis zum 18. Jahrhundert. Gießen 1987, S. 15 ff.

1a Rom ist hier sowohl als Einzahl als auch als Mehrzahl gebraucht.

Gerade dieser Konflikt zwischen westlicher Gesellschaft und aus dem Osten einwandernden Rom erlebt gegenwärtig eine Wiederauflage: Kirchenbesetzungen, Demonstrationen, Hungerstreiks, Belagerung des Landtages in Düsseldorf, Abschiebung staatenloser Rom, die sich auf ein Bleiberecht berufen, das ihnen nach den nationalsozialistischen Verfolgungen zustehe: Immer das gleiche also? Oder zeigt sich bei näherem Hinsehen dann doch ein völlig anderes Bild? Sind die Auseinandersetzungen von 1417 und 1992 nach dem gleichen Muster gestrickt? 1992 geht es doch um ein behördliches Aufenthaltsrecht und zugleich um einen moralischen Appell an die reichen Westeuropäer – die Deutschen zumal –, die ihre Tore ein wenig für die mittellosen Rom öffnen sollen. Wie war das 1417?

Es ist geradezu verblüffend, zu sehen, wie ähnlich in mancher Hinsicht die Konfliktlinien 1417 aufgebaut sind. Folgt man nämlich dem Text des Cornerus noch ein Stück, dann birgt er zwei weitere Nachrichten von höchstem Interesse: Die Zigeuner, von denen Cornerus berichtet, tragen Empfehlungsschreiben von Fürsten und selbst vom Kaiser Sigismund bei sich, in denen Stadtobere und Kirchenfürsten aufgefordert werden, die Inhaber des Empfehlungsschreibens einzulassen und menschlich zu behandeln („admissi sunt et humaniter tractati"). Die heikle Frage der Reisedokumente und der Aufenthaltsgenehmigung begleitet die Zigeuner also offenbar vom ersten Tage ihres Aufenthaltes in Mitteleuropa bis heute. Solche Empfehlungsschreiben, die den Paß unserer Tage ersetzten, wurden damals von den geldhungrigen Administratoren gegen Gebühren vergeben; freilich wurden solche Dokumente auch gern gefälscht. Wir wissen nicht, ob die Empfehlungsschreiben, von denen hier die Rede ist, aus einem kaiserlichen Wanderbüro (denn der Kaiser war der erste Nomade des Reiches) oder aus einer fliegenden Fälscherwerkstatt stammen. Das ist auch gleichgültig: Die Kontinuität besteht darin, daß von Anfang bis zu Gegenwart die einwandernden osteuropäischen Rom in Westeuropa „Paßprobleme" haben.

Und wie steht es mit dem moralischen Appell? Auch darin ist eine überraschende Kontinuität erkennbar: Cornerus berichtet, daß der Grund für das Umherschweifen und Reisen der Zigeuner darin zu suchen sei, daß sie vom Glauben abgefallen seien und sich dem Heidentum wieder zugewandt hätten: So hätten ihre Bischöfe ihnen eine siebenjährige Bußfahrt in der Fremde auferlegt, und dies sei der Grund für ihr Wanderdasein. („Quam quidem peregrinationem continuare tenebantur ex injuncta eis paenitentia ab Episcopis suis ad septennium.") Nun muß man wissen, daß Bußreisende zu Beginn des 15. Jahrhunderts das Abendland geradezu überschwemmten, man kann sich des Eindrucks nicht erwehren, daß unter dem Deckmantel der Pilgerreise ein Stück mittelalterlichen Tourismus sich abspielte: Bis hin zur damals angebotenen Pauschalreise nach Santiago de Compostella erinnert die Pilgerei ein wenig an moderne Zeiten. Auf jeden Fall war die Bußreise gängig; in den mittelalterlichen Fußgängerzonen reihten sich Almosenbitter aneinander, die unter Hinweis auf ihre Gefangenschaft in Jerusalem oder auf eine Bußreise in Ketten um milde Gaben ersuchten. Es kann nicht verwundern, daß Zigeuner sich dieses Musters bedienten, um bei den fremd-feindseligen Gastgebern Mißtrauen zu zerstreuen. Das härene Gewand des Büßers war eine gute Verkleidung und barg einen Appell: Wir sind Christen, wenn auch sündige, und haben deshalb eure Duldung und eure Caritas verdient. Die Bußlegende appelliert an das moralische Gewissen des spätmittelalterlichen Menschen. Es zeugt von der Sensibilität und Kompetenz der Zigeuner, daß sie die Mittel- und Westeuropäer mit ihren eigenen kulturellen Waffen schlagen: ein kulturelles Tai-Chi, ein Kampf, bei dem die aggressiven Potenzen der Europäer mit Geschick auf diese selbst zurückgelenkt werden.

Mit Blockaden, Besetzungen und Hungerstreiks nehmen auch heute die osteuropäischen Rom kulturelle Elemente der mitteleuropäischen Gesellschaften auf, um so der Abwehr und der Aggression, die ihnen wie eh und je entgegenschlagen, Herr zu werden.

Was wir nicht wissen: Aus welcher Situation, aus welchen Bedrängungen oder mit welchen Hoffnungen die Zigeuner um 1400 aufbrachen, um im Westen zu reisen (oder zu bleiben?). Dies ist heute – fast 600 Jahre später – bei den einreisenden Rom genauer zu diagnostizieren.

Europas „dritte Welt" liegt in Osteuropa. Millionenfach versuchen die armen Nachbarn in die mitteleuropäische Metropole zu drängen. Mitteleuropäer beginnen den Abriß von west-östlichen Mauern und Grenzen zu bedauern und verbarrikadieren sich in einem zur Festung ausgebauten Europa. (Der Begriff „Festung Europa" entstammt im übrigen dem Vokabular des Joseph Goebbels, das sollte nicht in Vergessenheit geraten.) Daß „Europa" sich zur Festung erklärt – das ist nun für die Zigeuner kein neues Phämomen: Einst waren sie aus dem verdächtigen Türkenreich ins christliche Abendland gewandert, und man rief: „Spione!" Dann wurden sie als Eindringlinge aus dem unzivilisierten Osten perzipiert, und man rief: „Primitive!" Sickerten sie durch den sozialistischen Eisernen Vorhand waren sie „Illegale", und heute nun schallt ihnen in der Festung Europa ein „Scheinasylanten!" oder „Wirtschaftsflüchtlinge!" entgegen.

In der Geschichte der Beziehungen zwischen europäischer Mehrheitskultur und zigeunerischer Minderheitskultur waltet also eine Jahrhunderte umfassende Kontinuität. Die aus dem Osten zuwandernden Rom haben die Einlaßbedingungen von Anfang an sehr genau erfaßt: Man muß die administrativen und ideologischen Bedingungen der Europäer befriedigen, um bleiben zu können: Paß und Religion müssen stimmen. Und die Zigeuner haben der europäischen Erpressung die notwendigen Zugeständnisse gemacht: Ethnologisch kann man von einer vitalen Fähigkeit zur Flexibilität sprechen.[2] Eine Minderheit wie die der Zigeuner kann nur überleben – eine Minderheit ohne Macht und Heimatterritorium –, wenn sie sich in die Mehrheitsbedingungen sehr genau einhört. „Gut haben es die Minderheiten (sc. in Osteuropa R. G.), die sich auf ein starkes Herkunftsland beziehen können, wie die Deutschen. Gut haben es auch die Minderheiten, die sich auf ein Herkunftsland beziehen können, in dem die demokratischen Strukturen sich zu festigen beginnen, wie die Ungarn. Was aber geschieht mit denen, deren Herkunftsland . . . sich in einer tiefen Krise befindet und hilflos bis verrückt agiert? In einer solchen Lage sind die Albaner im Kosovo, die Rumänen in der Moldau-Republik . . . Und was geschieht mit den Rom? Sie haben kein den anderen vergleichbares kulturelles Zentrum. Große Teile dieser Minderheit, vor allem auf dem Balkan, aber auch in der Slowakei und in Ungarn, sind extrem verelendet und kriminalisiert. Sie sind der sichtbar gewordene Teil des Elends in den Ländern, in denen sie leben, und als solcher dort zuneh-

Kalderaš-Frau mit Kindern. Foto: Mozes F. Heinschink.

2 Vgl. dazu Mark Münzel: Zigeuner und Nation. In: M. Münzel/B. Streck (Hg.): Kumpania und Kontrolle, Gießen 1981, S. 15 ff.

mend dem öffentlichen Haß ausgesetzt. Pogrome in Rumänien und das Desinteresse der Politik an der Problematik sind deutliche Belege. Am liebsten wäre man sie los. Viele von ihnen irren bereits ziellos in Osteuropa herum, suchen die Ufer des Westens zu erreichen. Sie waren unter den ersten, nach der Öffnung von 1989, die die Flucht antraten."[3] Die Aufeinanderfolge von Nationalsozialismus und Realsozialismus in Osteuropa hat für die Zigeuner zumindest auch diese fatale Folge gehabt: Mehr als 50 Jahre lang ist die Ausübung ihrer Wirtschaftsweise staatlich verboten, mißbilligt oder reglementiert gewesen. Wenn heute Millionen Zigeuner in Osteuropa zur Armutspopulation gehören, dann ist das auch dem Tatbestand zuzuschreiben, daß ihre Handlungsspielräume anders als zu den Zeiten des Habsburgischen Reiches in Osteuropa systematisch – wenn auch nicht immer erfolgreich – zerschlagen werden sollten.[4]

Es gibt also viel Anlaß über die Kontinuität in den Beziehungen zwischen Zigeunern und Nichtzigeunern zu sprechen. Aber es gibt – und dahin soll sich der Blick jetzt wenden – auch einen erkennbaren Wandel, ja einen Prozeß in diesen Beziehungen. Genauer gesagt ist die Kontinuität auf der Seite der Rom loziert, die mit staunenswerter Flexibilität auf die Herausforderungen und Repressionen des sich in Europa herausbildenden Kontrollapparates reagieren. Der Wandel liegt in den staatlichen Systemen. Diesen Wandel gilt es, bis in die Gegenwart zu verfolgen.

Der Text des Cornerus zeigt, daß es ein „Goldenes Zeitalter" der Zigeuner in Europa nicht gegeben hat: Eine solche anfängliche Zeit der Duldung und freundlichen Aufnahme wird in der Literatur bisweilen behauptet, aber die Texte stützen eine solche Annahme kaum.[5] Die erste Phase darf man wohl eine Phase der versuchten Ausrottung der Zigeuner nennen. Wenn auch – das muß einschränkend gesagt werden – der Verfolgungsapparat im spätmittelalterlichen Mitteleuropa nicht so engmaschig war, daß die staatliche Drohgebärde systematisch in die Tat umgesetzt werden konnte, so ist doch die Vernichtungsabsicht unzweideutig: 1496 wird vom Reichstag die Verfolgung der Zigeuner angeordnet:

---

3 Richard Wagner: Der nationale Wanderstiefel. Minderheiten in Osteuropa. In: Kursbuch 107, 1992, S. 140.

4 Vgl. dazu Reimer Gronemeyer (Hg.): Eigensinn und Hilfe. Zigeuner in der Sozialpolitik heutiger Leistungsgesellschaften. Gießen 1983; sowie derselbe: Zigeuner in Osteuropa. Eine Bibliographie zu den Ländern Polen, Tschechoslowakei und Ungarn. München usw. 1983.

5 Zur Diskussion vgl. Rüdiger Vossen: Zigeuner, Frankfurt 1983, S. 24 ff. Sowie Reimer Gronemeyer/Georgia Rakelmann: Die Zigeuner. Reisende in Europa. Köln 1988, S. 23 ff.

„Der jenigen halben / so sich Ziegeuner nennen / und hin und her in die Land ziehen / sol per Edictum publicum allen Ständen deß Reichs / ... ernstlich gebotten werden / daß sie hinfüro dieselben Ziegeuner in oder durch ihr Land ... nit ziehen / handeln / noch wandeln lassen ..."

Die Zigeuner sollen sich, da sie Spione seien, außer Landes begeben, und wenn dies in einer festgesetzten Frist nicht geschieht, so werden sie für vogelfrei erklärt.

Bis an die Zeiten der Aufklärung heran reicht der Versuch, durch Edikte – unzählbar sind sie – die Zigeuner aus den Ländern und Fürstentümern zu vertreiben. Dies geht einher mit den Ansätzen einer Ordnungspolitik gegenüber dem „Bettelunwesen", die seit Sebastian Brants „Narrenschiff" (1494), seit dem Liber vagatorum, das Luther begeistert mit einem Vorwort versieht, Konjunktur hat. Bettler, die bis dahin legitime Empfänger von Almosen waren, werden allmählich kriminalisiert, und die Zigeuner werden in diese repressive Sozialpolitik einbetoniert. Was mit den Bettlern geschieht, das geschieht mutatis mutandis auch mit den Zigeunern: Und das heißt vor allem, daß nach dem Dreißigjährigen Krieg die Bettler und Zigeuner als Leute entdeckt werden, die nicht arbeiten. Arbeitshäuser entstehen allenthalben in Europa und bereiten einer Arbeitsgesellschaft den Weg, die den „Arbeitslosen" erfindet und zum Adressaten sozialpolitischer Disziplinierung machen. Auch die Zigeuner, die nun als „arbeitsscheu" entdeckt werden. So ist etwa bei Ahasverus Fritsch nachzulesen, der 1660 eine Schrift über die Zigeuner veröffentlicht, in der er für eine „öffentliche Knechtschaft" der Zigeuner plädiert, für eine Dienstbarmachung dieser jungen starken Bettler.[6] Der versuchten Vertreibung der Zigeuner folgt also im 17. Jahrhundert ihre Entdeckung als Arbeitskräfte in einer Gesellschaft, die erste Schritte in Richtung auf eine sich industrialisierende Gesellschaft unternimmt.

Das 18. Jahrhundert zeigt den Zigeunern in Europa ein neues Gesicht: Sie werden als erziehungsbedürftige Mängelwesen entdeckt. Aufklärung, Besserung und Erziehung soll ihnen zuteil werden. Die Politik und die Wissenschaft handeln gleichzeitig: In Österreich beginnen unter der Herrschaft Maria Theresias und Joseph II. die Versuche zur Seßhaftmachung der Zigeuner, und in Deutschland erscheint 1786 das Buch des Statistikers Heinrich M. Grellmann („Historischer Versuch über die Zigeuner"), in dem die indische Herkunft der Zigeuner (unter Rückgriff auf Vorläufer) aufgedeckt wird und in dem sich die programmatischen Sätze finden:

6 Vgl. dazu Reimer Gronemeyer: Jacobus Thomasius und Ahasverus Fritsch. In: Gießener Hefte für Tsiganologie 1, 1984, S. 7 ff.

Der Zigeuner ist nicht der Barbar, der auszurotten wäre, sondern ein primitives, aber menschliches Wesen, das gebessert, erzogen und zivilisiert werden muß: „Längst würde er aufgehört haben, negerartig zu seyn, wenn er aufgehört hätte, zigeunerisch zu leben." Der Mensch wird begriffen als ein sozialisierbares Wesen, als ein „erziehungspädagogisches Projekt". Was Grellmann theoretisch behauptet, das versuchen die verschiedenen europäischen Seßhaftmachungs-Projekte in die Tat umzusetzen: Joseph II. schickt die Zigeunerkinder in die Schule und in die Kirche, er verteilt sie auf Bauernfamilien, er verbietet den Gebrauch der Zigeunersprache, er ordnet Arbeitsbeschaffungsmaßnahmen für Zigeuner an. Kurz, die abendländische Mission packt zu. Es soll – und darf – sich keiner aus der Heils- und Fortschrittsgeschichte ausgeschlossen fühlen. Es ist ein eigentümlich janusköpfiges Angebot, das den Zigeunern da zuteil wird: Die abendländische Arbeitsgesellschaft öffnet ihnen die Tore – sie dürfen sich nun auch als Homo laborans verstehen; aber sie dürfen nicht nur, sie müssen zugleich. Das Angebot zum Eintritt ist zugleich Zwang. Nur wenn die Zigeuner ihre eigene Kultur radikal hinter sich lassen, dürfen sie an der abendländischen teilhaben.

Die abendländische Arbeitsgesellschaft öffnet den Zigeunern die Tore – und der Nationalsozialismus schließt am Ende die Tore des Konzentrationslagers hinter den Zigeunern – und auf diesen ist bekanntlich das „Arbeit macht frei" eingraviert. In der nationalsozialistischen Zigeunerverfolgung bündeln sich alle die feindseligen Tendenzen, die gewissermaßen die Nachtseite des aufklärerischen Erziehungszwangs darstellen: Was sich der Formierung nicht fügt, das soll aus dem Volkskörper ausgeschieden werden. Der aufklärerische Missionszwang, der die Zigeuner integrieren will, und der nationalsozialistische Ausrottungsversuch sind unterirdisch verbunden: Beide wollen das Fremde, das andere zum Verschwinden bringen.

Nach dem Nationalsozialismus, nach dem Wiederaufbau beginnt die Invasion der Sozialarbeiter in die zigeunerische Lebenswelt: Es erinnert – im Rückblick – vieles an das wohlmeinende Wirken von Entwicklungshelfern in der Dritten Welt. Viel Geld ist investiert worden, vor allem Entwicklungsruinen sind als Überreste stehengeblieben. Eine Evaluation der zahlreichen Projekte mit Zigeunern in Mitteleuropa steht aus. Aber man kann sich des Eindrucks nicht erwehren, daß die Gelder, die da geflossen sind, vor allem einen Effekt gehabt haben: Es sind eine ganze Menge Sozialarbeiter finanziert worden, denen die Zigeuner auf diese Weise ihren Lebensunterhalt verschafft haben.

Die neunziger Jahre markieren einen tiefen Bruch. Auch da ist ein Blick auf die Entwicklungshilfe lehrreich. Kaum ein Experte macht sich noch die Illusion, Entwicklungshilfe sei imstande, aus Afrika einen wirtschaftlich blühenden Kontinent zu machen. Eher redet man in Ministerien und in Hilfsorganisationen von der Notwendigkeit internationaler Sozialhilfe: Eingeständnis, daß Afrika kein Entwicklungs-, sondern ein Pflegefall zu werden verspricht. Das Scheitern der Entwicklungshilfe geht einher mit dem Ende der großen Ideologiekonkurrenz. Ost und West, Kommunismus und Kapitalismus haben sich als heilsgeschichtliche Konkurrenten verstanden. Nun sind die heilsgeschichtlichen Zwangsideen in Auflösung begriffen. Postmodern kann von Erlösungen und Integrationen abgelassen werden. Wenn nicht mehr von Volk und Nation, sondern von multikultureller Gesellschaft die Rede ist, dann löst sich der formierende Krampf. Insofern könnte sich für die aus dem Osten einwandernden Rom die Neuerung ergeben, daß sich nach Jahrhunderten zum ersten Mal nicht Erzieher, Sozialarbeiter, Missionare und Aufklärer auf sie stürzen.

Kalderaš-Frau aus Sibiu (Siebenbürgen). Foto: Mozes F. Heinschink.

Aber die postmoderne Nonchalance hat nun auch wieder ihre Nachtseite. Sie zieht einen scharfen Trennungsstrich zwischen eigenen und fremden Interessen. Sie hört vielleicht auf, Heerscharen von Sozialarbeitern auszusenden. Aber eine postmoderne Fremdenpolitik wird sich vermutlich allenfalls dazu verstehen, Elend zu begrenzen. Es zu heilen – das steht nicht mehr auf der Tagesordnung. Die Erlöser ziehen ab vom Corpus der Zigeuner. Um so krasser wird der Versuch sein, sie der dritten Welt in Europa zu inkorporieren.

Nach dem Ende des Zweiten Weltkrieges, mit der politischen und bald auch sozialen Neuordnung Europas, teilte sich die europäische Zigeunerpopulation über kurz oder lang in Ost- und West-Zigeuner. Der Eiserne Vorhang behinderte die Migration; nur wenigen Gruppen gelang es, die Grenzen zu überschreiten.

So wie mit der europäischen Teilung sich die Gesellschaften in sozialer, wirtschaftlicher und kultureller Hinsicht unterschiedlich (das heißt in der Grobeinteilung nach Blöcken organisiert) entwickelten, so entfalteten sich auch die Zigeunergesellschaften in Ost und West in der Abtrennung voneinander unterschiedlich. In „Eigensinn und Hilfe. Zigeuner in der Sozialpolitik heutiger Leistungsgesellschaften" (R. Gronemeyer, Gießen 1983) haben wir die Analogien im sozialpolitischen Umgang mit der Minderheit der Zigeuner bei aller Unterschiedlichkeit der Systeme in Ost und West aufgezeigt.

Überall drehte es sich um eine Betrachtung der Zigeuner als „zu bearbeitende" Minderheit. Seßhaftigkeit und Bildung waren die Anliegen der Sozialpolitik, im Osten im Programm nur geringfügig ergänzt durch die Punkte Arbeitserziehung und Hygiene. Diese Ergänzung entsprach dem Wohlstandsgefälle zwischen Ost und West.:

Während im reicheren Westen die Zigeuner nur eine verschwindend kleine Minderheit darstellten, bildeten sie in mehreren osteuropäischen Ländern die zahlenmäßig durchaus ins Gewicht fallende bitterarme unterste „Klasse".

In der Endzeit der Konkurrenz der Systeme waren die Zigeuner des Ostens immer noch als rückständig definiert. Zwischen dem teilweise eisernen Zugriff der Arbeitserziehung und den Lücken im System hatte sich vielerorts eine Kultur der Armut mit kleinen, lokal begrenzten ökonomischen Nischen etabliert.

Die Zigeunerorganisation in den Ostblockstaaten, ursprünglich gedacht als eine in der Freizeit angesiedelte Institution der Erziehung zum Proletariertum, war als Idee über das schmal gewordene Rinnsal der Ost-West-Migration via Jugoslawien irgendwann in den sechziger Jahren nach Westeuropa (Frankreich) gelangt.

Im Westen wurde die Idee in einem anderen Kontext realisiert; bald entstanden in fast allen westeuropäischen Ländern Zigeunerverbände. In enger Verbindung mit sozialpolitischen Initiativgruppen formierten sie sich im Spannungsfeld zwischen der sozialen Frage einerseits und der bürgerrechtlichen Organisation andererseits.

Die soziale Frage machte sich an der zum Teil katastrophalen Wohnsituation armer Zigeuner an den Rändern der prosperierenden Kommunen fest. Vielfach unter der Überschrift „Seßhaftmachung" ging es darum, den Lebensstandard dieser Armen dem bürgerlichen Standard anzugleichen. Im Zuge der modernen, integrierten Fürsorgekonzepte geriet nicht nur die Bildungsfrage ins Blickfeld – das heißt die Ausstattung der nachfolgenden Generation für einen höheren Lebensstandard als zuvor –, ganze Siedlungen wurden mit Reformprogrammen bedacht. Die bürgerrechtlichen Fragestellungen dagegen waren nicht zentral mit der besonderen Lage der armen niedergelassenen Zigeuner oder der Nomaden befaßt; bürgerliche Gleichstellung und Akzeptanz der kulturellen Eigenständigkeit war eine Frage, die sich zuerst vornehmlich Gruppen stellte, die integrierter waren als die Nomaden aus dem Osten oder die Zigeuner-Arbeitsmigranten an den unteren Rändern der Gesellschaften. Vom Standort der relativen Integration aus ist die kulturelle Eigenständigkeit nicht mehr allein ein gelebter Randgruppenlebensstil, sondern die Akzeptanz muß den Gesellschaften abgetrotzt werden.

Die Zigeunerorganisationen in den einzelnen westeuropäischen Ländern formierten sich nach länderspezifischen Problemen; in der alten Bundesrepublik Deutschland stand die krasse Ungerechtigkeit in der Behandlung der Zigeuner bei der staatlichen Wiedergutmachung[7] der nationalsozialistischen Greuel im Zentrum.

In der Zeit des Übergangs von den siebziger zu den achtziger Jahren gelang es den Verbänden in Deutschland mit reger Unterstützung der um Toleranz bemühten Publikationsorgane, die Öffentlichkeit für die Lage der Zigeuner zu interessieren und auf den bei weiten Teilen der Gesellschaft nicht bekannten Völkermord an den Zigeunern zur Zeit des Nationalsozialismus aufmerksam zu machen.

Das Interesse an den Zigeunern nahm eine boomartige Entwicklung:

In kurzer Zeit erschienen Dutzende von Büchern über die Minderheit, fast täglich berichteten die Zeitungen über lokale Zigeunergruppen, sozialpädagogische Projekte oder über Verlautbarungen der Verbände.

Obwohl die Zigeunerorganisationen die ungelösten Fragen der staatlichen Entschädigung für die Überlebenden der Massaker immer ins Zentrum ihrer Arbeit stellten, hat sich in dieser Frage – trotz des breiten öf-

7 Auf die drastische Unangemessenheit des Begriffs Wiedergutmachung angesichts des Geschehens, das darin angesprochen wird, und angesichts der Erfahrungen der Zigeuner mit den mit der „Wiedergutmachung" beauftragten Behörden nach 1945 haben die beiden Filmerinnen Katrin Seybold und Melanie Spitta in ihrem Film: „Das falsche Wort" aufmerksam gemacht.

fentlichen Interesses – kaum etwas bewegt. Mehr als ein paar freundliche (und weitgehend kostenfreie) Gesten gegenüber den Opfern sind, im nachhinein gesehen, nicht herausgekommen. Gleichwohl hat das öffentliche Interesse bewirkt, daß eine gewisse Sensibilität gegenüber Menschenrechtsverletzungen an Zigeunern entstanden ist. Die nächtliche Abschiebung oder Großrazzia findet nicht mehr im verborgenen statt, Behörden wie Privatleute haben mit der Aufmerksamkeit der Öffentlichkeit zu rechnen.

Den Gesetzen des Marktes folgend, verschwand das Thema spätestens ab der Mitte der achtziger Jahre wieder aus den Printmedien. Auch der Boom an sozialpolitischen Projekten ebbte ab; längerfristig ließen sich mit Siedlungsprojekten für Zigeuner kaum Kommunalwahlen gewinnen. Ein neues Thema rückte landesweit ins Zentrum des Interesses: die Einwanderer und Asylanten.

Während des Zigeunerbooms hatten die alteingesessenen Zigeuner die Szene bestimmt, die Gruppe der Migranten aus Osteuropa war klein und spielte nur am Rande eine Rolle, wie auch die Gruppe der Zigeuner--Arbeitsmigranten aus der Türkei.

Gegen Ende formierten sich jedoch auch die Arbeitsmigranten in Verbänden und verlangten Gehör, gleichzeitig wuchs die Gruppe der osteuropäischen Zigeuner mit der sich verstärkenden Einwanderung in die Bundesrepublik generell.

In gewisser Weise waren die „Nomaden“ die Vorboten des Zusammenbruchs der alten Ordnung in Osteuropa; im nachhinein zeigt ihr verstärkter Zuzug Ende der achtziger Jahre, daß alte Machtmechanismen nicht mehr griffen, die sie zuvor an den Ort gebannt hielten.

Zigeuner im multikulturellen Europa

Als die alte Ordnung in Osteuropa sich auflöste, Teile der Gesellschaft ungeregelt waren oder sich im Zustand der Neuregelung befanden, entstand für die osteuropäischen Zigeuner eine äußerst unübersichtliche Situation. Einige Gruppen waren freigesetzt und konnten sich neue ökonomische oder geographische Räume erschließen. Andere Gruppen waren plötzlich pogromartigen Situationen ausgesetzt, als die öffentlichen Organe das gesellschaftliche Aggressionspotential nicht mehr kontrollierten. Der ökonomische Zusammenbruch ließ die Gesellschaften drastisch verarmen. Als ohnehin schon sehr arme unterste Klasse traf die Zigeuner im südlichen Osteuropa diese Entwicklung besonders hart.

Eine Situation ist entstanden, die geradezu klassische Züge trägt: In gesellschaftlichen Krisenzeiten sind die Überlebensfähigkeiten der Nomaden besonders gefragt. Mobilität, die Fähigkeit, sich auf ständig wechselnde Situationen einzustellen, und weitgeknüpfte Beziehungsnetze können wesentlich dazu beitragen, die Existenz in Notzeiten zu sichern.[8] Gleichzeitig sind die Nomaden in solchen Zeiten besonders schutzlos. In den Machtvakuen entlädt sich allzuleicht angesammelte Wut der Seßhaften willkürlich an ihnen. All diese Entwicklungen haben, nicht nur bei den Zigeunern, den Zuzug nach Westen verstärkt. Dabei ist die altbewährte Sickerung durch die Grenzen nur noch vereinzelt möglich. Das Ausmaß der Ost-West-Migration läßt die westlichen Gesellschaften die Einwanderung immer schärfer reglementieren. Wenn sortiert wird, dann sind bettelarme rumänische Zigeuner nicht unbedingt die Gruppe, die den Zuschlag erhält. Auf diese Weise kann es kommen, daß aus einem rumänischen Dorf eine rumäniendeutsche Bäuerin, die sich auf deutsche Ahnen vor Jahrhunderten berufen kann, Aufnahme in die neue Bundesrepublik Deutschland findet. Die Zigeunerin aus demselben Dorf jedoch, die in dem aufgegebenen Ort nicht mehr bleiben konnte und deshalb den Bauern, auf deren Feldern sie gearbeitet hat, gefolgt ist, kann sich nicht darauf berufen, daß ihre Eltern von deutschen Soldaten in der Ukraine erschlagen wurden. Somit gehört sie weder zu den Gruppen, deren Einwanderung vorgese-

Roma aus Prizren (Kosovo). Foto: Mozes F. Heinschink.

8 Einige der Pogrome in jüngster Zeit sind von den Tätern damit begründet worden, daß die Opfer Profiteure der allgemeinen Notlage seien.

hen ist, noch kann sie die Asylregelung in Anspruch nehmen; sie wird keine Aufnahme finden.

Der Wegfall des alten Ost-West-Gegensatzes hat nicht allein durch die Migration die Situation der Zigeuner im Westen verändert; in der neuen Bundesrepublik Deutschland spielt auch eine Rolle, daß das Ende der Konkurrenz der Systeme als ein generationsprägendes Ereignis verstanden wird, das das Geschehen vor der Epoche des kalten Krieges, das heißt genauer die nationalsozialistische Herrschaft und den Zweiten Weltkrieg, als Bezugspunkt ablöst. Im Zuge dieses Prozesses verblaßt das Erinnern an jene Zeit zu Geschichte, und zwar zu Geschichte der früheren Generationen. Gerade um das Erinnern an den Völkermord in jener Zeit hatten sich jedoch die Verbände der alteingesessenen Zigeuner formiert.

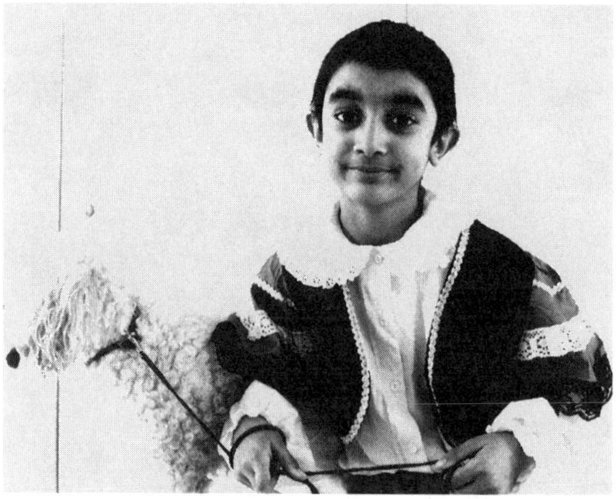

Romamädchen. Foto: Gerhard Maurer

Es scheint im Moment, daß die Forderung nach einer gerechteren Entschädigung der Überlebenden zwar keinesfalls ethisch, aber doch politisch ausgespielt hat. Die öffentlichen Mittel werden knapper; die Debatte um Einsparungen zugunsten des wirtschaftlichen Aufbaus in den neuen Bundesländern macht sogar die Bereitstellung von Mitteln für Flüchtlinge aus Hunger- oder Kriegsgebieten politisch kaum durchsetzbar.

Die Gruppe der Überlebenden des Völkermordes an den Zigeunern ist, nicht zuletzt altersbedingt, sehr klein geworden; und kaum hat die Gesellschaft ihr Schicksal zur Kenntnis genommen, werden die Ereignisse, die ihr Leben geprägt haben, zur Vorvergangenheit.

Mit der veränderten „Großwetterlage" und den dadurch ausgelösten -Migrationen hat sich auch die Situation der Zigeuner in der Gesellschaft verändert. Im Diskurs über die multikulturelle Gesellschaft spielen die Zigeunerverbände nicht die Rolle, die man nach ihren Erfahrungen mit Öffentlichkeit zur Zeit des Medien-Zigeunerbooms hätte erwarten können; es sind religiöse und vor allem inzwischen längst alteingesessene nationale Minderheiten, die sich darin zu Wort melden.

In der Debatte um die multikulturelle Gesellschaft geht es um die Rolle, die kulturelle Vielfalt in Gesellschaften einnehmen soll, die sich zuvor (z. T. völlig fälschlich) als kulturell homogen definiert hatten. Ein neuer, einschließender Gesellschaftsbegriff liegt der Debatte zugrunde; politische und juristische Verfahren werden darin ausgehandelt, die das Zusammenleben verschiedener Kulturen in einer Gesellschaft regeln sollen.

Wenn die Ansätze zur multikulturellen Gesellschaft weiterentwickelt werden, liegen darin auch neue Möglichkeiten für die Zigeuner. Einerseits wird ihnen die Rolle als singuläre Minderheit genommen: Kulturelle Abweichung von der Majorität wird nicht mehr vornehmlich an ihnen gedacht, sondern auch an zahlreichen religiösen, nationalen, sprachlichen und im Lebensstil eigenständigen Gruppen. Wenn sie alle als Teile einer Gesellschaft verstanden werden, kann der damit verbundene erweiterte Toleranzspielraum auch der Nutzen der Zigeuner sein.

Obgleich der Diskurs über die multikulturelle Gesellschaft nicht auf das Erinnern rekuriert, wesentliche Anliegen der Zigeunerverbände in der Bundesrepublik also nicht angesprochen sind, so hat doch diese kulturelle Gruppe die längsten Erfahrungen mit dem spannungsreichen Thema, das derzeit von vielen Minderheiten aufgegriffen wird: Integration in diese Gesellschaft einerseits und kulturelle Eigenständigkeit in ihr andererseits.

Nachsatz

Als das Vorhergegangene formuliert wurde, bestand noch der Eindruck, daß der – wie immer auch verschlungene oder stolpernde – Weg in Richtung auf eine multikulturelle Gesellschaft in Mitteleuropa unzweifelhaft sei. Ist doch das Multikulturelle schon allein von den großräumigen wirtschaftlichen Erfordernissen her naheliegend.

Angesichts der jüngsten pogromhaften Ausschreitungen in der Bundesrepublik gegen Asylsuchende allgemein und Zigeuner aus Osteuropa im besonderen ist jedoch eine Erwartung auf liberale Gelassenheit nicht mehr angemessen. Sicher, niemand hat jemals in Aussicht gestellt, daß die multikulturelle Gesellschaft besonders konfliktarm sei. Daß jedoch alle Rede von der besonderen Geschichte und Lage der Zigeuner angesichts der Nomaden aus dem Osten wie weggewischt sein könnte, daß die umarmenden Integrationsprogramme wie Blütenträume zerstiebten, das hat niemand für vorstellbar gehalten.

Die alten Zerrbilder von den arglosen und von Not bedrohten Einheimischen und von der „Flut“, den „Strömen“ der ausnutzenden Fremden drängen an die Oberfläche, als sei nichts gewesen; nicht vor 50 Jahren und nicht in den immer wohlhabenderen Jahren seither.

Jetzt droht eine wirtschaftliche Rezession, die sich nicht nach den Wahlperioden von vier Jahren richten wird. Und schon hat nicht nur der Mob die Fremden als das vordringliche Problem identifiziert.

Es ist ein altbekanntes Szenario: In gesellschaftlichen Krisenzeiten geraten Zigeuner, besonders die Nomaden, zu Vorboten einer größeren Gefahr, die, sei es die drohende Invasion der Türken in historischer Zeit, sei es die drohende Massenemigration aus dem aufgelösten Ostblock, an ihnen exemplarisch abgewehrt wird.

Darin hat sich nichts geändert.

Roma in den ehemaligen kommunistischen Staaten Ost- und Südosteuropas

Von Renata M. Erich

Aus dem fernen Indien sind die ersten Roma in Gruppen schon im 14. Jahrhundert nach Mitteleuropa gekommen. Die „Athinganoi", „Egypcianos", „Ciganos" oder „Roma" kamen über Persien, Kleinasien und Griechenland nach Serbien, Ungarn, in die Walachei, die Moldau und die Slowakei. Viele sind später auch weitergewandert, die Mehrzahl der Roma aber lebt bis heute in den Staaten Südosteuropas. Waren sie im Laufe der Zeiten in manchen Gebieten als nützliche Sklaven oder auch mobile Händler geschätzt, so wurden sie andernorts als bedrohliche Fremde ausgeschlossen, verfolgt oder zur Assimilation gezwungen.

Romafamilie in Rumänien. Foto: Mozes F. Heinschink.

In mehreren Staaten dürften heute etwa zehn Prozent der Bevölkerung Roma sein, was auch nach dem Sturz der kommunistischen Diktaturen geflissentlich verschwiegen wird. Das hängt unter anderem damit zusammen, daß während des „realen Sozialismus" theoretisch alle Menschen gleich behandelt wurden und sich auch gleich zu verhalten hatten. Anders, also unerwünscht, waren die Zigeuner aber allemal. Schon durch ihre Gesichtsfarbe, noch mehr aber durch ihre Kultur fielen sie auch in einer Gesellschaft auf, die Unterschiede nicht zur Kenntnis nehmen wollte. Folglich wurden sie zwangsangeglichen: Es wurde ihnen verboten zu wandern, ihre Wagen wurden verbrannt. Sie mußten in großen Fabriken Arbeiten nachgehen, die ihnen absolut nicht entsprachen, und in Einfamilienwohnungen trostloser Satellitenstädte ziehen. Offiziell wurde in manchen Staaten die Existenz der Ethnie überhaupt in Abrede gestellt. So manche Roma bekannten sich denn auch nicht mehr zu ihrer Identität. Vor allem jene, die irgendeine Karriere anstrebten und nicht mehr der untersten sozialen Schicht angehören wollten, zu der alle „Zigeuner" degradiert worden waren.

Diese Zustände erklären, warum auch die Zahlen der Volksbefragungen bis heute nicht den Tatsachen entsprechen. In Wirklichkeit leben mindestens fünf Millionen Roma im europäischen Südosten. Sie sind heute in allen ehemals kommunistischen Staaten wegen des zunehmenden Nationalismus noch mehr gefährdet als unter der Diktatur des „Proletariats".

Rumänien

Die Geschichte der Roma ist auch innerhalb der Grenzen des heutigen Rumänien unterschiedlich verlaufen: In der Walachei wurden die letzten erst 1856 aus der Sklaverei bzw. Leibeigenschaft entlassen. Schon 1766 hatte der Moldauer Fürst Gjica eine Verordnung erlassen, die den Bojaren das Recht gab, ihre Unfreien und Leibeigenen freizugeben; davon hatten aber nur wenige Gebrauch gemacht. Im ehemaligen „Regat" haben sich deshalb weniger alte Traditionen erhalten als im gemischtsprachigen Westen des Landes, der bis zum Ende des Ersten Weltkrieges zur österreichisch-ungarischen Monarchie gehörte. Auch dort in Siebenbürgen haben die „Zigeuner" nicht nur gute Zeiten gesehen, hatten aber doch mehr Möglichkeiten, ihre Kultur zu pflegen.

Heute findet man in Rumänien sowohl elende, heruntergekommene Siedlungen am Rand der Städte als auch traditionsbewußte, gelegentlich sogar wohlhabende *Kortorara* (Zeltzigeuner), die sich selbst unter Ceaucescus Zwangsherrschaft nicht einmal ihre Trachten verbieten ließen.

Auch in den vierziger Jahren unseres Jahrhunderts, als ein Teil Siebenbürgens durch den Wiener Schiedsspruch Ungarn zugesprochen worden war, dürften die Roma dort bis in die letzten Kriegsjahre relativ ungeschoren geblieben sein. Knapp vor Kriegsende aber dürften aus dieser Gegend nicht nur Juden, sondern auch „Rumänen" nach Auschwitz und Birkenau deportiert und fast alle umgebracht worden sein. Unter diesen „Rumänen" müssen viele Zigeuner gewesen sein, in rumänischen Dokumentationen über diese Zeit werden sie freilich nie erwähnt. Im Osten des Landes, im sogenannten „Regat", wurde schon 1940 öffentlich die Beseitigung der Zigeuner gefordert. Sie waren damals in mehreren Vereinen organisiert. Die Mitglieder einer dieser Gruppen versuchten sich dadurch zu retten, daß sie sich auf die Seite der Nationalisten schlugen, als unter dem faschistischen General Antunescu die Hetze gegen Zigeuner immer bedrohlicher wurde. Eine der letzten Nummern einer Romazeitung, die noch erscheinen durfte, war sogar mit Hakenkreuzen versehen. Das konnte sie freilich nicht retten. 1942 wurden etwa 90.000 gnadenlos in die Lager Transnistriens getrieben. Wieviele dort und in Auschwitz umgekommen sind, weiß man bis heute nicht genau. Da wie dort sind die Überlebenden dafür nie entschädigt worden. Sehr reduziert hat das Volk der Roma überlebt und auf bessere Zeiten gehofft. Heute stellen sie die größte Minderheit im Lande dar, werden aber im Gegensatz zu Ungarn und Deutschen kaum erwähnt. Kein eigenes Land, keine Lobby steht hinter ihrem Volk. Das Gefühl, immer wieder unerwünscht zu sein, manipuliert zu werden und die schlechtesten Arbeiten verrichten zu müssen, erzeugte im Laufe der Zeit bei vielen auch eine Abwehrhaltung; sie mißtrauen den *Gaďe (Nichtzigeunern)* auch heute. Nur in einem Punkt hatten die Roma Ceaucescus Erwartungen entsprochen: in seiner unmenschlichen Vielkinderpolitik. Damit aber hatten sie noch mehr Haß der Bevölkerung auf sich gezogen.

Als im Dezember 1989 der Diktator gestürzt wurde, haben Roma eine mutige und gar nicht unwichtige Rolle gespielt. Der erste Tote von Temesvar zum Beispiel war „ein dunkelhäutiger Man in bescheidener Kleidung", berichtete ein Augenzeuge. Seine Leiche wurde nach Bukarest transportiert und verschwand auf Nimmerwiedersehen. Auch ein ehemaliger Securitate-Direktor bestätigt, daß „. . . die ersten, welche in den Revolutionstagen das Temesvarer Kreisinspektorat des Inneren ernstlich bedrohten, Zigeuner waren", und nicht nur in Temesvar ist das so gewesen.

Wie so viele Bürger, setzten auch die Roma im Dezember 1989 große Hoffnungen in eine Neugestaltung Rumäniens. Sie sollten bald bitter enttäuscht werden. Zunächst aber waren sie die ersten, die die neue Freiheit zu nützen verstanden. Sobald sich die Grenzen öffneten, begannen sie zu reisen und ihre Chancen im Ausland auszukundschaften. Viele kratzten all ihre Ersparnisse zusammen, nützten die Möglichkeit der ersten Monate, alte Westautos zollfrei einzuführen, oder besorgten sehr begehrte Bluejeans in der Türkei, verkauften sie zu durchaus geschätzten Preisen auf den Märkten und – erregten damit den Neid der weit weniger mobilen rumänischen Bevölkerung. In Scharen saßen Roma am Berliner Bahnhof

Zoo und versuchten ein paar DM im reichen Westen zu ergattern, der aber wollte sie so schnell wie möglich wieder loswerden. Vom Druck der Securitate befreit, gab es wohl auch welche, die den Begriff „Freiheit" sehr extensiv deuteten, die Züge überbelegten, keine Fahrkarten zahlen wollten, Waren schmuggelten und auch mal was mitgehen ließen. Solche Delikte sind in Rumänien durchaus nicht den Roma vorbehalten, wohl aber wurde und wird ihnen alles in die Schuhe geschoben, was den Menschen mißfällt. Statistiken, die beweisen, daß die Kriminalität unter den Roma keinesfalls größer als unter den Rumänen und sogar im Sinken ist, ändern daran nichts. Die Gaďe (Nichtzigeuner) ihrerseits nützen die neue Freiheit auch dazu, ihrem Haß auf die „Zigeuner" freien Lauf zu lassen. Dazu kommt, daß zuerst die Roma ihre Arbeit verlieren, wenn sinnlose und unproduktive Betriebe und Bauten eingestellt werden. Viele betteln, weil sie nicht mehr wissen, wie sonst sie ihre Kinder ernähren sollen. Sehr bald wurden so alle Roma zu Prügelknaben der „neuen Demokratie". Sie werden zunehmend diskriminiert, ungestraft kann sie jeder beschimpfen.

Die Massenmedien im Lande werden immer nationalistischer, Zeitungen und Fernsehen erwähnen Roma nur negativ und stempeln sie zu unerwünschten Staatsbürgern. Wurden während und nach der Revolution Verbrecher oder Unruhestifter auf frischer Tat ertappt, zeigte das Fernsehen anklagend immer nur Roma. Nachträgliche Richtigstellungen und Proteste nützten nichts, die Zuschauer waren längst überzeugt davon, daß es wieder einmal die „Zigeuner" waren.

Schon in der Schule sind „Zigeunerkinder" nicht willkommen. Lehrer nehmen sich ihrer kaum an, Schulkollegen verprügeln sie so lange, bis sich oft die Kinder weigern, in die Schule zu gehen. Oft sind die Lehrer selbst dann zufrieden. An diesen Praktiken hat sich mit dem Ende der kommunistischen Diktatur noch nichts geändert: vierzig bis fünfzig Prozent der Roma im Lande sind denn auch Analphabeten. Das Unterrichtsministerium hat im Schuljahr 1990/91 ein Trainingsprogramm für Romastudenten gestartet, das Lehrer in *Romani* ausbildet. Es ist zu hoffen, daß damit die Sprache der Roma erhalten bleibt, deren Gebrauch während der kommunistischen Diktatur verboten war, die Integration der Kinder in die Schulen aber wird damit noch nicht gebessert. Strebt eine Romafamilie Bildung ihrer Kinder an, so hat sie weiterhin bessere Chancen, wenn sie sich nicht zu ihrer Ethnie bekennt.

Bei Volkszählungen ließen sich sehr viele Roma nicht als solche registrieren. Das Ergebnis der letzten Volkszählung wurde im Mai 1992 veröffentlicht und verzeichnete 410.000 Roma. Tatsächlich dürften zwei bis zweieinhalb Millionen im Lande leben. Manche Schätzungen sprechen gar von fünf Millionen. Letzteres dürfte nicht realistisch sein, es sei denn, man bezieht alle Mischlinge ein. Es gab in Siebenbürgen Zeiten, in denen Romakinder den Eltern entzogen und mit *Gađe* verheiratet wurden, so daß viele rumänische Staatsbürger Romavorfahren haben, oft ohne das zu wissen oder sich einzugestehen.

Helsinki Watch hat im Jahre 1991 einen Bericht zur Lage der „Verfolgung der Zigeuner in Rumänien" verfaßt und zitiert darin unter anderem den rumänischen Rechtsanwalt Dan Petre, einen der wenigen, die bereit sind, Roma zu verteidigen, wörtlich: „Zigeuner werden viel öfter eingesperrt und verdächtigt. Während der Untersuchung werden Zigeuner immer wieder beschimpft, und es gibt keine Möglichkeit, ihre Unschuld zu beweisen . . . Ich habe viele Zigeuner vertreten, und selten wurden sie fair behandelt. Richter zeigen bei Gericht Rassismus auf viele Weise, sie hören zum Beispiel dem Anwalt einfach nicht zu. Ein Richter kann durchaus höflich sein, aber es ist klar, daß bereits entschieden wurde . . . Zigeuner werden für dieselben Verbrechen strenger bestraft." (Helsinki Watch 1991: 95) Auch darin hat sich seit dem Umsturz im Dezember 1989 nichts geändert.

Romafamilie auf Sommerarbeit. Foto: Mozes F. Heinschink.

Warum die Roma von der neuen „Demokratie" längst nichts mehr halten, erklären die über zwanzig brutalen Überfälle auf Dörfer und Siedlungen. Sie begannen schon im Jänner 1990 in Turu Lung, wo Roma in einer lokalen Versammlung gegen den Wechsel eines Funktionärs gestimmt hatten. Zwei Tage später versammelten sich etwa 1.000 Einwohner und zündeten die Häuser der „Zigeuner" an. Alle, die nicht davonliefen, wurden geschlagen, ein Kind ging verloren und wurde nicht mehr wiedergefunden, wohl aber verbrannte Kleider und Knochen in einem Heuschober.

Schon im März 1990, drei Monate nach den Ereignissen in Temesvar, gerieten Ungarn und Rumänen in Tirgu Mures aneinander, es gab Tote und Verletzte, eingesperrt wurden schließlich überwiegend Roma, obzwar nie geklärt worden ist, wer den Kampf begonnen hatte und was für eine Rolle die lokalen Behörden darin gespielt hatten.

Vom 13. bis 15. Juni 1990 rief Präsident Iliescu Bergarbeiter nach Bukarest, um gemeinsam mit der Polizei Demonstrationen am Universitätsplatz gewaltsam aufzulösen. Für Kumpels wie Polizisten war das ein willkommener Anlaß zu einer regelrechten Zigeunerhatz in der ganzen Stadt. In entlegenen Vierteln wurden Roma bewußtlos geprügelt, die mit den Demonstrationen überhaupt nichts zu tun gehabt hatten, *Romnă (Zigeunerfrauen)* wurden brutal vergewaltigt, Wohnungen zerstört und Männer ohne Verhandlung eingesperrt. Nicolae Gheorghe, Soziologe und selbst Rom, suchte in tagelangen Gesprächen die mißhandelten Roma davon zu überzeugen, daß das Einbringen von Klagen und offizielle Protokolle wichtig seien, die meisten wollten aber mit der Polizei nichts mehr zu tun haben und verzichteten auf eventuelle Ansprüche oder Klagen.

Zu den bisher übelsten Gewalttaten kam es in Cogalniceanu. Eine Familie, die tatsächlich einiges am Kerbholz hatte, und ein Streit an der Theke eines Wirtshauses lösten einen Sturm auf die Romasiedlung aus. Unter Glockengeläute und Gebrüll wurden dreiundzwanzig Häuser der Roma niedergebrannt und weitere acht Häuser außerhalb der Siedlung verwüstet. Sehr oft schaut die Polizei bei diesen Aktionen weg.

Das sind nur einige Beweise für die Lage, in der sich Roma derzeit im ganzen Lande befinden. Je trister die wirtschaftliche Situation wird, desto schlechter geht es den Roma, sie verlieren vor allen anderen die Arbeit, desto größer aber ist auch die Gefahr, daß der Zorn der Bevölkerung sich auf den Köpfen der Allerärmsten entlädt. Schlechtes Gewissen verursachen die Aktionen bei den *Gađe* kaum, gilt doch bis heute der alte Spruch: „Sieht man von weitem einen kommen, weiß man noch nicht, ob es sich um einen Menschen oder einen Zigeuner handelt." Oft sind es Raufereien oder Händel mit einem einzigen Rom, die Großaktionen gegen viele Unschuldige auslösen. Man will die unter Ceaucescus Diktatur zwangsangesiedelten Roma wieder loswerden. Die Frage, was denn die *Gađe* am liebsten mit den „Zigeunern" machen würden, beantwortet ein weiser alter Rom gleichlautend wie ein Bukarester Bürger: „Irgendwo isolieren, so wie Antonescu das geplant hatte, und endlich ausrotten." (Originalton im Film „Am Rande der Stadt", ausgestrahlt am 10. Februar 1991 im Bayerischen Rundfunk, Fernsehen.)

In den kommunistischen Zeiten waren alle Romavereine und -parteien verboten gewesen. Gleich nach den Dezemberereignissen aber entstanden in den verschiedenen Landkreisen zahlreiche Organisationen. Ihre Ziele unterschieden sich wenig voneinander, alle erklärten sich bereit, am

Aufbau des Landes mitzuarbeiten, wollten anerkannt werden und nicht länger unter dem Sammelbegriff „andere Nationalitäten" abgetan werden. Bis zu den Parlamentswahlen am 20. Mai 1990 hatten sich so viele verschiedene Gruppen gebildet, daß das Wahlergebnis für alle Roma verheerend war. Keine der Vereinigungen hatte die erforderliche Mindestanzahl von Stimmen für die Entsendung eines Vertreters in das Parlament aufgebracht. Ein einziger Rom vertritt dort heute ihre Interessen nur daher, weil jeder ethnischen Minderheit ein Sitz in der Volksvertretung zusteht. Einige Vereine brachte dieses Resultat zur Besinnung, sie schlossen sich zur „Demokratischen Union der Roma aus Rumänien" zusammen. Als Gründer machte sich der Bulibasse Joan Cioaba auch international einen Namen, assistiert von dem Soziologen Nicolae Gheorghe. Letzterer versucht seither mit Erfolg, internationale Organisationen auf die schwierige Lage der Roma in den ehemals kommunistischen Ländern aufmerksam zu machen. Erstmals gelang ihm eine Erwähnung der spezifischen Belange der Roma in einem Schlußdokument der KSZE durchzusetzen. Konsequente Arbeit der „Demokratischen Union" aber scheiterte immer wieder an Spannungen zwischen den einzelnen Führern der Vereinigung. Einerseits hängt das wohl damit zusammen, daß Roma immer in Großfamilien lebten und sich nur innerhalb ihres Klans einem organisierten System unterwarfen, vor allem aber sind die häufigen Querelen die Folge von jahrzehntelanger Zurücksetzung innerhalb der rumänischen Gesellschaft, die auch die Roma nicht ohne Schaden überlebt haben. Nicht nur bei ihnen aber ist der Weg zu demokratischem Verhalten überaus schwierig.

Immer wieder werden Kongresse veranstaltet, um eine dauerhafte Dachorganisation aller verschiedenen Organisationen zu etablieren, weil die Roma sehr wohl erkannt haben, wie wichtig es ist, in Zeiten zunehmender ethnischer Verfolgung zusammenzustehen. Am letzten dieser Kongresse, am 5. und 6. Mai 1992 in Hermannstadt, sprach die Anwesenheit eines persönlichen Vertreters des Staatspräsidenten dafür, daß nun auch die *Gađe* zu begreifen beginnen, daß die Probleme der Roma dringend einer Lösung bedürfen. Neben Bemühungen um die Einheit stand auch die Rückerstattung des vom Staat unter Ceaucescu konfiszierten Goldes auf der Tagesordnung. Nur teilweise waren die Goldmünzen, vor allem der Schmuck der *Kalderaš*-Frauen, erst retourniert worden. Joan *Cioaba forderte Wiedergutmachung für die Verschleppung nach Transnistrien im Zweiten Weltkrieg. Eine gewisse Sicherheit versprechen sich die Roma trotz aller gegenteiligen Erfahrungen wieder einmal von einem rückhaltlosen Bekenntnis zu Volk und Vaterland. Sie gingen darin soweit zu behaupten, es habe in der 650jäh-*

rigen Geschichte der Ethnie in Rumänien nie eine Diskriminierung stattgefunden, und sogar General Antonescu sei ihr Retter gewesen, weil er die Roma durch Abschiebung nach Transnistrien vor Hitlers Gaskammern gerettet habe. Bedenkt man, daß die nachweisliche Verschleppung der Roma durch Antonescus Eiserne Garden in die Todeslager das größte Hindernis in der heute von vielen geforderten Rehabilitierung des Marschalls ist, liegt die Vermutung nahe, daß Roma ihre eigenen bösen Erfahrungen verschweigen, nur um heute ihre Haut zu retten. Schon in den vierziger Jahren hatte es ihnen freilich nicht geholfen, sich auf die Seite der Nationalisten zu schlagen.

Bulgarien

Auch in Bulgarien waren Roma schon in Zeiten der Monarchie (1878–1946) diskriminiert, gleiche Rechte wie den *Gaďe* wurden ihnen nie zugestanden. König Boris weigerte sich allerdings, alle „Zigeuner" auf Wunsch Hitlers töten zu lassen, so daß die bulgarischen Roma wie auch die Juden in diesem Land überlebten. Erst in den fünfziger Jahren begann die kommunistische Regierung, Roma zur Assimilation zu zwingen. Trotzdem wohnen die meisten aber bis heute in isolierten Wohnvierteln, deren Bedingungen weit schlechter sind als die des Durchschnitts der übrigen Bevölkerung. Bis heute sind manche dieser Ghettos von hohen Mauern umgeben. Auch am Arbeitsplatz sind Roma benachteiligt und werden als erste gekündigt. Die Arbeitslosigkeit nimmt bedrohliche Ausmaße an. Im Mai 1992 sprach Manush Romanov, Vorsitzender der Romani Union Bulgarien und Parlamentsmitglied, von siebzig Prozent der Roma, die ihre Arbeit verloren und wirtschaftlich keine Chance haben. Viele sind bereits gezwungen, zu stehlen oder mittels Prostitution ihre Kinder zu ernähren. Hilfsgüter aus dem Westen oder auch Kredite der Weltbank kommen niemals den Roma zugute. Viele haben auf den Feldern gearbeitet, Land aber wird nun den ehemaligen Besitzern rückerstattet. Den Roma, die damit ihre Arbeit verlieren, hilft niemand. Der „Demokratischen Roma Union", die versucht, sich der sozialen, kulturellen und politischen Rechte der Roma anzunehmen, wurde Ende des Jahres 1990 die Registrierung als politische Partei verweigert.

Manush Romanov, selbst Rom, ist zwar Mitglied des Parlaments, kann aber dort wenig erreichen, weil keine einzige politische Partei die Rechte der Ethnie verteidigt.

Auch in Bulgarien sind Bevölkerungszahlen nur Schätzungen. Im Mai 1989 ergab eine Studie des Innenministeriums im Auftrag des Zentralkomitees der Kommunistischen Partei eine Bevölkerungszahl der Roma von 576.927, die „Demokratische Roma Union" spricht von einer Million Roma im Lande, das sind etwas mehr als zehn Prozent der Bevölkerung.

Als 1984 der islamische Glaube verboten wurde, hatten nicht nur Türken, sondern auch die Roma darunter zu leiden. Schon vor dieser Zeit aber war die Ausübung ihrer Sitten und Traditionen verboten worden. 1953 wurde das Romatheater geschlossen, und 1962 untersagte das Politbüro türkischsprachigen Geistlichen, Romagemeinden zu betreuen.

In bezug auf die Behandlung durch Polizei und Medien ist die Situation der Roma in Bulgarien vergleichbar mit der in Rumänien.

Die Unterrichtspolitik fördert Romakinder bis heute nicht adäquat. Sie gelten von vornherein als minderbegabt, und jene, die zu Hause türkisch sprechen, hatten in der Schule bis vor kurzem noch einen zusätzlichen Nachteil, weil dort nur die bulgarische Sprache zugelassen war, die sie nicht beherrschten. Seit 1969 gibt es in Romasiedlungen eigene Grundschulen, die weniger auf Allgemeinbildung als auf praktische Fächer Wert legen. An sich kann sie jeder besuchen, etwa neunzig Prozent der Schüler aber sind Roma, die meisten absolvieren diese Schulen mit Erfolg. Im Anschluß daran gibt es auch noch eine technische Mittelschule, die nur mehr zehn bis fünfzehn Prozent der Romakinder abschließen. Die Meinungen über dieses Angebot sind geteilt. Manush Romanov behauptet im Gespräch mit Helsinki Watch: Die Kinder werden dort zu Analphabeten erzogen, und nichts werde sich damit ändern (Helsinki Watch 1991: 33). Mehr als fünfzig Prozent der über dreißigjährigen Roma in Bulgarien können nicht lesen und schreiben. Dazu führt Helsinki Watch ein überzeugendes Beispiel an: In einem Bezirk in Sofia gibt es eine solche Schule, in der Romabuben lernen, Bauarbeiter zu werden und Mädchen Schneiderinnen. Ein Lehrer berichtet, daß innerhalb der letzten zehn Jahre nur ein einziger Absolvent der Mittelschule anschließend die Universität besuchte. Erschwerend für

Romasiedlung in Großpold (Siebenbürgen). Foto: Mozes F. Heinschink.

die Schulbildung ist in allen Ländern die Tatsache, daß Romakinder sehr oft unregelmäßig die Schule besuchen, weil sie auf ihre kleinen Geschwister aufpassen müssen und außerdem selbst sehr jung heiraten. Unüberwindbar wären diese Schwierigkeiten aber nicht, wie sich an dem Beispiel Dunavtsi zeigt, über das auch Helsinki Watch berichtet (S. 29). Dort sind Romakinder mit bulgarischen integriert. Früher konnte kaum ein Rom lesen oder schreiben. Heute schließen dort etwa siebzig Prozent der Roma erfolgreich ihre Mittelschule ab, ganz anders als im nahen Vidin, wo es eine eigene Roma-Volksschule gibt. Dort werden die Kinder nicht motiviert, die schulischen Erfolge sind entsprechend.

Wie in allen anderen europäischen Staaten Südosteuropas stellt der zunehmende Nationalismus auch in Bulgarien eine große Gefahr dar. „Zigeuner" durften in der kommunistischen Zeit nicht einmal erwähnt werden, heute ist das Wort schon wieder zum Schimpfwort geworden.

Serbien

Offiziell leben im Staatsgebiet des heutigen Serbien 200.000 Roma, tatsächlich sind es etwa 700.000, 200.000 davon im Kosovo, wo offiziell nicht mehr als 30.000 angegeben werden. Allein aus diesen Differenzen kann auf Diskriminierung geschlossen werden, die hier allerdings auch oft von Roma selbst nicht zugegeben wird.

Während des Zweiten Weltkrieges wurden die jugoslawischen Roma erbarmungslos von der Deutschen Wehrmacht und der mit ihr verbündeten Ustascha-Miliz verfolgt. Nach der Besetzung Serbiens mußten sie Armschleifen mit der Aufschrift „Zigeuner" tragen. Die Benützung von Straßenbahnen und Bussen war „Verboten für Juden und Zigeuner". Schließlich wurden Tausende in verschiedenen Konzentrationslagern umgebracht, 5.000 bis 7.000 Roma zum Beispiel allein aus Belgrad im Lager Banjica. Im kroatischen Jasenovac wurde nahezu die gesamte Romabevölkerung Kroatiens gemeinsam mit Juden und vielen Serben getötet. „Serbien einziges Land, in dem Juden- und Zigeunerfrage gelöst" ist, schreibt Paul Hilberg in „Die Vernichtung der Europäischen Juden", Berlin 1982.

Mit diesen schrecklichen Ereignissen dürfte zusammenhängen, daß sich sehr viele Roma mit den ähnlich verfolgten Serben solidarisierten. Einige schlossen sich auch den Partisanen an, wo sie das erste Mal in ihrer Geschichte als gleichberechtigte Partner Seite an Seite mit Serben und Kommunisten kämpften. Es dürfte also historische Gründe haben, daß sich die serbischen Roma mit der Bevölkerung sehr verbunden fühlten. Manche verhalten sich bis heute sogar ausgesprochen nationalistisch. Andere wurden aktive Mitglieder der kommunistischen Partei. Sie spielten eine wichtige Rolle in der Romabewegung, gründeten kulturelle Vereinigungen und fünf oder sechs politische Organisationen. Diese blieben zwar unbedeutend, wurden aber besonders von Milošević gefördert.

Der überwiegende Teil der Romabevölkerung gehört jedoch keinem Verein an und hat keinen Einfluß. Roma sind als ethnische Minderheit nicht anerkannt, sie gelten als „ethnische Gruppe", werden offiziell zwar nicht diskriminiert, von der Bevölkerung aber verachtet. Ihre finanzielle Situation ist sehr schlecht, über fünfzig Prozent sind Analphabeten, die Kindersterblichkeit ist sehr hoch und die Wohnverhältnisse vieler unbeschreiblich schlecht. Nur in Montenegro (gehört heute zu Serbien) haben sie den Status einer „nationalen Minderheit", ihr Lebensstandard ist dort aber noch niedriger als in Serbien. In Serbien gibt es zwar Schulen für Roma, im Kosovo sogar mit *Romani*-Unterricht, ein Radioprogramm und Zeitungen. Das wurde aber von den wenigen, meist Milošević-treuen Intellektuellen gestaltet, die fast alle inzwischen das Land verlassen haben. Die Tage dieser Institutionen dürften deshalb auch gezählt sein. Je nationalistischer sich die Roma verhielten, desto mehr werden sie derzeit von extremistischen Gruppen vereinnahmt und benützt. In den Kompanien der Freischärler zum Beispiel sind auch Roma zu finden, und einige sind paradoxerweise sogar Mitglieder der rassistischen Šešelj-Partei. Damit wollen sie wahrscheinlich beweisen, daß sie nicht gegen Serbien sind. Šešelj seinerseits dürfte die Roma dazu benützen, sich vorläufig ein Mäntelchen der Toleranz umzuhängen. Die meisten serbischen Roma aber fürchten, daß ärgere nachkommen könnten und stehen deshalb hinter Milošević. Immer mehr Roma verlassen das Land und versuchen, nach Österreich, Deutschland, Schweden oder Italien zu entkommen.

In der ehemals autonomen Vojvodina geht es den Roma etwas besser, auch dort aber sind sie die unterste soziale Schicht der Bevölkerung. Im Kosovo ist der Lebensstandard der Roma niedriger als in allen anderen Teilen des heutigen Serbien. Ihre Lebensbedingungen sind noch weit schlechter als die der Albaner. Wohl deshalb erklärten Ende 1990 einige tausend, sie seien ägyptischen Ursprungs, und verlangten, als „Ägypter" registriert zu werden, was ihnen von den Behörden auch genehmigt wurde. Wahrscheinlich handelt es sich dabei um Roma, die schon vor langer Zeit vorgezogen hatten, Albaner als noch viel mehr verachtete Roma zu sein. Sie sprechen nicht mehr *romanes,* sondern albanisch, wollen nun aber nicht mehr Albaner und doch auch nicht wieder „Zigeuner" sein.

Die Mehrzahl der Roma hat sich aber auch im Kosovo auf die Seite der Serben geschlagen. Die Roma werden deshalb gefördert, ziehen aber den Haß von neunzig Prozent der Bevölkerung auf sich, die albanisch ist und von serbischer Polizei und Militär unterdrückt und bisher noch in Schach gehalten wird. Von Serben und Albanern gleichermaßen verachtet, sitzen die Roma im Kosovo, dem Land zunehmender Spannungen, gleichsam zwischen den Stühlen.

Kroatien

Fast die ganze Romabevölkerung Kroatiens wurde im Zweiten Weltkrieg im Lager Jasenovac umgebracht. Darüber gibt es erschütternde Augenzeugenberichte, die Anzahl der Toten konnte nie genau festgestellt werden, etwa 50.000 Roma waren darunter. Einige tausend wurden zu Zwangsarbeiten nach Deutschland geschickt, auch von ihnen kamen nur ganz wenige zurück, das Leben der anderen endete in Auschwitz, Mauthausen und Ravensbrück. Roma sind als „nationale Minderheit" anerkannt, ansonsten ist ihre Situation ähnlich wie in Serbien. Die Stadt Zagreb gilt seit langem als eine Art Zwischenstation für alle jene, die in den Westen gehen wollen, die Stimmung den Roma gegenüber ist dort liberaler. Üble Geschäftemacher werden nicht von vornherein für „Zigeuner", sondern eher für Albaner gehalten. Während der Angriffe vor allem auf Bosnien und die Herzegowina sollen auch auf seiten der Kroaten Roma gekämpft haben. Die Angst, von den Kroaten als serbenfreundlich eingestuft zu werden, dürfte sie dazu motiviert haben, auch auf ihre Brüder auf der anderen Seite zu schießen.

Bosnien

An sich schon diskriminierte Minderheiten werden sehr leicht zu Opfern von Nationalitätenkonflikten, mit denen sie an sich nichts zu tun haben. In Bosnien, wo Roma schon vor den blutigen Auseinandersetzungen besonders arm waren, müssen die Kämpfe schreckliche Auswirkungen auf sie gehabt haben. Viele der etwa 100.000 haben ihre Dörfer verlassen, selbst in den Lagern werden Romafamilien von anderen Flüchtlingen aus den Kriegsgebieten oft als „anders" abgelehnt. Bezeichnenderweise hat sich kein Zeitungs- oder Fernsehbericht bisher mit ihrem Schicksal befaßt oder über ihre besondere Lage berichtet.

Makedonien

Auch in Makedonien leben etwa 100.000 Roma, etwa 45.000 davon in Šutka bei Skoplje. Dort gibt es Organisationen, eine lokale Selbstverwaltung und sogar ein Fernsehprogramm. Das Theater, Pralipe, das ein begabter Regisseur ursprünglich ausschließlich mit Roma-Laienspielern aufgebaut hat, hatte sich einen Namen über die Grenzen des Landes gemacht, ist aber bereits nach Deutschland ausgewandert. Auch nach Deutschland ausgewanderten Roma, deren Asylansuchen in der Bundesrepublik abgelehnt worden waren, hat die nordrheinwestfälische Landesregierung neu erbaute Wohnungen in Šutka, Unterhaltszuschüsse und Hilfe bei der Arbeitssuche zugesagt, wenn sie freiwillig zurückgehen. 1.400 Roma, die aus der Gegend von Skoplje stammen, hätten das Angebot annehmen können, etwa fünfzig haben es getan. Das Vorhaben war eine Reaktion auf den „Bettelmarsch" der Roma im Rheinland und Ruhrgebiet, in dem die damals noch formell jugoslawischen Staatsbürger sich für „de facto staatenlos" erklärten und Bleiberecht forderten. Berichte über die Auswirkungen dieser Aktion in Makedonien selbst sind mir keine bekannt. Ein solcher Eingriff in das soziale Gefüge scheint mir jedoch wenig Aussicht auf nachhaltigen Erfolg zu haben.

Slowenien

Die Romabevölkerung in Slowenien ist nicht sehr zahlreich, sie beschränkt sich auf einige Dörfer und wird von den *Gađe* vehement abgelehnt. Der Rassismus gegen Roma und auch Juden ist stärker als in anderen Republiken des ehemaligen Jugoslawien. Auch unter den Kommunisten wurden bei Polizeirazzien immer wieder Roma getötet, was jedoch verschwiegen und sehr viel später erst dokumentiert wurde. Diese Aktionen standen in keinem Verhältnis zu den tatsächlich oft dunklen Geschäften, die manche slowenische Roma mit Italien machten.

Albanien

Auch in dem extrem kommunistisch geführten Albanien genossen die Roma keine besonderen Rechte, ihre Existenz und Anwesenheit wurde aber nie geleugnet. In einem Buch über seine Kindheit in Girokastra („Vite te vegjelise, kyjtime per Girokastren", 1983, S. 283–292) widmete der langjährige Staats- und Parteichef Enver Hoxha den Roma ein ganzes Kapitel. Dort spricht er von 85.000 bei einer Gesamtbevölkerung von an die drei Millionen. Er schildert, daß er selbst als Baby von einer Romani gestillt worden sei, er ihnen besonders verbunden sei und Roma in seinem Elternhaus ein und aus gegangen seien. Hoxha war in einem reichen Elternhaus aufgewachsen und hat immer versucht, das irgendwie zu vertuschen. Dazu dürften ihm die zahlreichen Roma gerade recht gewesen sein, die in Wirklichkeit höchstens als Bedienstete sein Elternhaus betreten haben dürften. Das Kapitel schließt mit einer Verurteilung von Rassismus und Diskriminierung und einem Lob der Partei, die den Roma ermöglicht hat, Schulen zu besuchen, Parteisekretäre, Offiziere, Ärzte usw. zu werden. Fast alle waren in dieser Zeit – wohl auch gezwungenermaßen – seßhaft.

Mehr noch als im ehemaligen Jugoslawien dürfte nach dem Zusammenbruch des kommunistischen Regimes der auch in Albanien plötzlich aufblühende Schleichhandel die Lage auch jener Roma vehement verschlechtert haben, die nichts damit zu tun haben.

Tschechien und Slowakei

In Tschechien sind 8.000 Zigeuner während des Nationalsozialismus in Konzentrationslager gebracht und vernichtet worden, nur 600 davon kamen zurück. In der Slowakei ließ man sie leben, steckte sie in Lager und zwang sie zu Arbeiten, die keiner sonst machen wollte. Die Überlebenden empfanden den Kommunismus zunächst auch hier als Befreiung. Zigeuner waren nun anerkannte Bürger, blieben jedoch die verachtete soziale Unterschicht. Heute leben geschätzte 200.000 Roma in Tschechien, etwa 500.000 bis 600.000 in der Slowakei. Als vor allem in den tschechischen Braunkohlegebieten Arbeiter gebraucht wurden, verließen viele die Slums, in denen Roma in der Slowakei auch heute noch hausen. Sie bekamen Arbeit, aber verfeindete Klans wurden miteinander in Hochhäuser einquartiert, die ihrer Lebensweise überhaupt nicht entsprachen. Heute sind das Ghettos, mit deren Bewohnern die ansässige Bevölkerung nichts zu tun haben will. Die Jungen dort sind längst alle arbeitslos. Viele Frauen sind sterilisiert. In der Slowakei bot ihnen der kommunistische Staat 15.000 Kronen und dachte, so das wachsende Zigeunerproblem zu lösen, in Böhmen 5.000 Kronen. Nicht nur aus finanziellen Gründen, auch weil sie überhaupt keine Zukunft für ihre Kinder mehr sahen, nützten viele *Romnă* dieses Angebot. Noch nicht nachweisbar, aber sehr wahrscheinlich wurden manche auch ohne ihr Wissen sterilisiert. In allen Zeiten waren für Roma Kinder der größte Schatz; eine brutalere Methode, sich des vitalen Volkes zu entledigen, ist denn auch kaum vorstellbar. Heute wird offiziell nicht mehr sterilisiert, wohl aber hat die Freiheit nach der samtenen Revolution auch hier zunehmenden Haß der Bevölkerung auf Roma freigesetzt. Banden von Skinheads attackieren Roma in Tschechien, und was noch schlimmer ist, die Bevölkerung steht hinter diesen Schlägern, die bereits zwölf Menschenleben auf dem Gewissen haben. Es gibt Lokale, in die Roma nicht hineindürfen, und Sgraffiti, die allen Roma den Tod androhen.

Vor allem im Osten der Slowakei hausen die Roma in Siedlungen mit unbeschreiblichen Zuständen, es gibt für sie keine Arbeit, die Polizei hält sie von vornherein für Verbrecher, und ratlos ignoriert die slowakische Regierung ihre hoffnungslose Lage. Präsident Vaclav Havel versäumte nicht, immer wieder die Sorgen der Roma anzusprechen. Außenminister Jiři Dienstbier wies in seiner Eröffnungsrede beim Moskauer KSZE-Treffen schon 1991 eindringlich auf die bedrohliche Lage der Roma in allen Ländern des ehemaligen Ostblocks hin. Jede Lösung der schreienden sozialen Probleme aber kostet Geld, daran fehlt es an allen Ecken und Enden. Die Politik beider Staaten hat den wirtschaftlichen Aufschwung der Länder im Sinn. Der Unmut der Bevölkerung auf die Roma wächst. Ihre hoffnungslose Situation hat manche von ihnen tatsächlich bereits in üble Geschäfte getrieben. Kein Heimatland, keine internationale Lobby steht hinter den Roma.

Polen

In Polen leben verhältnismäßig wenige Roma, wahrscheinlich nicht mehr als 60.000 bis 70.000 (lt. Ges. f. Bedr. Völker 1987). Viele sind emigriert oder den nationalsozialistischen Verfolgungsmaßnahmen zum Opfer gefallen. Früher als in anderen Ländern wurde dann mit dem Versuch begonnen, sie anzusiedeln. 1952 trat ein Gesetz in Kraft, in dem die polnische Regierung „Hilfsmaßnahmen für die Seßhaftmachung der Zigeuner" anordnete. Darin war die Vorgangsweise sehr detailliert ausgeführt. Eine totale Seßhaftmachung der Roma gelang trotzdem nicht, ihre Reisetätigkeit aber wurde stark eingeschränkt. Auch die Einbindung der Roma in die sozialistische Produktion ist nicht umfassend geglückt. Anfänglich wurden die Roma als nationale Minderheit definiert, um das Jahr 1960 wurden sie zur „sozialen Gruppe" und schließlich zum „sozialen Problem", das sie bis heute geblieben sind. Es gibt nun aber wieder eine Romazeitung (RROM PRO DROM).

Verschärft wurde die Lage der Roma nach dem Umsturz durch rumänische Roma, die, meist am Weg nach Deutschland, die polnische Grenze überschritten und oft auch länger blieben, weil die deutschen Grenzen dichtgemacht wurden. Auch in Polen kam es zu pogromartigen Aktionen gegen sie.

Ungarn

In Ungarn versuchte schon die österreichische Kaiserin Maria Theresia, die Roma mit Zwang zu assimilieren und seßhaft zu machen. In zahlreichen Erlässen verbot sie die Verwendung des Namens „Zigeuner". Die „Neuen Bürger", wie auch Roma genannt werden sollten, die seit Jahrhunderten im Lande lebten, sollten zu regelmäßiger Arbeit gezwungen werden, alle arbeitsfähigen Zigeunerkinder einen Beruf erlernen. Die Roma sollten nicht wandern, die Pferdehaltung wurde ihnen untersagt. Romakindern wurde verboten, sich nackt außerhalb der Häuser zu bewegen, die Ausübung des Roma-Rechtsprechens wurde untersagt. Zigeunerkinder wurden den Eltern auch weggenommen und von „Weißen" erzogen. (Siehe auch Siebenbürgen im heutigen Rumänien, das damals zu Ungarn gehörte.) Der Gebrauch ihrer Sprache wurde Zigeunern untersagt. Diese Versuche brachten jedoch nie den erwünschten Erfolg, obzwar Joseph II. die Strafen auf Zuwiderhandeln noch verschärft hatte. Auch später gab es immer wieder Erlässe, die Roma oft auch des Landes verwiesen. „Staat und Gesellschaft waren weder in der Lage noch willig, gezielte Anstrengungen im Interesse der Roma zu unternehmen . . . Die Wurzeln der halbherzigen und zumeist repressiven Politik den Roma gegenüber sind also hauptsächlich in der ökonomischen Rückständigkeit und wirtschaftlichen Unterentwicklung zu suchen, die durch die in der Gesamtbevölkerung herrschenden Vorurteile noch verstärkt wurden" (György Szabo 1991: 81). Bis zum Zweiten Weltkrieg aber kam es nie zu blutigen Verfolgungen. Über die Romadeportation in den Jahren 1944/45 schreibt Szöny: „Auf Grund von Angaben aus den verschiedenen Orten und Lagern kann man schließen, daß zwischen Ende Juli 1944 und März 1945 ungefähr zwischen 25.000 bis 30.000 Zigeuner aus Ungarn deportiert wurden. Ebenfalls aus Schätzungen wissen wir, daß von ihnen 3.000 bis 4.000 zurückgekehrt sind" (Szönyi 1983: 56).

1945 deklarierte der Staat auch in Ungarn erstmalig die volle Gleichheit vor dem Recht. Unterste soziale Schicht jedoch sind die Roma auch in Ungarn geblieben. Nur eine kleine Romagruppe, begabte Musiker, waren auch in der kommunistischen Zeit ein gefragter Exportartikel und durften in die ganze Welt ausreisen. Den größten Teil ihrer Einnahmen mußten sie zwar abliefern, trotzdem ging es ihnen besser als der überwiegenden Mehrheit, die mit zunehmenden Schwierigkeiten zu kämpfen hat. Ob dieser begabten Musikanten vergißt die Welt auf ihr Schicksal.

In Augen der *Gađe*-Bevölkerung gehörten die etwa 600.000 Roma immer einer verachteten Rasse an. Das wirkt sich auch heute vor allem auch auf das Verhalten von Behörden und Polizei aus. Kritische soziologische Arbeiten über die Lage der Roma wurden von den Kommunisten beschlagnahmt und durften nicht veröffentlicht werden. Ein Autor, Kemenyi, der sich allzu ernsthaft mit diesem Thema befaßt hatte, mußte das Land verlassen.

Im sozialistischen Alltag waren die Roma Arbeitskräfte, die es eigentlich nicht geben durfte: Saisonarbeiter, Baubrigaden, die in Arbeiterheimen abstiegen, weil sie auf Dauer in der Stadt unerwünscht waren. Zudem war die, an sich verbotene, Arbeitslosigkeit unter ihnen immer hoch. Sie fanden keine Arbeit, nicht zu arbeiten aber war verboten. Das paßte in den Ruf, den die Zigeuner mit den vielen Kindern auf Grund ihrer äußeren Erscheinung immer schon hatten.

Auch in der kommunistischen Zeit gab es mehrere Romaorganisationen, die jedoch fast alle von oben initiiert wurden, um Aktionen von unten zu verhindern. Dennoch gab es auch damals unabhängige Initiativen, die sich zum Ziel setzten, die Lage der Roma zu bessern und ihre Kultur und Sprache zu pflegen (Amalipe und Pralipe). Über fünfzig Prozent der ungarischen Zigeuner sprechen nicht mehr Romanes, die von den Kommunisten angestrebte Assimilation ist dennoch nie gelungen.

Seit dem Umsturz sind weitere Romaorganisationen entstanden. Ihre Arbeit stößt bis heute auch auf große Schwierigkeiten, weil sich viele Roma selbst nicht gut ausdrücken, vor allem mangelt es an Mitteln für Vorschulbildung usw.

„Der Lebensstandard der Mehrzahl der Zigeuner liegt weit unter dem amtlich festgesetzten Existenzminimum, sie leiden besonders im Osten des Landes unter schwierigsten materiellen Entbehrungen" (Gabor Havas / Otilia Solt, Pogrom 130/87).

Die schulische Laufbahn der Kinder entscheidet sich meist schon im Moment der Einschulung. Nach der Untersuchung von Kemenyi sprechen die ungarischen Roma drei verschiedene Muttersprachen: „Siebzig Prozent sprechen nur ungarisch, zwanzig Prozent haben *Romanes* als Muttersprache und zehn Prozent eine Abart des Rumänischen. Auf Grund von

Sprachschwierigkeiten und soziokultureller Benachteiligung landen die meisten sofort in Sonderschulen und haben damit keine Chance mehr auf irgendeine Bildung. Anfang der sechziger Jahre haben nur zwei bis drei Prozent der schulpflichtigen Romakinder die Volksschule (acht Klassen) absolviert, und zehn Prozent aller Romakinder besuchten die Schule überhaupt nicht" (Meszaros 1986: 13). Anfang der siebziger Jahre waren neununddreißig Prozent der über vierzehn Jahre alten Roma Analphabeten, spätere Untersuchungen gibt es nicht.

Auch unter dem gegenwärtigen Mehrparteiensystem gab es „efforts to make the Gipsies collectively as scapegoats. A well financed propaganda campaign was directed against the Gipsy minority in order to present them as mass of criminals" (Aussage von Janos Barsony und Agnes Daroczi – Gründungsmitglieder des Romavereines „Pralipe", am 4. Dezember 1990). Wiederholt gab es Überfälle, bei einem wurde ein junger Rom von einem Polizisten erschossen. In Eger zerstörten etwa 150 Skinheads die Wohnungen der Roma. Ähnliches ereignete sich in Miskolc und Kalocsa. Nirgends verteidigte die Polizei die Rechte der Roma (lt. d. Menschenrechtsorganisationen „Raoul Wallemberg" und „Helsinki Watch"). Ein Roma-Parlamentsmitglied erreichte, daß das Menschenrechts- und Minoritäten-Komitee des Parlaments die brutalen Aktionen verurteilte.

Auch in Ungarn haben viele Roma ihre Arbeit verloren. Janos Barsony und Agnes Daroczi sind überzeugt, daß sowohl das Land als auch die größte Minorität des Landes an einem Wendepunkt angelangt sind. Ein effektvoller Schutz der Menschenrechte, meinen sie, könnte nur mehr durch Reorganisation der Finanzen des Landes garantiert werden. Daß das Programm, das sie dazu ausgearbeitet haben, Chancen auf Verwirklichung hat, darf bezweifelt werden.

UDSSR (ehem.)

Über die Lage der Roma in den Staaten der ehemaligen UdSSR ist wenig bekannt. Nicht zu bezweifeln ist, daß auch dort das Ziel der Zigeunerpolitik Assimilation gewesen ist. Der Sozialismus wollte die Zigeuner aus dem „Elend" ihrer vorsozialistischen Existenz erlösen (Gronemeyer 1983: 161), auch in der ehemaligen UdSSR wurden sie also seßhaft gemacht. Sie galten jedoch, jedenfalls anfangs, als „Nationale Minderheit". Etwa 350.000 Roma sollen auf dem Gebiet leben. In Moskau pflegen einige Gruppen das Romakulturgut, es gibt auch ein Theater. Das „Helsinki Committee of the International Romani Union, Ethnic Federation of Roma in Romania" hat für die KSZE-Konferenz in Moskau im September 1991 ein Dokument vorbereitet, dem wir entnehmen, daß in Iaroslaw (Rußland) 1990 eine Gruppe Hooligans Roma attackierten. Die Anzahl der Opfer ist unbekannt, nach dem Ereignis wurden 500 Roma der Stadt verwiesen. (Undatierter Art. der „Izvestia", aus einem Report der Roma-Union von Moskau.)

In Alapaevsk, Ural, erhielt am 18. Juni 1991 die Stadtverwaltung einen Brief der Einwohner, die um Ausweisung der Roma aus der Stadt ansuchten, weil sie Schwarzhandel betrieben und zu reich würden. Am 20. Juli begab sich ein Mob zu den Zigeunerquartieren, wurde aber von der Polizei aufgehalten. Wegen der Übermacht der Bevölkerung ersuchte die Polizei Armee-Einheiten und Polizei der Umgebung um Hilfe. Gewalt konnte verhindert werden. Als die Roma der Stadt in die benachbarte Stadt Irbit flüchten wollten, wurden sie an der Stadtgrenze abgewiesen und zurückgeschickt („Izvestia", Nr. 179, 29. Juli).

In Nevel, einer Stadt in der Pskov-Region nahe der weißrussischen Grenze, begaben sich etwa 500 Menschen nach einem Raufhandel zwischen Roma und jugendlichen *Gađe* zum Romaquartier, das von etwa achtzig Familien bewohnt wird. Die Polizei stoppte die Menge und gab Warnschüsse ab. Einige *Gađe* zerbrachen trotzdem Fensterscheiben und gebrauchten Molotovcocktails. Die geplanten Feuer und die Zerstörung konnten aber von der Polizei verhindert werden. Am nächsten Tag organisierten die Bewohner Manifestationen und forderten die Ausweisung der Roma. Zusätzliche Polizei wurde von (damals) Leningrad angefordert, ein Rom, Petre, erklärte: „Die Juden der Stadt sind nach Israel gegangen. Wir Rima, wohin sollen wir gehen?" (Quelle: „Komsomolskaja Pravda", Nr. 188–189, 18. Juli 1991)

Es entspricht den Eigenschaften der Roma nicht, um ihre Rechte zu kämpfen. In Jahrhunderten haben sie gelernt, in kleinen Gruppen auszuweichen. Nie haben sie sich gemeinsam verteidigt, nie haben sie Kriege geführt und haben sich als Soldaten auch dort nie sonderlich bewährt, wo sie gezwungen wurden zu kämpfen. Wohl aber nahmen sie sich immer wieder Lebensstil und Wertvorstellungen der Mehrheitsbevölkerung an. Damit haben sie gelegentlich auch schlechte Eigenschaften übernommen, die der Romamoral an sich diametral widersprechen. Dafür gibt es traurige Beispiele, das krasseste ist der Handel mit Kindern, den wenige Roma im Südwesten des ehemaligen Jugoslawien und auch in Bukarest ausgeübt haben sollen. Aus diesen Fehlentwicklungen auf die Moral der Roma im allgemeinen zu schließen ist falsch und scheint mir typisch für Menschen, die Argumente dafür suchen, alles Fremde abzulehnen. Zudem könnte ihre Haltung zur Natur, zur Gemeinschaft und auch zu Eigentum die Moral der „hochentwickelten Weißen" sehr wohl in Frage stellen.

Anders sind die Roma allemal und so oft angegriffen, so lange verachtet worden, daß sie den *Gađe* mißtrauen, keinen Anlaß haben, sie zu bewundern, und wenig Grund sehen, mit ihnen engeren Kontakt zu suchen. Viele Roma sind sich der akuten Gefahr, in der sie sich vor allem in den Staaten Ost- und Südosteuropas befinden, noch gar nicht bewußt. Die Parallelen zu der Lage der Juden in den dreißiger Jahren aber zeigen sich immer deutlicher, und die Roma beginnen sich zu organisieren.

Literatur

‚Destroying Ethnic Identity, The Persecution of Gypsies in Romania', A Helsinki Watch Report, September 1991, S. 95 f.

‚Destroying Ethnic Identity, The Gypsies of Bulgaria', A Helsinki Watch Report, 1991, S. 33.

Reimer Gronemeyer: „Zigeuner in der Sozialpolitik heutiger Leistungsgesellschaften", Giessen 1983, S. 161.

Gabor Havas/Otilia Solt: „Roma in Ungarn", S. 39–43, Pogrom Nr. 130, 18. Jg., 1987, p. 39–43.

Paul Hilberg: „Die Vernichtung der Europäischen Juden". Berlin 1982.

Enwer Hoxha: Vite te vegjelise, kyjtime per Girokastren. Tirana 1983.

I. Kemeny: Beszamolo a magyarorszagi ciganyok helyzetevel foglslkozo; 1971 – ben vegzett kutatasrol. Bericht über die im Jahre 1971 durchgeführte Forschung zur Situation der Zigeuner in Ungarn, institutsintern erschienen in Budapest, 1976.

A.-David Meszaros: A ciganysaggal kapcsolatos szozialpolitika Magyarorszagon (Zigeunertum und Sozialpolitik in Ungarn) Handschrift Budapest 1986.

György Szabo: Die Roma in Ungarn, Peter Lange Verlag 1991.

J. Szönyi: A ciganyok sorsa a fasizmus evei alatt (Das Schicksal der Zigeuner in den Jahren des Faschismus). In: Szegö L. (Hrsg.): Ciganyok (Zigeuner), Budapest 1983, S. 56.

Nationalsozialistische Verfolgung, „Wiedergutmachungs"-Praxis und Lebensverhältnisse der Sinti und Roma

Erika Thurner / Barbara Rieger

Vorbemerkung

Die nationalsozialistische „Zigeuner"verfolgung war lange Zeit kein Thema, weder in der österreichischen Öffentlichkeit noch in der wissenschaftlichen Forschung. Viel zu spät wurde mit der Aufarbeitung und Quellensicherung begonnen. Im deutschsprachigen Raum hat allerdings eine Österreicherin, Selma Steinmetz, mit einer frühen verdienstvollen Publikation jenen Trend eingeleitet, der sich gegen Ende der siebziger Jahre allmählich durchsetzen sollte: Die NS-Verfolgung der Sinti und Roma wurde nicht mehr als kriminalpräventive Maßnahme, sondern als rassistischer Genozid gewertet, die Parallelen und Analogien zum Juden-Holocaust herausgearbeitet und die Betroffenen zunehmend in die Geschichtsaufarbeitung mit einbezogen.[1] Das jahrzehntelange Tabuisieren und die damit verknüpfte Verweigerung der Opferanerkennung haben aber dazu geführt, daß das Wissen über diese ethnische Gruppe auf wenige Klischees beschränkt blieb: Negativbilder und romantische Verzerrungen haben das Fortwirken von Vorurteilen begünstigt.

Heute sind der Verfolgungsablauf sowie die Geschichte der größeren österreichischen NS-„Zigeunerlager" in den Grundzügen erforscht. Das Lager Lackenbach konnte durch Publikationen, Zeitzeugenberichte und Gedenkveranstaltungen einen gewissen „Bekanntheitsgrad" erreichen. Dagegen blieb die Geschichte des „Zigeuner"anhaltelagers Salzburg-Maxglan weiterhin Insiderwissen – trotz einiger Studien darüber.[2] Zum Gesamtkomplex NS-„Zigeuner"verfolgung gibt es noch zahlreiche offene

---

1 Selma Steinmetz, Österreichs Zigeuner im NS-Staat (Monographien zur Zeitgeschichte), Wien/Frankfurt/Zürich 1966.

2 Barbara Rieger, „Zigeunerleben" in Salzburg 1930–1943. Die regionale Zigeunerverfolgung als Vorstufe zur planmäßigen Vernichtung in Auschwitz, Dipl.-Arb., Wien 1990; Erika Thurner, Die Verfolgung der Zigeuner, in: Widerstand und Verfolgung in Salzburg 1934–1945, hrsg. vom Dokumentationsarchiv des Österreichischen Widerstandes (= DÖW), Band 2, Wien 1991, S. 474–521.

Fragen, so zum Beispiel zu Selektionssystem und -logik, aber auch zu weiteren Sammellagern.[3]

Österreichische Kontinuitäten: „Zigeuner"feindliche Gesetze und Gesetzesentwürfe vor 1938

Für Österreich ist hervorzuheben, daß die Verfolgung nicht erst mit dem Nationalsozialismus begann. Sie hat auch in unserem Land eine jahrhundertelange Tradition. Wichtige Vorarbeiten zur Erfassung und „Austreibung" wurden vor der nationalsozialistischen „Machtergreifung" geleistet.

Im Zuge der modernen Staatenbildung und mit der beginnenden Industrialisierung wurden nichtseßhafte und nicht heimatberechtigte Menschen zunehmend in ihren Lebensmöglichkeiten eingeschränkt. In Österreich regelten verschiedene Einzelgesetze aus dem späten 19. Jahrhundert die polizeiliche Behandlung der Zigeuner – und zwar über den Zeitraum der Monarchie hinaus bis in die Zwischenkriegszeit.

Durch die Handhabung von Schubgesetz (1871), Vagabundagegesetz (1873 und 1885) und Zigeunererlaß (1888) wurde das sogenannte „Zigeunerproblem" erst geschaffen. Diese Gesetze bewirkten eine sukzessive Aushöhlung der Rechtsstaatlichkeit und bedeuteten für die Betroffenen Repression. Willkür, Beschneidung der persönlichen Freiheit und häufig ein Abdrängen in die Kriminalität. Und sie eröffneten gerade auch den lokalen Behörden einen breiten Ermessensspielraum zur Ausweisung, Abschiebung, vorübergehenden Inhaftierung und Festsetzung von „mißliebigen" Menschen.

Vorstellungen zur Seßhaftmachung („Festsetzung") von Sinti und Roma waren schon immer mit Plänen zur Abschiebung und Außerlandschaffung verknüpft. Entgegen den propagierten Ansiedlungsplänen wollte keine Gemeinde, keine Region als Heimat- oder Zuständigkeitsgemeinde zur Verfügung stehen. So wurden ab den zwanziger Jahren unseres Jahrhunderts Sinti und Roma durch immer größere Auslegungswillkür dieser Gesetze kreuz und quer durch Österreich getrieben und zunehmend ihrer Existenzgrundlagen beraubt (Stigmatisierung durch eigene

3 Erste Vorarbeiten zu Oberösterreich und Graz liegen vor: Andreas Maislinger, „Zigeuneranhaltelager" und „Arbeitserziehungslager" Weyer. Ergänzung einer Ortschronik, in: Pogrom 137/18. Jg. 1987, S. 33 ff.; Stefan Karner, Die Steiermark im Dritten Reich 1938–1945, Graz/Wien 1986, S. 174–178.

Zigeunerausweise; systematischer Entzug von Wandergewerbescheinen usw.; rigorose Abschiebung und Ausweisung staatenloser Zigeuner).

Ab diesem Zeitpunkt wurde – in Anlehnung an Bayern und an die Tschechoslowakei – an speziellen „Zigeunergesetzen" gebastelt. Dabei herrschte unter den Vertretern von Landes- und Bezirksbehörden Einigkeit über die Anwendung „außergewöhnlicher Zwangsmittel". Die einzelnen Vorschläge reichten von der „Unterbringung arbeitsscheuer Zigeuner in Arbeitslagern" bis zur Verhängung der Todesstrafe über sie bzw. bis zu deren „gänzlicher Ausrottung".

Daneben wurde mit der Idee der Deportation aller Roma auf eine Insel im Stillen oder Pazifischen Ozean eine ältere, im Zeitalter des Kolonialismus entstandene Idee (wieder) aufgegriffen.

Bei einigen dieser Pläne war die biologische Ausrottung der Sinti und Roma bereits intendiert. Mit Beginn der NS-Ära wurden diese „Lösungsvorschläge" alle aktualisiert und weitergedacht. Da forderten nicht nur einheimische nationalsozialistische Hetzer aus dem Burgenland die Sterilisierung, sondern auch zahlreiche Gendarmeriebeamte – beispielsweise im Salzburger Land – hatten ähnliche Gedanken.

Romafrauen in Tracht (Rumänien). Foto: Mozes F. Heinschink, 1990.

Ab 1936 begann in Wien die „Internationale Zentralstelle zur Bekämpfung der Zigeunerplage" mit ihrer Tätigkeit. Erster Schritt: die datenmäßige Erfassung aller in- und ausländischen „Zigeuner". Im Burgenland war dazu schon gründliche Vorarbeit geleistet worden. Zirka 8.000 Roma waren in einer eigenen Zigeunerkartothek bereits vor 1938 erfaßt. Die österreichischen Gesetze traten nicht mehr in Kraft. Der Boden und die Atmosphäre zur systematischen Verfolgung waren aber aufbereitet.

Grundzüge der NS-Verfolgung

Mit der Etablierung des nationalsozialistischen Regimes konnten alle radikalen Vorhaben verwirklicht werden. Die „Zigeuner" wurden gleich den Juden zur außereuropäischen „Fremdrasse" erklärt und der Verfolgung preisgegeben. Die „Zigeunerjagd" wurde aber nicht nur parallel und aufgrund von Anordnungen aus dem „Reich" vollzogen. Österreicher/innen waren nicht nur Befehlsempfänger und -ausführer. Vielmehr kamen Impulse zur Forcierung der Ausgrenzung und „Endlösung" auch aus Österreich. In verschiedenen Etappen wurde die Verfolgung durch österreichische Vorschläge und durch die Ungeduld heimischer Nationalsozialisten geradezu vorangetrieben.

Was mit Diskriminierung und Ausgrenzung begann, endete mit der völligen Entrechtung und Ermordung der Sinti und Roma, „rechtlich" festgeschrieben in NS-Gesetzen, Erlässen und in geheimen Schnellbriefen: Nürnberger Rassengesetze (1935), Asozialenerlaß (1936), Zigeuner-Runderlaß (1938), Festsetzungserlaß (1939), Erlaß zur Errichtung von Sammellagern (1940), Ostdeportation (1940/41), Ausschluß aus der Wehrmacht (1942), Verlust jeglicher Staats- und Schutzangehörigkeit (1942) und schließlich Auschwitz-Erlaß (1942).

Insgesamt war die Verfolgungspraxis im Deutschen Reich und in Österreich nahezu ident. Kleinere Abweichungen ergaben sich maximal durch regionale Faktoren (hohe Anzahl von Roma/Sinti; Arbeitskräftemangel usw.), durch Auslegungsspielräume bei Erlässen und durch Kompetenzstreitigkeiten zwischen NS-Behörden. Des weiteren waren die deutschen „Zigeuner" vom Übereifer der in Berlin stationierten Rassenforscher in höherem Ausmaß betroffen. Endstation waren für die meisten – hier wie dort – die Konzentrations- und Vernichtungslager. Dabei kam es für österreichische Sinti und Roma bereits 1941 zu einer ersten Form der „Endlösung". Von den 5.007 „Zigeunern", die aus der damaligen „Ostmark" im November 1941 ins Ghetto Lodz deportiert wurden, gibt es keine Überlebenden. Von den österreichischen und deutschen Sinti/Roma wurden zirka zwei Drittel während der NS-Herrschaft ausgerottet.

Die Tötungsmaschinerie erreichte darüber hinaus alle anderen von Nazi-Deutschland besetzten oder eroberten Länder, wenn auch die Verfolgungsintensität in den einzelnen Ländern variierte. Entscheidend war das Ausmaß der schon zuvor gepflegten Observierungs- und Verfolgungspraxis und ob bereits ein faschistisches System mit rassistischen, fremdenfeindlichen Verordnungen Vorarbeit geleistet hatte. In zahlreichen Ländern wurden schon vor der NS-Besatzung Ausgrenzungsmaßnahmen getroffen und Lager für die „Zigeuner" eingerichtet. Besonders brutal erfolgten die „Säuberungen" in süd- und osteuropäischen Ländern. Teilweise war dort der Völkermord noch vor Herausgabe des Auschwitz-Erlasses vollzogen. Zudem wüteten im Osten ab Mai 1941 die SS-Einsatzgruppen und erschossen neben Juden und „Fremdvölkischen" massenhaft „Zigeuner". Insgesamt haben eine halbe Million Sinti und Roma den Nationalsozialismus nicht überlebt.

Im nachfolgenden Aufsatz werden die Etappen des nationalsozialistischen „Zigeuner"-Holocaust detailliert am Salzburger Beispiel abgehandelt sowie die Nachkriegsverhältnisse und die Existenzbedingungen in der Zweiten Republik aufgezeigt. Nur der geringere Teil verkörpert Salzburg-Spezifika; die meisten Aussagen und Analysen spiegeln die gesamtösterreichische Situation wider.

Im Anschluß daran befaßt sich Barbara Rieger mit der Verfolgung der Roma im ehemaligen Jugoslawien. Ein hoher Anteil der heute in unserem Land lebenden, zum Teil schon eingebürgerten Roma-„Gastarbeiter" kommt aus dieser Region. Dies sowie die dort mit besonderer Grausamkeit und Geschwindigkeit durchgezogene Erfassung und Ermordung der Roma war Grund genug, dieses Staatengebilde besonders herauszugreifen.

Ein „Zigeunerleben"? Als Sinto, Sintiza, Rom und Romni in Salzburg

Erika Thurner

Auf der Suche nach der Vergangenheit

Einseitiger Telefondialog:

„Ja guten Morgen, hier Reinhardt. Kennen Sie einen Herrn Stoll, der im Krieg bei der Polizei war? . . . Nein? . . . Sind auch nicht mit ihm verwandt? . . . Nein? Ja, danke."

„Ja, hallo, hier Reinhardt. Ich komme aus Deutschland und suche einen Freund, Herrn Brandtner. Er hat früher in der Judengasse gewohnt. Während des ‚Dritten Reiches' war er bei der Polizei, nach dem Krieg O-Bus-Fahrer. Kennen Sie nicht?"

„Ja, ich suche einen Herrn Brandtner. Im Telefonbuch stehen fünf, und ich weiß nicht, ob ich richtig bin. Er war im Krieg bei der Polizei, im Zigeunerlager in Maxglan. Er war nämlich ein guter Mensch . . . Ja, das gab's auch – es gab solche und solche im Lager. Aber die einzelnen Leute merkt man sich dann . . . Was? Er lebt nicht mehr? . . . Wann ist er gestorben? . . . Ja, ich war auch dort, aber nicht als Beamter, sondern als Häftling."[1]

Anfang der achtziger Jahre begibt sich der deutsche Sinto Josef Reinhardt auf die Suche nach Vergangenem. Er sucht nach Personen, die sich – so glaubt er – noch an das nationalsozialistische Zwangsarbeitslager für „Zigeuner" erinnern müßten. Es ist fünf vor zwölf. Kripobeamte und Hilfspolizisten sind zu einem überwiegenden Teil bereits verstorben. Die Zeitgeschichte weist noch viele weiße Stellen auf. Und in der Bevölkerung dominiert die Haltung: Gebts endlich Ruhe damit! Österreich – und somit auch Salzburg – sei nur Opfer gewesen; für die Verbrechen, Verfolgung und Ermordung Tausender Menschen, seien die Deutschen/die Nazi verantwortlich. Außerdem: Zigeunerverfolgung und -ermordung waren berechtigt und richtig. Warum sollen *die* als Opfer behandelt werden?

In diese Zeit fiel auch die Spurensuche der Verfasserin nach Zeugnissen

1 Videofilm von Nina Gladitz „Zeit des Schweigens und der Dunkelheit", 1983 WDR. Radiointerview Leni Riefenstahl mit dem Journalisten Stefan Krass, Freiburg 1984, in: Radiosendung „Zeit des Schweigens und der Dunkelheit oder der Prozeß um die verlorene Ehre der Leni Riefenstahl", eine Dokumentation von Vera Leiser. Mitarbeit Rudolf Holzer, Regie und Gestaltung: Richard Goll, Hörbilder Ö1, 8. 12. 1989.

für dieses Kapitel nationalsozialistischer Geschichte. Es war im Laufe der Nachkriegsjahre „bewußt" in Vergessenheit geraten.[2] Bei den Vorarbeiten für die Dokumentation „Widerstand und Verfolgung in Salzburg" tauchten weitere Schriftstücke über ein *Zigeunerlager Salzburg-Maxglan (oder auch: Leopoldskron, Kräutlerweg, Marienbad)* auf. In der Folge konnten die Akten des Verfolgungsapparates sukzessive durch mündliche Quellen, durch Interviews mit Zeitzeug/inn/en, ergänzt und ausgeweitet werden. So nahm das Kapitel „Zigeunerverfolgung im NS-Mustergau Salzburg" langsam Konturen an, wurde zunehmend dichter. Dunkel blieben zunächst noch die Orte der Handlung. Das Auffinden der Lagerorte, die damals „keine Erinnerungstafel verunzierte"[3], erfolgte in Teamarbeit. Gemeinsam mit Anrainer/inn/en, deren Gedächtnis noch funktionierte – die sich nicht durch Verantwortung oder Schuld belastet fühlten –, konnte der Lagerplatz am Schwarzgrabenweg (für Ortskundige: zwischen Kendlerstraße und Moosstraße) lokalisiert werden. Es handelte sich um Privatgrund, unverbautes Bauernland. Keine materiellen Überreste lieferten einen Anhaltspunkt. Das Barackenlager war noch vor Kriegsende geschliffen worden.[4]

Ähnlich erfolgte die topographische Rekonstruktion des Salzburger Rennbahn-Geländes. Die Pferdeställe der Aigner Rennbahn hatten 1940 vorübergehend den „Salzburger Zigeunern" als Unterkunft gedient. Heute zeigt sich diese Örtlichkeit als verbautes Wohngebiet (Ignaz-Rieder-Kai, Johannes-Filzer-Straße). Die Bevölkerung ist vielfach zugezogen und weiß tatsächlich kaum etwas über die frühere Rennbahn, nichts über in Ställe gepferchte Menschen.[5]

In Salzburg sah man keinen besonderen Grund, sich mit den „Zigeunern" oder ihrer Verfolgung auseinanderzusetzen. Nicht einmal der Umstand, daß das Lager Salzburg-Maxglan zeitweise im Zentrum von deutschen Nachkriegsprozessen stand, vermochte hierzulande das Desinteresse zu mindern. Verhandelt wurde über die Zwangsverpflichtung von Salzburger Häftlingen zur Filmarbeit bei NS-Regisseurin Leni Riefenstahl sowie über die Einstufung des Salzburger Lagers.[6]

---

2 Erste Versuche zur Aufarbeitung ab 1979/80, vgl. Erika Thurner, Nationalsozialismus und Zigeuner in Österreich (Veröffentlichungen zur Zeitgeschichte, Bd. 2, hrsg. von Erika Weinzierl, Ernst Hanisch, Karl Stuhlpfarrer), Wien/Salzburg 1983, S. 31–49.

3 Gladitz, Zeit des Schweigens, a. a. O.

4 Interviews mit Anrainern und überlebenden Sinti, 1980 ff.

5 Interviews mit Anrainern, 1980 ff.

6 DÖW-(Dokumentationsarchiv des Österreichischen Widerstandes-)Akt E 18.518: Urteil Amtsgericht München, Privatklagesache Leni Riefenstahl gegen Helmut Kindler; vgl.

Bis in die jüngste Zeit herauf waren Sinti/Roma in fast allen Prozessen die Verlierer. Durch Jahrzehnte hindurch wurde versucht, die Zigeuner als „unglaubwürdig" zu brandmarken. Zur Verweigerung von Ansprüchen wurden ihnen die KZ-Aufenthalte mitunter sogar abgestritten – oder die Verfolgung verharmlost.[7]
Maßgeblichen Anteil daran hatten gewisse „Zigeunerfachleute", die in der Tradition der nationalsozialistischen Rasseforscher standen. Einer der Aktivsten: der deutsche Arzt Dr. Hermann Arnold. In den fünfziger und sechziger Jahren hat er eng mit den ehemaligen NS-Rasseforschern DDr. Robert Ritter und Dr. Eva Justin zusammengearbeitet. Er übernahm ihre Arbeitsunterlagen aus der NS-Zeit zur Weiterverwertung.[8] Und er stellte sich immer schützend vor die Täter: mit seinen Aussagen und durch die Unterschlagung von Akten. So hat er mitgeholfen, die (Mit)Täter/innen vor Verurteilungen zu bewahren. Alle Verfahren gegen die Rassegutachter, die einen entscheidenden Beitrag zum „Zigeuner-Holocaust" geleistet hatten, wurden eingestellt. Sinti und Roma brachte er durch sein „Engagement" um Entschädigungen. Noch 1979 warnte er eindringlich:

> „Nicht minder problematisch ist die Einfügung mündlicher Zeugnisse von Zigeunern in eine Beweiskette, gar wenn es um Ereignisse geht, die ein Menschenalter zurückliegen. . . . Es soll auch nicht behauptet werden, jene Berichte verfolgter Zigeuner seien erlogen, aber es ist nun einmal eine Tatsache, daß in der Jahrhunderte dauernden Unterdrückung unsere (sic!) Zigeuner manche Verhaltensweisen als zweckmäßig fürs Überleben erkannt haben, daß sie z. B. gerne so antworten, wie sie glauben, daß wir es hören möchten."[9]

Im März 1987 setzte ein deutsches Gericht einen *revolutionären Schritt.* Das Oberlandesgericht Karlsruhe hat in zweiter Instanz die Glaubwürdigkeit

Barbara Rieger, „Zigeunerleben" in Salzburg 1930–1943. Die regionale Zigeunerverfolgung als Vorstufe zur planmäßigen Vernichtung in Auschwitz, Dipl.-Arb. Gewi-Fak. Wien, 1990, S. 97 ff.; BMI-Akt (Bundesministerium des Innern), Zl. 58.636-2/54, zit. n. Thurner, Nationalsozialismus, a. a. O., S. 7.

7 DÖW (Hrsg.), Widerstand und Verfolgung in Salzburg 1934–1945, Bd. 2, Wien/Salzburg 1991 (= WuVS). Dokument (= Dok.) 31, Stellungnahme Böhmer; BMI-Akt, Zl. 178.401-2/56-Zeugenaussage Ludwig Nessl; Videofilm: Das falsche Wort „Wiedergutmachung" von Katrin Seybold und Melanie Spitta, 1989 ZDF.

8 Das falsche Wort „Wiedergutmachung", a. a. O.; Romani Rose, Bürgerrechte für Sinti und Roma. Das Buch zum Rassismus in Deutschland, hrsg. vom Zentralrat Deutscher Sinti und Roma, Heidelberg 1980d, S. 114 ff.; Mathias Winter, Kontinuitäten in der deutschen Zigeunerforschung und Politik, in: Feinderklärung und Prävention, Kriminalbiologie, Zigeunerforschung und Asozialenpolitik, Beiträge zur nationalsozialistischen Gesundheits- und Sozialpolitik: 6, Berlin 1988, S. 135 ff.

9 Hermann Arnold, Anmerkungen zur Geschichtsschreibung der Zigeunerverfolgung, in: Mitteilungen zur Zigeunerkunde, Beiheft 4, Mainz 1977, S. 5.

des Sinto Josef Reinhardt mit der von NS-Regisseurin Leni Riefenstahl gleichgestellt. Eine herbe Enttäuschung für die Künstlerin, stand für sie doch bis zu diesem Zeitpunkt außer Zweifel, wem man eher „einen Meineid zutraut – mir oder den ganzen Leuten von uns oder den Zigeunern?“[10]

Kontrastierend zur weitverbreiteten und lange gepflegten Praxis, soll auch in diesem Beitrag ein *anderer Weg* eingeschlagen werden. Die zigeunerfeindlichen Darstellungen der Gegenseite sind zur Genüge bekannt. Problematische, zweifelhafte oder widersprüchliche Aussagen von Beamten und Wissenschaftern wurden viel zu lange als unumstößliche Wahrheit gehandelt.[11] Damit muß Schluß sein! Wir wollen uns vielfach mit den Darstellungen der Sinti und Roma begnügen, ihren mündlichen Zeugnissen endlich einmal erhöhtes Gewicht zubilligen.

Warum oder was sollen wir den „Zigeunern“ nicht glauben? Ihre Erlebnisse im KZ? Weil sie manchmal Daten oder Namen verwechseln oder nicht mehr wissen? Weil sie – wie andere KZ-Häftlinge und Verfolgte – durch die KZ-Haft, durch die Verdichtung traumatisierender Extremsituationen „psychische Schäden“, Neurosen oder Psychosen erlitten haben und deshalb bei Befragungen „Ängstlichkeit“, „Unsicherheit“ oder andere „Auffälligkeiten“ zeigen?

Sie drängen uns die Berichte über ihre Vergangenheit ohnehin nicht auf, ist doch die Wiedererinnerung für die meisten viel zu schmerzhaft. Wenn Sinti und Roma aber doch aus ihrem Leben erzählen, ihre KZ- und Verfolgungserlebnisse preisgeben, dann klammern sie auch dunkle Stellen ihrer Vergangenheit nicht aus, berichten von Delikten vor oder/und nach der Nazizeit, verheimlichen nicht ihr Hausieren ohne Gewerbeschein, mitunter den Verkauf zu überhöhten Preisen (ein unübliches Verhalten in unserer Gesellschaft?). Sie berichten von Raufereien und geben freimütig den eigenen Anteil zu.

Aus diesen offenen Berichten läßt sich allerdings – wenn Bereitschaft dazu besteht – mehr herauslesen: die ihnen von unserer Gesellschaft zugebilligten geringen Lebenschancen, die schmale Bandbreite an Existenzmöglichkeiten, für manche ein fast zwangsläufiges Abgleiten in die Grauzonen zu Illegalität und Kriminalität.

---

10 Radiosendung Vera Leiser, a. a. O.

11 Vgl. dazu: Melanie Spitta, Das falsche Wort „Wiedergutmachung“. Über den schwierigen Weg, einen Film über den Völkermord an Sinti und Roma zu machen, in: Alfred G. Frei und Jens Runge (Hrsg.), Erinnern – Bedenken – Lernen. Das Schicksal von Juden, Zwangsarbeitern und Kriegsgefangenen zwischen Hochrhein und Bodensee in den Jahren 1933 bis 1945, Sigmaringen 1990, S. 224 ff.; Videofilm: Das falsche Wort „Wiedergutmachung“, a. a. O.

Zur „fachlichen Absicherung" liegen ohnehin genügend schriftliche Quellen vor – gerade zum Problem der „Wiedergutmachung", aber auch zur Alltagsdiskriminierung und -verfolgung. Umfangreich ist das „Beweismaterial" darüber, wie übel den Sinti und Roma mitgespielt wurde, um sie im Status der „Staatenlosigkeit" zu halten, um ihnen die Staatsbürgerschaft und damit eine Anspruchsmöglichkeit zu verweigern. Und wir besitzen auch eine umfassende Kenntnis darüber, wie (rasch) es durch Vorverurteilungen zu Verurteilungen kommt – und dadurch zur Kriminalisierung einer ganzen Menschengruppe. Für viele gibt es kein Entrinnen aus diesem Teufelskreis.

Dieser meiner Einschätzung liegt ein umfassendes historisches Wissen über das Thema zugrunde, ebenso eine differenzierte Gegenwartskenntnis des Milieus. Die Sinti und Roma sollen im folgenden weder romantisiert noch als biedere Kleinbürger/innen gekennzeichnet werden. Nichts liegt mir ferner, als hier den Versuch zu unternehmen, naive Vergangenheitsbewältigung und Vorurteilsbekämpfung zu betreiben. Der Beitrag soll einen schmalen Einblick in unbekannte, fremd anmutende Lebensverhältnisse vermitteln. Dabei werden die verschiedenen Formen von Lebensäußerungen, Existenzmöglichkeiten und -problemen in ihrem Wandel aufgezeigt. Gerade in Anbetracht der kleinen Gruppe von Sinti und Roma, die in Salzburg lebt, ist es notwendig, Namen und Orte zu verschlüsseln. Solange sie der Diskriminierung und Vorverurteilung ausgesetzt sind, brauchen sie Schutz und Anonymisierung. Hinter den codierten Namen befinden sich konkrete, der Verfasserin – zum Teil jahrelang – bekannte Personen.

Offiziell gibt es die Sinti und Roma[12] – wie sie sich selber nennen – nicht, weder in Salzburg noch anderswo in Österreich. Die „Zigeuner", eine unterprivilegierte Minderheit, die sich eindeutigen rechtlichen Definitionen entzieht, wurden von den österreichischen Minderheitenschutzbestimmungen ausgeklammert.[13] Das Volksgruppengesetz von 1976 definiert

12 „Zigeuner" ist die Fremdbezeichnung, die oft negative Assoziationen auslöst und daher von vielen abgelehnt wird. Für die Phase der nationalsozialistischen Verfolgung kommen wir nicht ohne den Begriff „Zigeuner" aus, wollen wir die Kontinuität zu den Verfolgten herstellen. Zum Thema Fremd- und Eigenbezeichnungen vgl. Susanne Fuchs-Nebel, Rom, das heißt Mensch. Die Roma des Burgenlandes, in: Elisabeth Deinhofer/Traude Horvath (Hrsg.), Grenzfall Burgenland 1921–1991, Großwarasdorf 1991, S. 127 ff.

13 Felix Ermacora, Grundzüge des österreichischen Minderheitenrechts, in: Österreich. Die Zweite Republik. Hrsg. von Erika Weinzierl und Kurt Skalnik, Band 2, Wien/Graz/Köln 1972, S. 87–108; ders., Volksgruppen und Minderheiten – ihre Rechte, in: Politische Bildung, 8. Jg., Nr. 2 (1986), S. 72–77.

Volksgruppen „als in Österreich wohnhafte Gruppen österreichischer Staatsbürgerschaft mit nichtdeutscher Muttersprache und eigenem Volkstum".[14] Als *das* werden „Zigeuner" in Österreich nicht oder noch immer nicht betrachtet, obwohl sich Indien 1978 zum Mutterland der Roma bekannte und der Europarat und die UNESCO den Roma einen beratenden Status eingeräumt haben. Die Anerkennung der Roma als Nationalität besteht noch in keinem Land. (Inzwischen sind die Roma in Slowenien als Minderheit anerkannt – Anm. d. Red.) Auch nicht im ehemaligen Jugoslawien, das in den vergangenen Jahren oft als positives Vorbild für die Anerkennung galt.[15]

Sie selbst haben bis in die jüngste Zeit keine diesbezüglichen Forderungen gestellt. Das hängt mit ihrem Selbstverständnis zusammen, ihrem gesellschaftlichen Status, der Nichtakzeptanz von Sinti und Roma in diesem Land. Sie sehen sich als „kleine Leute"[16] und bescheiden sich – so man sie in Ruhe läßt – sogar mit dieser Randposition als „drittklassige Bürger".[17] Sie fühlen sich höchstens geduldet, niemals akzeptiert. Geduldet dann, wenn sie sich anpassen, nicht auffallen, keine Forderungen stellen. Trotzen sie aber der schleichenden Assimilation, setzen sie dem drohenden Ethnozid (= Sprach- und Kulturverlust) die eigene Sprache und soziokulturelle Traditionen entgegen, sind sie rasch als „Zigeuner" erkannt, stigmatisiert, schikaniert oder mitunter gar registriert.

Die Nichtanerkennung als ethnische Minderheit bedeutet, daß diese Gruppe bei den Volkszählungen nicht eigens erfaßt wird. Daher gibt es auch keine genauen Zahlen über die österreichische Zigeunerpopulation in der Zweiten Republik. In den siebziger Jahren beliefen sich die Schätzungen auf 10.000 bis 15.000, einschließlich der „Zigeuner"-Gastarbeiter/innen. Durch die verstärkten Migrationsbewegungen – vor allem seit Ende der achtziger Jahre – dürfte sich die Zahl heute gegen 30.000 bewegen.[18] Die offizielle Nichtregistrierung kann trotzdem nicht verhindern,

14 Gerhard Baumgartner, Sinti und Roma in Österreich, in: Pogrom 18. Jg./Juni 1987, S. 50.

15 Miriam Wiegele/Bernhard Perchinig, Roma – Geschichte einer Verfolgung, in: Volksgruppen. Politische Bildung, 8. Jg., Nr. 2 (1986), S. 129; Tanjug, 30. 6. 1987, S. 4; Katrin Reemtsma, Minderheit ohne Zukunft? Roma in Jugoslawien. Bedrohte Völker, Menschenrechtsreport Nr. 2, Februar 1990, Göttingen 1990, S. 11: In einigen Republiken und autonomen Provinzen wurden neben den Kategorien der Nationen und Nationalitäten die der „ethnischen Gruppe" eingeführt. Den Roma wurde nur dieser eingeschränkte Minderheitenschutz zuerkannt.

16 Interv. 1984 ff. (WR, DE).

17 Ebenda (HF, FJ, DH).

18 Vgl. Baumgartner, Sinti und Roma, a. a. O., S. 48; Miriam Wiegele, Die Zigeuner in Österreich, in: Zülch (Hrsg.), In Auschwitz vergast, a. a. O., S. 261 ff.; lt. Auskunft Dr. Ursula Hemetek, Verein Romano Centro, Wien.

daß in Städten und Gemeinden die Bewohner/innen „zigeunerischer Abstammung" – zumindest teilweise – bekannt sind, gesondert erfaßt und observiert werden. Die „Zigeuner" werden noch immer erkannt, auch wenn sie ganz „normal" leben: an Äußerlichkeiten, an ihrem Verhalten.

Im Gegensatz dazu gibt es ein geringes Wissen zur Herkunft und Geschichte der Sinti und Roma. Und in der Schule lernt man selten etwas darüber. Beispielsweise, daß sie ursprünglich aus Nordwestindien stammen und von dort aus im ersten Jahrtausend über Südosteuropa in alle europäischen Länder eingewandert sind. Im Raum des heutigen Österreich tauchten Zigeuner erstmals im 13. Jahrhundert auf. Mit dem Vormarsch der Zigeuner nach Europa begann ihre Verfolgung. In Westungarn, dem heutigen Burgenland, wurden die Roma (1938: ca. 8.000) unter Maria Theresia und Joseph II. zwangsangesiedelt. Die Sinti, *Lovara* und andere Splittergruppen blieben bis zum Jahre 1938 nomadisierende Wanderzigeuner – etwa 3.000 in ganz Österreich.[19]

Salzburg wurde nach 1945 nur für wenige Sinti und Roma zur „Heimat". Die wenigen, die kamen, lebten ein Leben im Verborgenen. Sie versuchten ihre „Zigeuneridentität" zu verheimlichen. Manche sogar bis zum heutigen Tag:

„Ich hab' mich keinem Menschen zu sagen getraut, daß ich Zigeuner bin. Ich hab' immer Angst gehabt, hab' mich immer angstig gefühlt. Wenn wer hinter mir gegangen ist, hab' ich mich immer umg'schaut, ob mich jemand verfolgt. Ich hab' immer links und rechts geschaut. Ich hab' niemand vertraut, mit niemand geredet, ganz gleich ob das eine Frau war oder ein Mann, ganz gleich ob wer sympathisch war oder nicht. Ich hab' immer Angst gehabt, und so hab' ich mein Leben niemand gesagt, daß ich Zigeuner bin – mein Leben nicht. Und wenn jetzt was war vom Amt, da war ja die Schwierigkeit, ich kann nicht lesen und nicht schreiben. Jetzt hat mir das wer vorlesen müssen, aber nicht einmal der hat's gewußt. Der hat halt geglaubt, ich hätt' in der Schul' nix gelernt. Kein Mensch hat gewußt, daß ich Zigeuner bin in Salzburg."[20]

Weder vor noch nach dem Zweiten Weltkrieg haben in Salzburg so viele „Zigeuner" gelebt wie während der Jahre 1939 bis 1943. Eine Beschäftigung mit den Sinti und Roma im Salzburg der Zweiten Republik kann nicht losgelöst von der NS-Verfolgung geschehen. Zu radikal waren die

19 Claudia Mayerhofer, Dorfzigeuner. Kultur und Gesellschaft der Burgenland-Roma von der Ersten Republik bis zur Gegenwart, Wien 1987, S. 23 ff.; Georg Gesellmann, Die Zigeuner im Burgenland in der Zwischenkriegszeit. Die Geschichte einer Diskriminierung, phil. Diss., Wien 1989; Michaela Haslinger, Rom heißt Mensch. Zur Geschichte des ‚geschichtslosen Zigeunervolkes' in der Steiermark (1850–1938), phil. Diss., Graz 1985.

20 Interv. 1985 ff. (HB).

Maßnahmen, zu hoch war der Blutzoll, den die Häftlinge des Salzburger Lagers zahlen mußten. Das hatte sicher Auswirkungen auf den geringen Nachkriegszuzug. Überlebende Sinti und Roma haben Salzburg als Verfolgungsstätte gemieden. Weniger als eine Handvoll Überlebender, deren komplette Familien ausgerottet worden waren, siedelte sich in Salzburg an. Für sie war das Maxglaner Lager die letzte Stätte „familiären Beisammenseins".[21]

Viel zu lange wurde die Geschichte dieses Lagers verschwiegen. Deshalb soll die einleitende Kurzdarstellung aus der Dokumentation „Widerstand und Verfolgung in Salzburg 1934 bis 1945" hier nochmals zum Abdruck kommen und dadurch einen größeren Leserkreis erreichen.[22]

Das Lager Salzburg-Maxglan (Leopoldskron)[23]

Die Geschichte der „Zigeuner" (Sinti, Roma und andere Gruppen)[24] ist von jahrhundertelanger Verfolgung geprägt. Das Ausmaß der Ablehnung stand in engem Zusammenhang mit den jeweils herrschenden ökonomischen, sozialen und politischen Bedingungen. Der Nationalsozialismus sprach den Zigeunern wie auch den Juden und anderen Minderheiten das Lebensrecht ab. Infolge autoritärer Ordnungsvorstellungen und aus „rassischen" Motiven wurden Sinti und Roma zunächst zu Zwangsarbeit verpflichtet, später in Lagern unter unmenschlichen Bedingungen interniert und schließlich der physischen Vernichtung preisgegeben. Eines der KZ-ähnlichen Lager für Zigeuner befand sich auf Salzburger Boden.

Anhand der heute verfügbaren schriftlichen Quellen lassen sich die Anfänge der NS-Zigeunerverfolgung bis hin zur Gründung des Lagers Salz-

21 Opferfürsorgeakten, OF-Salzburg; Akten MBI; Interv.

22 Die Einleitung wurde fast gänzlich – mit Ausnahme des Abschnittes über die Zeit nach 1945 – übernommen. Der Aufsatz wurde bereits 1984/85 verfaßt, die Dokumentation konnte erst 1991 erscheinen.

23 Das Salzburger Zigeunerlager befand sich zwischen Moosstraße und Kendlerstraße – Kräutlerweg – am Schwarzgrabenweg an der Glan. In den Quellen wird es unter den Bezeichnungen „Leopoldskron", „Maxglan", „Kräutlerweg", „Leopoldskron-Moos" und „Marienbad" geführt. Im folgenden wird die Bezeichnung Maxglan/Leopoldskron oder Maxglan verwendet.

24 Vgl. Anm. 12: Während in Deutschland bereits in den 70er Jahren mit der Gründung einer Bürgerrechtsbewegung (gemeins. mit dem Zentralrat Deutscher Sinti und Roma) Bewußtseinsarbeit gegen die Verwendung des Begriffs „Zigeuner" gemacht wurde, ist es in Österreich erst später zu einer Sensibilisierung gekommen. Ursprünglich war der Begriff „Zigeuner" von Herkunfts- und Berufsbezeichnungen abgeleitet, zunächst ohne negative Besetzung.

burg-Maxglan/Leopoldskron im Jahre 1939 bzw. 1940 gut nachzeichnen.[25] Neben Berichten über „Zigeunerbewegung und -registrierung" liegen sämtliche Vorverhandlungen der NS-Bürokratie bis zur Errichtung des Lagers, einschließlich der Lagerordnung, vor. Aufgrund dieses Materials ist es zum Beispiel möglich, in der Nachkriegszeit gemachte Aussagen der mit der Zigeunerverfolgung befaßten Kriminalbeamten durch deren eigene Korrespondenz aus der NS-Zeit zu widerlegen.

„Während die Zeit bis 1940 relativ gut dokumentiert ist, fehlen für die Ära Scheel fast alle Quellen; sie wurden offenbar auf einen Befehl Bormanns vernichtet."[26] Diese auf Salzburg bezogene Feststellung von Ernst Hanisch hat auch für das Kapitel der Zigeunerverfolgung Gültigkeit. Ab 1941 liegen, mit Ausnahme des Dokuments zur Auflösung des Maxglaner Lagers im März 1943, keine Dokumente mehr vor.[27] Dieser Abschnitt sowie das weitere „Schicksal" der Inhaftierten lassen sich nur über Nachkriegsquellen und durch bereits vorliegende Forschungsergebnisse in den Griff bekommen.[28] Dabei zählen die Opferfürsorgeakten zu den wichtigsten Quellen – in zweifacher Hinsicht. Sie liefern Fakten und geben gleichzeitig einen Eindruck von den nahezu ungebrochenen zigeunerfeindlichen Traditionen und Vorurteilen. Den Aussagen der Opfer wurde „nur ein geringer Grad von Wahrscheinlichkeit" zugebilligt. Dagegen wogen die Worte der (Mit)Täter schwer.[29]

---

25 Vgl. Thurner, Nationalsozialismus und Zigeuner, a. a. O. Durch die nunmehr vorliegenden Quellen ergeben sich kleinere Berichtigungen bezüglich Zeitpunkt der Lagergründung und zur Funktion des Lagers „Rennbahn".

26 Ernst Hanisch, Nationalsozialistische Herrschaft in der Provinz. Salzburg im Dritten Reich, Salzburg 1983 (Salzburg Dokumentationen Nr. 71), S. 15. (Dr. Gustav Adolf Scheel, 1941–1945 Gauleiter und Reichsstatthalter des Reichsgaues Salzburg; Reichsleiter Martin Bormann).

27 SLA (= Salzburger Landesarchiv) RSTH I/3 45/1943 Kripo Salzburg/SS-Obersturmführer und Kriminalratkommissar Huber an Gauleiter Salzburg, in: Rieger, „Zigeunerleben" in Salzburg, a. a. O., S. 128.

28 Siehe zum Thema NS-Zigeunerverfolgung in Österreich: Selma Steinmetz, Österreichs Zigeuner im NS-Staat, Wien/Frankfurt/Zürich 1966; dies., die Zigeuner, in: Widerstand und Verfolgung im Burgenland 1934–1945. Eine Dokumentation, hrsg. vom Dokumentationsarchiv des Österreichischen Widerstandes, 2. Aufl., Wien 1983, S. 244–294; Thurner, a. a. O.: dies., Kurzgeschichte des nationalsozialistischen Zigeunerlagers in Lackenbach (1940–1945), Eisenstadt 1984; Herbert Michael Burggasser, Österreichs Zigeuner – Schwerpunkt 1938 bis 1980; ders., Zigeunerverfolgung in Österreich: Dokumente des Zigeuneranhaltelagers Lackenbach, Seminararbeit am Institut für Zeitgeschichte, Wien 1977; Claudia Mayerhofer, Die Zigeuner im Burgenland, Hausarbeit an der Universität Wien, Wien 1977.

29 BMI-Akt, Zl. 99.851-2/53 – Schreiben der Staatsanwaltschaft Stuttgart an Bundesministerium des Innern, Wien, 18. 6. 1953, vgl. Widerstand und Verfolgung in Salzburg = WuVS/DÖW, Dokument/Dok. 32.

Die Situation der Zigeuner in Salzburg vor der Okkupation und erste NS-Maßnahmen

Für den Salzburger Raum kann festgestellt werden, daß ein „Zigeunerproblem" erst durch die einsetzenden NS-Verfolgungsmaßnahmen geschaffen wurde. In den zwanziger Jahren hatte es kaum ansässige Zigeuner gegeben. Salzburg war nur ein Durchzugsland für nomadisierende Sinti aus dem ostösterreichischen und süddeutschen Raum. Erst Hitlers Machtergreifung in Deutschland zeitigte auch Auswirkungen auf die österreichischen Alpenländer. Mit der Verkündung der Nürnberger Gesetze 1935 – der theoretischen Grundlage für die Juden- und Zigeunerverfolgung – wichen größere Gruppen nach Österreich aus. In dieser Phase begegnete man dem Problem mit der Abschiebung der „Eindringlinge" in den nächsten Bezirk. Während sich im Jahre 1938 durchschnittlich zwanzig Zigeuner in der Stadt Salzburg aufhielten, hatte man im Bezirk St. Johann im Pongau bereits 710 Zigeuner „behandelt".[30]

Die verstärkte Anwendung dieser Abschiebetechnik durch die Tiroler Behörden – dort war der Zustrom aus dem „Altreich" besonders stark – stellte die Salzburger Gendarmerie bald vor unlösbare Probleme, so daß sie nach Gesetzen und Möglichkeiten verlangte, um „dieses arbeitsunwillige und landfremde Nomadenvolk", „diese wandernde Rasse, die das deutsche Volk nur bestiehlt und begaunert", ein für allemal loszuwerden. Die Einweisung in Zwangsarbeitslager oder die Sterilisierung wurden in Erwägung gezogen; Maßnahmen, „die einen radikalen Schlußstrich setzen", gefordert, denn die Abdrängung sei „kein geeignetes Mittel, das Zigeunerwesen erfolgreich auszurotten".[31]

Blieb vor der Okkupation die Verfolgung der Zigeuner auf verbale Ausfälle und die Maßnahmen von Schub- und Vagabundagegesetz beschränkt, eröffneten sich sofort nach dem „Anschluß" andere Möglichkeiten.

Der nationalsozialistischen Zigeunerverfolgung ging keine langfristige Planung voraus. Die Kriminalpolizeistellen erhielten den Befehl, eigene Zigeunerreferate einzurichten. In Zusammenarbeit mit der „Rassenhygienischen und Bevölkerungsbiologischen Forschungsstelle" in Berlin sollten die Grundlagen für ein Zigeunergesetz ausgearbeitet werden. Zu

30 SLA, PA (= Präsidialakten, K (= Karton) 450: Gendarmerieinspektion St. Johann an den Landrat, 12. 1. 1939 (Wu VS, Dok. 7).

31 Ebenda: Landrat Markt Pongau an Regierungspräsident Salzburg, 12. 10. 1939 (WuVS, Dok. 7 und 11).

diesem Gesetz ist es nie gekommen. Die Zigeunerverfolgung verblieb die ganze NS-Ära in der Kompetenz der Kriminalpolizei mit Reichsführer-SS Heinrich Himmler als oberstem Chef.

Ohne die Ergebnisse der „Rassenforschung" abzuwarten, wurden die nächsten Verordnungen gesetzt. Als Folge der seit langem bestehenden ideologischen Diskriminierung der Zigeuner als „Asoziale" und „rassisch Minderwertige" und durch die im Rahmen der „Asozialenaktionen" gegebene Möglichkeit („Grunderlaß zur vorbeugenden Verbrechensbekämpfung"), die es 1938 bereits erlaubte, unter dieser Etikettierung auch Zigeuner in Konzentrationslager einzuweisen, entwickelte sich eine Dynamik, mit der die NS-Verordnungen in der Anfangsphase fast nicht Schritt halten konnten. „Aus einer Ausnahmesituation heraus, durch ein organisatorisches Chaos verstärkt, wurden Ad-hoc-Entscheidungen gefällt. Schritt für Schritt wurden diese Entscheidungen radikaler, am Ende stand die physische Vernichtung . . . Das Vorurteil in der Bevölkerung und die organisatorische Ratlosigkeit der Behörden spielten zusammen.[32]

Die Errichtung von Anhaltelagern für Zigeuner

Ein am 21. September 1939 vom Chef des Sicherheitsdienstes Heydrich einberufene Konferenz beschloß, alle im „Großdeutschen Reich" lebenden Zigeuner ins Generalgouvernement umzusiedeln. Der Vorbereitung dieser Aktion diente der am 17. Oktober 1939 auf Wunsch Himmlers von Heydrich in einem geheimen Schnellbrief angeordnete „Festsetzungserlaß", der die Maschen des Verfolgungsnetzes abermals enger zog.[33] Die Gendarmerieposten und Kriminalpolizeistellen wurden angewiesen, eine Registrierung der in ihrem Verwaltungsbereich anwesenden Zigeuner vorzunehmen und entsprechende Unterkunftsmöglichkeiten zu schaffen. Ab diesem Zeitpunkt war den Zigeunern das Verlassen ihrer gegenwärtigen Aufenthaltsorte untersagt.

In der Stadt selbst befanden sich damals 110 Zigeuner, die auf einem bereits bestehenden Sammelplatz in Maxglan/Leopoldskron zusammengezogen wurden. Die Lebensverhältnisse in diesem mit Stacheldraht umgrenzten Lager waren so katastrophal, daß sie nicht nur für die Lagerbe-

32 Hanisch, Nationalsozialistische Herrschaft, a. a. O. S. 208 f.

33 Vgl. Donald Kenrick/Grattan Puxon, Sinti und Roma – Die Vernichtung eines Volkes im NS-Staat, Göttingen 1981, S. 66.

wohner, sondern auch für die Umgebung eine Gefährdung darstellten. Trotz des Festsetzungserlasses hielt der Zuzug von Zigeunern in die Stadt weiter an. Die Zahl der Lagerinsassen erhöhte sich in den folgenden Monaten auf 160.[34]

Anfänglich konnten sich die Zigeuner noch relativ frei bewegen. Einigen war es möglich, bereits bestehende Beschäftigungsverhältnisse aufrechtzuerhalten. Sie waren beim Autobahnbau oder bei verschiedenen Baufirmen beschäftigt. Den meisten blieben jedoch Arbeits- und damit Einkommensmöglichkeiten versagt. Sie waren auf die Fürsorgeverbände angewiesen. Vor allem die Landgemeinden wehrten sich gegen diese finanzielle Belastung. Man wollte die Zigeuner loswerden und in das Salzburger Lager abgeben. Damals verzeichneten der Landkreis Salzburg 14, Hallein 39 und der Pongau 45 Zigeuner.

Den zunehmenden Unmutsäußerungen und der Anhäufung von Beschwerden versuchte die Kriminalpolizeistelle Salzburg durch rigorose Handhabung der Einweisung in Konzentrationslager zu begegnen. Da jedoch zwei Drittel der Betroffenen Frauen und Kinder waren und auch oft auf die Männer als Familienerhalter nicht verzichtet werden konnte, blieben die Auswirkungen dieser Methode gering. So bedauerte zum Beispiel der zuständige Leiter der Salzburger Kripo, SS-Sturmbannführer Böhmer, „daß eine Unterbringung von männlichen Jugendlichen im Alter von 15 bis 18 Jahren oder von schwangeren Frauen nicht möglich oder zumindest nicht erwünscht ist".[35]

Daneben traf man Vorkehrungen, wenigstens das Stadtgebiet selbst vor Zigeunern zu schützen. Das Betreten wurde ihnen nur noch für eine beschränkte Dauer mit besonderen Genehmigungsscheinen gestattet. Diese Regelung rief die „Landesbauernschaft" auf den Plan. Sie protestierte gegen die Benachteiligung der an die Stadt angrenzenden Bauern, „die zum Jagdgebiet für die Zigeuner werden, während die Stadtbevölkerung vor dieser Plage verschont bleibt", und forderten jene Gleichbehandlung, die in der Volksgemeinschaftsideologie propagiert wurde.[36]

---

34 SLA, K 45, NS: Schreiben der Kriminalpolizeistelle Salzburg an Reichssicherheitshauptamt Berlin, 16. 2. 1940 (WuVS, Dok. 15).

35 Ebenda. – In einer späteren Stellungnahme gab der ehemalige Leiter der Kriminalpolizeistelle Salzburg, Anton Böhmer, an, daß keinem der im Salzburger Lager Inhaftierten das KZ gedroht hätte und daß jene, die bereits vor Errichtung des Lagers in Konzentrationslager eingewiesen wurden, unschuldige Opfer eines Mißverständnisses gewesen sind (WuVS, Dok. 31).

36 Ebenda: Schreiben der Landesbauernschaft Alpenland an den Reichsstatthalter in Salzburg, 7. 9. 1940 (WuVS, Dok. 23).

Die Kette der Beschwerden wollte nicht abreißen. Es drohte eine Eskalation. Mit der Darstellung dieser Schwierigkeiten richtete die Kriminalpolizei einen Appell an das Reichssicherheitshauptamt in Berlin. Neben dem Hinweis auf den „gesteigerten Haß der Bevölkerung und schwerste Bedenken, die Zigeunerplage in Salzburg länger in dem Maße zu dulden", wird auf die Gefährlichkeit der Zigeuner durch das Wahrsagen und eventuelle defätistische Äußerungen verwiesen. Als Abhilfe wurde – mangels anderer Möglichkeiten – ein zentrales Zwangsarbeitslager unter polizeilicher Bewachung zur Diskussion gestellt.[37]

Im Frühsommer 1940 begannen die Beratungen über die Vergrößerung des Salzburger Lagers. Geplant war die Zusammenziehung aller Zigeuner aus dem gesamten Gaugebiet bei fortgesetzter Fürsorgeleistung durch die zuständigen Ortsbehörden. In diese Vorbereitungen platzte die Meldung von der bevorstehenden Ostdeportation sämtlicher Zigeuner der „Ostmark". Ab diesem Zeitpunkt fanden im „Altreich" die ersten Transporte von Zigeunern nach Lodz und Belzec statt.[38]

Nun wollte sich die Salzburger Kriminalpolizei auf keinen Fall die Möglichkeit entgehen lassen, alle (zirka 270) Zigeuner loszuwerden. Sie setzte alles daran, die geforderten Bedingungen – Erfassung der Zigeuner mittels Fragebogen und ärztliche Untersuchung – zu erfüllen. Zur besseren und reibungslosen Bewerkstelligung sollte die sofortige Inhaftierung der Zigeuner (auch jener aus den Landgemeinden) in einem Sammellager erfolgen. Zwecks Gestellung von Wachmannschaften wandte sich SS-Sturmbannführer Böhmer an die Schutzpolizei und an die SA- und SS-Standarte.

Das Lager in Maxglan/Leopoldskron war viel zu klein. Man benötigte ein geeignetes Objekt als Durchgangslager. Böhmer appellierte eindringlich an die zuständigen Stellen, die günstige Gelegenheit nicht zu verpassen, „da keine Aussicht besteht, bei verspäteter Erledigung einen Nachtransport der Zigeuner des Gaues Salzburg genehmigt zu bekommen".[39] Es gelang noch rechtzeitig, in den Pferdestallungen der Trabrennbahn das Sammellager

37 Ebenda: Schreiben der Kriminalpolizeistelle Salzburg an RSHA, 16. 2. 1940 (WuVS, Dok. 15).

38 Fünf Transporte mit insgesamt 5.007 Sinti und Roma wurden im November 1941 aus den Gauen Niederdonau und Steiermark nach Lodz durchgeführt. Von diesen Transporten gibt es keine Überlebenden. Dokumente des Jüdischen Museums Frankfurt/Aussiedlung Oktober 1941.

39 Ebenda: Schreiben der Kripostelle Salzburg an Reichsstatthalter, 5. 7. 1940 und 8. 7. 1940 (WuVS, Dok. 20, 18, 19).

einzurichten.[40] Doch kurz vor dem genannten Termin wurde die Aktion wegen „Transportschwierigkeiten“ abgesagt. Die Zigeuner sollten bis auf weiteres, und zwar bis Kriegsende, in den bisherigen Orten verbleiben.

Lagerausbau und Verschärfung der Lagerbedingungen

Bei Absage der Ostdeportation wurde nicht dezidiert verlautbart, was bis zur „endgültigen Lösung“ geschehen sollte. In Salzburg entschied man sich für die Beibehaltung der Inhaftierung. In Anbetracht der unbekannten Zeitbestimmung „bis Kriegsende“ wurde der Ausbau des Lagers Maxglan für den nunmehr größeren Personenkreis notwendig. Das Areal der Rennbahn mußte bis spätestens 10. September 1940 – bis zum Beginn der Herbstrennen – geräumt werden.

Mit der Installierung eines streng bewachten Lagers mit Zwangsarbeitscharakter knüpfte man an die früheren Pläne an. Die Stadt sollte die erweiterte Fläche zur Verfügung stellen. Weiters war für den Lagerausbau und den Unterhalt der Häftlinge eine Kostenaufteilung nach Heimat- und Zuständigkeitsbehörden vorgesehen; einen Zuschuß für die Finanzierung der Bewachungseinrichtungen erhoffte man sich vom Reichskriminalpolizeiamt. Ein entsprechendes Schreiben erging Anfang September 1940 an Reichskriminaldirektor Nebe. Durch den geplanten Arbeitseinsatz aller Zigeuner war beabsichtigt, die Verpflegskosten wesentlich zu senken; eventuell sollte sich das Lager einmal selbst erhalten.

Gegen die Wiederherstellung der früheren Zustände wurde – neben besseren Überwachungsmöglichkeiten, Prestigegründen (die Freilassung einer seit längerem polizeilich überwachten Personengruppe könnte dem Image der Polizei schaden!) und der gestiegenen politischen Bedeutung des Gaues Salzburg – Fluchtgefahr ins Treffen geführt. Es sei zu befürchten, daß die Zigeuner inzwischen von den Plänen der Ostdeportation erfahren hatten. Mit der möglichen Flucht der Zigeuner vor den Verfolgungsmaßnahmen des NS-Regimes wurde für die Notwendigkeit dieses Lagers argumentiert.

Noch bevor der Schnellbrief des Reichsministeriums des Innern vom 31. Oktober 1940 diese Situation legitimierte, waren die zuständigen Be-

40 Das Lager Rennbahn – also die Unterbringung der Zigeuner in den Pferdeställen der Salzburger Trabrennbahn – war nur ein Provisorium. Im Herbst 1940 diente es als Sammelstelle aller Zigeuner vor der geplanten Ostdeportation.

hörden – der Reichstatthalter, der Gauleiter, der Höhere SS- und Polizeiführer, der Regierungspräsident, die Landräte, der Oberbürgermeister von Salzburg, der Leiter des Arbeitsamtes und die Kriminalpolizeistelle Salzburg – übereingekommen, „die Zigeuner konzentrisch zusammenzufassen, unter Bewachung zu stellen und zur Zwangsarbeit anzuhalten".[41] Die Verwaltung oblag der Gauhauptstadt, für die Be- und Überwachung war die Kriminalpolizeistelle Salzburg verantwortlich. Die geplante Vereinigung der gesamten Verwaltung in den Händen der Kriminalpolizei scheiterte nicht an der Bereitschaft der Polizei, sondern an bürokratischen Hindernissen.

Die Rückübersiedlung der Zigeunerhäftlinge von der Rennbahn nach Maxglan war mit der Verschärfung der Lagerbedingungen verbunden. Zwei große Unterkunftsbaracken wurden errichtet, das Lagerterrain mit einem zwei Meter hohen Stacheldrahtzaun abgesperrt. Aus einem relativ freien Lager war ein KZ-ähnliches geworden. Ab diesem Zeitpunkt wurde das Lager streng bewacht.[42]

Alle arbeitsfähigen Häftlinge mußten schwer arbeiten. Die Löhne flossen in die Gemeinschaftskasse, so daß Arbeitsunfähige und Kleinkinder mitversorgt werden konnten. In der NS-Terminologie wurde diese Maßnahme als „Erziehung zur Gemeinschaftsidee" umschrieben. Die bewachten Arbeitskolonnen wurden bei der Glanregulierung, beim Autobahnbau, beim Torfstechen und in der Landwirtschaft eingesetzt. Frauen, ältere Menschen und Kinder mußten neben den täglichen Lagerabeiten auch noch Heimarbeit leisten. Der Lageralltag war gekennzeichnet durch Zwangsarbeit, mangelhafte Verpflegung, primitivste menschenunwürdige Unterbringung und weitestgehende Einschränkung der persönlichen Freiheit.[43]

Die Binnenorganisation wies Strukturelemente der großen Konzentrationslager auf. Bereits lagererfahrene Häftlinge wurden auf Bewährung aus Konzentrationslagern entlassen und als Aufsichtspersonen (Kalfakter/innen) im Zigeunerlager eingesetzt. Der psychische Druck auf diese Aufsichtspersonen stellte ein wichtiges Disziplierungsinstrument dar. Mit der Androhung der Rücküberstellung ins KZ wurde versucht, die

---

41 SLA, K 45, NS: Schreiben der Kripostelle Salzburg an Reichskriminaldirektor Nebe im RKPA, Berlin, 6. 9. 1940 (WuVS, Dok. 22).

42 Die Wache bestand laut diversen Zeugenaussagen aus einem Wachhabenden und 6 Hilfspolizisten. Diese waren mit Karabiner und Seitengewehr bewaffnet. Später wurden noch zwei Wachtürme errichtet (WuVS, Dok. 34, 36).

43 SLA, K 45, NS: Lagerordnung vom 28. 10. 1940 (WuVS, Dok. 28, 34).

Lagerordnung aufrechtzuerhalten. Den übrigen Häftlingen drohten, je nach Delikt, die verschiedensten – nicht detailliert angeführten – Straf- und Erziehungsmaßnahmen bis hin zur jederzeitigen Überstellung in ein Konzentrationslager. Körperliche Züchtigung wurde nicht explizit angeordnet, aber doch angewandt.[44]

Unter diesen Bedingungen mußten die zirka 300 Lagerinsassen zweieinhalb Jahre in Salzburg leben. Bereits nach den ersten Monaten ergab sich eine „positive" Bilanz. Der Arbeitseinsatz gestaltete sich äußerst günstig. Die Zigeuner erzielten hohe Akkordlöhne und unterboten das Arbeitstempo der freien Arbeiter. Die Anforderungen und Weiterverpflichtungen lagen weit über den Erwartungen der Lagerverwaltung.[45]

Zudem eröffnete sich im Herbst 1940 eine besondere Einnahmequelle. Die NS-Regisseurin Leni Riefenstahl hatte für ihren in Mittenwald gedrehten Film „Tiefland" Zigeuner als Statisten und für kleine Rollen angefordert – oder vielmehr dort selbst ausgesucht.[46] War eine Absage an Leni Riefenstahl schon im Hinblick auf ihre Protektion durch Hitler nicht möglich, brachte dieses Intermezzo auch Vorteile. Im Herbst 1940 und im Sommer 1941 wurde jeweils eine Gruppe Maxglaner Häftlinge (40 bis 60 Personen, inklusive zahlreicher Kinder) unter Aufsicht von zwei Polizisten (eventuell auch mehr) für einige Wochen nach Krün bei Mittenwald entsandt. Die dafür vereinbarte „gute Bezahlung" floß in die Lagerkasse. Gewährte Belohnungen in Form von Kleidern, Schuhen und Taschengeld kamen ebenfalls der Gemeinschaftskasse zugute. Für die ausgewählten Häftlinge brachten die Filmarbeiten etwas Abwechslung. Darüber hinaus waren die Bedingungen etwas angenehmer als im Salzburger Lager. Allerdings waren die Anforderungen der Dreharbeiten vor

---

44 BMI-Akt, Zl. 178.401–2/56, Zeugenaussage Lambert Brandner (Dok. 34, 36).

45 Ursprünglich geplante Einsätze von Salzburger Zigeunern in den Hermann-Göring-Werken in Linz, im Arbeitserziehungslager St. Pantaleon oder im Ibmer-Moos wurden – infolge der räumlichen Distanz – wegen zu geringer Effizienz verworfen. Zu Entwässerungsarbeiten im Ibmer-Moos wurden Zigeuner/innen des Arbeitserziehungslagers/Zigeunerlager Weyer eingesetzt. Dieses Lager, eingerichtet für über 300 in Oberösterreich aufgegriffenen Sinti und Roma, bestand nur wenige Monate: vom 19. 1. 1941 bis spätestens 29. 10. 1941. Für diese Zigeuner/innen wurden Lackenbach, Lodz oder Chelmno zur nächsten, vielfach zur „End"-Station. Siehe dazu: Chronik des Gendarmeriepostenkommandos Wildshut, 19. 1. bzw. 29. 10. 1941 (Gendarmeriepostenkommando Wildshut = DÖW 15.061/7). Andreas Maislinger, „Zigeuneranhaltelager" und „Arbeitserziehungslager" Weyer. Ergänzung einer Ortschronik, in: Pogrom 137/18. Jg., 1987, S. 33 ff. (WuVS, Dok. 27).

46 Vgl. Rieger, „Zigeunerleben", a. a. O., S. 97 ff.; Gladitz, Zeit des Schweigens, a. a. O.

allem für die kleinen Kinder enorm, und die Unterbringung war katastrophal.[47]

Auschwitz-Erlaß und Auflösung des Salzburger Zigeunerlagers

Mehr als zwei Jahre vor Kriegsende wurde das „Zigeunerproblem" für Salzburg gänzlich gelöst. Mit Herausgabe des Auschwitz-Erlasses vom 16. Dezember 1942, Himmlers Befehl, die Zigeuner in Auschwitz-Birkenau zu internieren und sie – ebenso wie die Juden – auszurotten, konnte sich Salzburg von den Zigeunern befreien. In den Ausführungsanweisungen vom Januar 1943 wurden die „Zigeunermischlinge, Rom-Zigeuner und balkanischen Zigeuner" ins Zentrum der Verfolgung und Ausrottung gerückt. Die Ausnahmeregelungen für „sozial angepaßte und reinrassige Zigeuner" entsprachen letztlich einem Fetzen Papier, und sie schützten die Betroffenen in den seltensten Fällen vor dem Abtransport in das Zigeunerfamilien-Lager in Auschwitz-Birkenau (Abschnitt B IIe). Viele Erlebnisberichte und Dokumente bestätigen darüber hinaus, daß die differenzierten Selektionsanordnungen sehr flexibel ausgelegt wurden (werden konnten). Im allgemeinen erblickten die örtlichen Behörden im Erlaß die Gelegenheit, die jeweilige Stadt (Region) völlig „zigeunerfrei" zu bekommen. Zweifelsfälle wurden ohne Skrupel den Deportationsopfern zugeordnet.[48]

---

47 DÖW-Akt E 18.518: Urteil des Amtsgerichts München in der Privatklagesache Leni Riefenstahl gegen Helmut Kindler wegen Beleidigung und übler Nachrede, 30. 11. 1949 (DÖW E 18.518). Die von den Teilnehmern an diesen Aufenthalt geknüpften Hoffnungen, Frau Riefenstahl möge sich für sie verwenden und ihr Schicksal positiv beeinflussen, wurden allerdings nicht erfüllt. Vgl. auch WuVS, Dok. 25, 27, sowie: Rieger, „Zigeunerleben", a. a. O., S. 97 ff.

48 In den Ausführungsanweisungen zum Auschwitz-Erlaß (Schnellbrief vom 29. 1. 1943, RSHA V A 2 Nr. 59/43g) ist unter Punkt I vermerkt: „Die Zigeunerfrage in den Alpen- und Donau-Reichsgauen wurde durch besonderen Erlaß geregelt." Dies bedeutet allerdings nicht, daß die österreichischen Zigeuner vom Auschwitz-Erlaß ausgenommen wurden, sondern lediglich, daß die Durchführungsverordnung mittels eigenem Erlaß vom 26. 1. bzw. 28. 1. 1943 geregelt war (Erlaß des RSHA V A 2 Nr. 48/43g vom 26. 1. 1943 und V A 2 Nr. 64/43g vom 28. 1. 1943 für die Alpen- und Donau-Reichsgaue). Quelle: Hans-Joachim Döring, Die Zigeuner im nationalsozialistischen Staat, Bd. 12 der Kriminologischen Schriftenreihe, Hamburg 1964, S. 156 und S. 214 ff.; vgl. dazu: Michael Zimmermann, Die nationalsozialistische Vernichtungspolitik gegen Sinti und Roma, in: Politik und Zeitgeschichte, Beilage zur Wochenzeitung Das Parlament, Bonn, B 16–17/87, S. 36 f.; Erika Thurner, „Ortsfremde, asoziale Gemeinschaftsschädlinge" – die Konsequenzen des „Anschlusses" für Sinti und Roma (Zigeuner), in: Rudolf G. Ardelt/Hans Hautmann (Hrsg.), Arbeiterschaft und Nationalsozialismus in Österreich, in memoriam Karl R. Stadler, Wien/Zürich 1990, S. 542 ff.

Ende März/Anfang April 1943 wurde das Salzburger Lager geräumt. Der Großteil der Lagerinsassen ging nach Auschwitz auf Transport. Eine kleine Gruppe wurde eine Woche später nach Lackenbach im Burgenland deportiert. Konnten jene wenigen, die nach Lackenbach kamen, unter ähnlichen Bedingungen wie im Salzburger Lager bis Kriegsende verbleiben, bedeutete der Transport nach Auschwitz für die Mehrzahl der Zigeuner/innen die Vernichtung.[49]

Unter den insgesamt 2760 österreichischen Zigeunern, die im Frühjahr 1943 in Auschwitz-Birkenau, Abschnitt B IIe, eintrafen, befanden sich auch die Salzburger Häftlinge. Zum Teil wurden diese Sinti und Roma bei Auflösung des dortigen Lagers Anfang August 1944 vergast. Die anderen kamen – sofern sie nicht an Krankheiten verstorben waren – zum Arbeitseinsatz oder als medizinische Versuchspersonen in andere Lager, starben dort oder mußten noch in den letzten Kriegsmonaten die Todesmärsche von den östlich gelegenen Lagern ins „Reichsinnere" mitmachen. Die Hälfte bis zwei Drittel der 11.000 österreichischen Sinti und Roma haben den Nationalsozialismus nicht überlebt.[50]

Gegen das lange Vergessen – ein Mahnmal in Salzburg

Über vier Jahrzehnte waren verstrichen. Man schrieb das Jahr 1985, und es wurde das sogenannte „Salzburg-Jahr" gefeiert. Bei den verschiedenen Aktivitäten gedachte man auch der Zeitgeschichte. Die von einigen Salzburger/innen fortgeführte Forschungsarbeit rund um das Zigeunerlager stieß zwar nicht auf Masseninteresse, erreichte aber zumindest einen kleinen Ausschnitt der Öffentlichkeit – und das Politiker/innen/ohr.

Im burgenländischen Lackenbach war der Errichtung eines Zigeunermahnmales ein jahrzehntelanger Kampf vorausgegangen. In Salzburg ermöglichte das Vorpreschen von SP-Gemeinderätin Mag. Anita Pirker, ihre in der Presse lancierten Erklärungen, die rasche Realisierung einer

49 Das Lackenbacher Lager war ähnlich strukturiert wie das Salzburger. Bis zum Frühjahr 1943 hatten sich dort die Verhältnisse stabilisiert. Zuvor bedrohten – infolge des starken Überbelages – Typhus, Selektionen für Osttransporte und Mißhandlungen die Existenz der Lackenbacher Inhaftierten. Vereinzelte Deportationen in Konzentrationslager kamen auch dort, als Disziplinierungsmaßnahme, nach diesem Zeitpunkt vor.

50 Insgesamt kamen zwischen 200.000 bis eine halbe Million „Zigeuner" im Nationalsozialismus um. Tilman Zülch (Hrsg.), In Auschwitz vergast bis heute verfolgt, Reinbek bei Hamburg 1979; Joachim S. Hohmann, Geschichte der Zigeunerverfolgung in Deutschland, Frankfurt/New York 1981.

Gedenkstätte.[51] Die Salzburger Bürgerliste schloß sich dieser Forderung an. Planung und Durchführung geschahen in einem beeindruckenden Tempo. Der Auftrag war bereits an den Salzburger Künstler Zoltan Pap vergeben, aber im Stadtsenat stritt man noch um Wesentliches. Auch innerhalb der SPÖ- und Bürgerlistenfraktion hatten die Denkmalbefürworter/innen einen schweren Stand.[52]

Hauptproblem und Grund für die Auseinandersetzungen: der Standort des Denkmals. Und an der Standortfrage wäre beinahe alles gescheitert. Ursprünglich am Gelände des ehemaligen Lagers, am Schwarzgrabenweg, geplant, war nicht nur die ablehnende Haltung des Grundeigentümers Ursache für anderweitige Überlegungen. Zentrale Stätten mit Symbolcharakter erschienen attraktiver als das weit abgelegene Feld. Ein geeigneter Ort in Zentrumslage ließ sich – aus welchen Gründen auch immer – nicht finden. Der letztlich gewählte Platz am Ignaz-Rieder-Kai war als Kompromißlösung akzeptabel. Liegt dieses eindrucksvolle Denkmal dort auch abseits von Touristenströmen und Besichtigungstouren, so ist durch die Lage am Terrain der ehemaligen Trabrennbahn (= Übergangslager) der Bezug zu den Stätten der Verfolgung zumindest hergestellt.[53]

Öffentliche Proteste gegen die Errichtung hat es nicht gegeben. Anrainer/innen zeigten sich allerdings wenig erfreut. So kritisierte eine Mutter, die – laut ihrer Aussage – für viele sprach, „daß so etwas nicht auf einen Kinderspielplatz gehöre und noch dazu aus Steuergeldern finanziert worden sei".[54]

Die bei der Feier anwesenden Sinti und Roma zeigten Zustimmung und Trauer. Einige waren trotz schlechter Wetterverhältnisse aus Deutschland und Wien angereist. Mit Amando Reinhardt, der seinen kranken Vater vertrat, sprach einer der wenigen Überlebenden des Salzburger Lagers. Die Sinti und Roma verstanden den Akt nicht als Alibihandlung, sondern als späte Geste der Entschuldigung. Enttäuscht zeigten sie sich allerdings über den sofortigen Aufbruch von Bürgermeister Dipl.-Ing. Josef Reschen und Landeshauptmann Dr. Wilfried Haslauer. „Andere Termine" ließen den Politikern keine Zeit für ein persönliches Wort, ein Kennenlernen

51 Profil-Notiz, Nr. 9, 25. 2. 1985.

52 Verhandlungen der Verfasserin mit der Kulturabteilung, Dr. Haslinger, und dem Bürgermeisterbüro, Dr. Kopf; Neue Kronen Zeitung, 19. 8. 1985.

53 Salzburger Nachrichten, 13. 8. 1985; Informationen der Gesellschaft für politische Aufklärung, Nr. 6, Okt. 1985.

54 Kurier, 17. 12. 1985.

Das am 14. Dezember 1985 am Ignaz-Rieder-Kai enthüllte Mahnmal trägt folgende Inschrift: „In Salzburg fielen über 300 Zigeuner – Sinti und Roma – der nationalsozialistischen Rassenpolitik zum Opfer. Von 1940 bis 1943 unter unmenschlichen Bedingungen im Zigeunerlager Salzburg eingesperrt, wurden sie im Frühjahr 1943 ins Vernichtungslager Auschwitz deponiert. Zur Erinnerung und Mahnung.“[55]

55 Text: Erika Thurner.

oder zumindest für ein Händeschütteln mit den „Zigeunern".[56] Eine zu hohe Erwartung der Sinti und Roma? War ihnen doch im Mai desselben Jahres – erstmals! – die Möglichkeit zu einer Wortmeldung gegeben worden. Bei einem vom Rotary-Club zum Thema „NS-Zigeunerverfolgung" im Saal der „Salzburger Nachrichten" abgehaltenen Vortragsabend konnten „Zigeuner" ihre Probleme den anwesenden Politikern vortragen.[57]

Darüber hinaus wurden Projekt- und Filmarbeiten zum Thema finanziell unterstützt. Konkret: 65.000 Schilling steuerte die Stadt bei, 40.000 das Land.[58] Der Film *„Die Zeit heilt keine Wunden"* hat sowohl die NS-Zigeunerverfolgung als auch die heutige Lebenssituation reisender Sinti zum Thema.[59] Er wurde im April 1986 in der Salzburger Arbeiterkammer vorgestellt. Allerdings blieben dabei die Politikersessel leer. Nur die Hauptinitiatorin Anita Pirker vertrat ihr Anliegen – Vorurteilsbekämpfung und Aufklärung – weiterhin glaubwürdig.[60]

Die Erinnerungslücke war – durch die Denkmalerrichtung – offiziell und vorzeigbar geschlossen. Was sollte denn noch geschehen? Wer diese Frage ehrlich stellt, wem die benachteiligte Situation der „Zigeuner" tatsächlich ein Anliegen ist, muß nochmals ins Jahr 1945 zurückkehren.

„Wiedergutmachung? – Das falsche Wort"[60]

Wir wollen die Salzburger Sinti/Roma auf dem mühsamen Weg der „Opfer-Anerkennung" begleiten und uns deswegen gerne von einem „großen deutschen Fachmann" als Esel beschimpfen lassen. Die Rede ist vom bereits zitierten Hermann Arnold, bis vor kurzem hochgeschätzter Gutachter, Gefängnispsychiater, Medizinalrat im deutschen Gesundheitsamt

---

56 Bei der Denkmalenthüllung waren Bürgermeister Dipl.-Ing. Josef Reschen und Landeshauptmann Dr. Wilfried Haslauer anwesend. Beide hatten ein Kurzreferat vorbereitet, kamen aber nicht dazu, es vorzutragen. Nach den Reden von Amando Reinhardt und der Verfasserin nahm Pfarrer Josef Egger die Weihung der Gedenkstätte vor. Er tat dies so ausführlich, daß für die Reden der Politiker keine Zeit mehr blieb. Sie enthüllten rasch das Mahnmal, erklärten die Veranstaltung für geschlossen und hetzten zum nächsten Termin. Vgl. Salzburger Tagblatt, 16. 12. 1985.

57 Veranstaltung vom 2. 5. 1985, Salzburger Nachrichten, 27. 4. 1985.

58 Den Videofilm subventionierten Stadt und Land mit je 40.000 Schilling; für das Forschungsprojekt „Randgruppen der Stadt Salzburg" zahlte die Kulturabteilung der Stadt insgesamt 100.000 Schilling; auf den Schwerpunkt „Sinti und Roma" entfielen ein Viertel.

59 Insgesamt fand der Videofilm aber eine große Verbreitung. Er wurde mehr als 50mal bei Veranstaltungen in ganz Österreich gezeigt. Eine Kurzfassung davon wurde für die Videoabteilung des Unterrichtsministerium angefertigt und als Unterrichtsbehelf verwendet.

und Familienministerium. Er durfte bis in die jüngste Zeit herauf sein „Unwesen" treiben und hat auch versucht, sich in Österreich einzumischen.[61] Er trat immer dann auf, wenn es darum ging, die Täter/innen zu schützen und die Opfer um Entschädigungszahlungen und Renten zu bringen. Die auf Grund dieser „Gutachten" gefällten deutschen Rechtssprüche beeinflußten auch österreichische Behörden.[62]

Als 1958 gegen eine der aktivsten NS-Rassenforscherinnen, Eva Justin, Ermittlungen eingeleitet wurden, zeigte sich Dr. Arnold geradezu empört:

> „Gegen Frl. Dr. Justin beginnt man zu intrigieren. Ich bin der Meinung, daß es ein Riesenunsinn ist, denn man kann nicht aus den Verhältnissen von 1958 Dinge beurteilen, die 1940 geschehen sind. Schließlich ist die Zeit ein versöhnender Faktor, und wenn über eine dumme Sache (sic!) endlich Gras gewachsen ist, sollte man nicht einem Esel erlauben, es wieder wegzufressen."[63]

Justin hatte zu den Übereifrigen gezählt, die den „Zigeunern" noch ins KZ nachgereist waren, um dort die perversen Schädelmessungen und Befragungen durchzuführen. Das Verfahren wurde – wie so viele andere – eingestellt.[64]

Mit der „dummen Sache" war die Verfolgung und brutale Ermordung der Sinti und Roma – in Österreich die Jahre 1938 bis 1945 – gemeint. Diese hatten die Salzburger Sinti/Roma fast ausnahmslos in Lagern verbracht. In den österreichischen Zigeunerlagern Salzburg-Maxglan, Lakkenbach oder in den großen Konzentrations-, Arbeits- und Vernichtungslagern Auschwitz, Auschwitz-Birkenau, Buchenwald, Dachau, Ravensbrück, Mauthausen, Bergen-Belsen. Dort waren sie geschunden, gedemütigt, erniedrigt und gefoltert worden, durch Krankheiten oder medizinische Experimente in ihrer Gesundheit beeinträchtigt und verstümmelt. Dort (oder in anderen Vernichtungsstätten, beispielsweise im polnischen Ghetto Lodz oder im Vernichtungslager Chelmno) war der Großteil ihrer Familien ausgerottet worden.[65] Sie selber hatten zumindest

60 Angelehnt an den Filmtitel von Katrin Seybold und Melanie Spitta, wie Anm. 7.

61 Vgl. Anm. 8; Briefe an die Verf. von Hermann Arnold.

62 Ebda.; Arnold Spitta, Entschädigung für Zigeuner? Geschichte eines Vorurteils, in: Wiedergutmachung in der Bundesrepublik Deutschland, hrsg. von Ludolf Herbst und Constantin Goschler, Schriftenreihe der Vierteljahreshefte für Zeitgeschichte, Sondernummer, München 1989, 385 ff.

63 Brief H. Arnold an Kripo-Obermeister Eichberger, zit. n.: Seybold/Spitta, Das falsche Wort.

64 Ebda.; vgl. Anm. 8; Reimar Gilsenbach, Wie Lolitschai zur Doktorwürde kam, in: Feinderklärung und Prävention, a. a. O., S. 130 f.

65 Interv. 1980 ff.; OF- und BMI-Akten.

überlebt – manche ohne äußere erkennbare Schäden. Das konnte das Beamtenauge empören:

„Sie, Sie werden doch nicht etwa um Rente ansuchen? Sind S' froh, daß' arbeiten können! Sie gehn ja gerade wie eine Kerze. Keine Hand fehlt, kein Fuß und den Kopf ham S' auch noch drauf!"[66]

Mit diesen und ähnlichen Begründungen wurden den überlebenden Zigeunern zunächst KZ-Entschädigungen und Opferrenten verweigert. Die geringe Bereitschaft der österreichischen Republik zur finanziellen „Wiedergutmachung" bekamen nicht nur die „Zigeuner" zu spüren, sondern auch alle anderen Verfolgten des Naziregimes. So sah das erste Opferfürsorgegesetz vom Juli 1945 beschränkte Fürsorgemaßnahmen und Begünstigungen nur für aktive Widerstandskämpfer vor. 1949 wurden erstmalig auch rassisch Verfolgte mit einbezogen, und ab 1952 begannen schleppende (Raten-)Zahlungen für erlittene Gefängnis- und Konzentrationslagerhaft.[67]

Für Sinti und Roma – schon vor 1938 verfolgt und diskriminiert – verlief die Opferanerkennung besonders problematisch. Mit Argumenten, die der NS-Rassenideologie und -biologie entlehnt waren, wurde die Verfolgung gerechtfertigt und die Einweisung in Lager weiterhin als kriminalpräventive Maßnahme deklariert.[68]

„Integre" Zeugen – das waren ehemalige Lagerleiter, und zwar Kripobeamte mit SS-Rängen – schilderten die KZ-ähnlichen Zigeunerlager Lakkenbach und Salzburg-Maxglan als Wohlfahrts- oder Sammellager. Durch die Nichtzugehörigkeit zum Machtbereich der SS wurden diese Lager nicht als Konzentrationslager eingestuft.[69] Bezeichneten dagegen

66 Interv. HB/1984.

67 Brigitte Galanda, Die Maßnahmen der Republik Österreich für die Widerstandskämpfer und Opfer des Faschismus – Wiedergutmachung, in: Sebastian Meissl, Klaus Dieter Mulley, Oliver Rathkolb (Hrsg.), Entnazifizierung in Österreich 1945–1955, Wien 1986, S. 138–149.

68 Brigitte Bailer-Galanda, Roma und Sinti als Opfer nationalsozialistischer „Rassepolitik" (zitiert wird aus dem Manuskript der Dissertation; inzwischen ist die Dissertation und die Publikation dazu erschienen: Brigitte Bailer, Wiedergutmachung kein Thema. Österreich und die Opfer des Nationalsozialismus, Wien 1993); S. 14: Noch 1966 kommt es zu einem Erkenntnis des Verwaltungsgerichtshof, wonach „auf Grund des Erlasses des Reichsführer SS aus dem Jahre 1939 nur asoziale Zigeuner verhaftet und deportiert worden waren"; Erkenntnis vom 18. 5. 1966, Zl. 39/65-4; in der Bundesrepublik wurde bis 1963 das Faktum der „rassischen Verfolgung" der Zigeuner erst ab der Wirksamkeit des Auschwitz-Erlasses (Ausführung: Frühjahr 1943) anerkannt.

69 Thurner, Nationalsozialismus und Zigeuner, a. a. O., S. 36 f.; 12. OFGNov. vom 22. 3. 1961, BGBl. 101 (AB 387, 9. GP); Rieger, „Zigeunerleben" in Salzburg, a. a. O., S. 95 ff.

Sinti/Roma das Maxglaner Lager vor Gericht als KZ, handelten sie sich eine Meineidsklage ein.[70]

1952 vermerkte der KZ-Verband:

„Von seiten unseres Verbandes wird alles unternommen werden, um die Anerkennung des Lagers Lackenbach (für das Lager Salzburg-Maxglan lagen damals keine Anträge von Überlebenden vor, deshalb wird darauf kein Bezug genommen, ET.) durchzusetzen. Es ist uns aber bekannt, und das wollen wir nicht verschweigen, daß das Finanzministerium und das Sozialministerium gegen die Anerkennung des Lagers Lackenbach sind, da in diesem Lager vor allem Zigeuner in Haft waren und nach Meinung der beiden Ministerien die Zigeuner eigentlich nicht als Opfer der Verfolgung zu betrachten sind."[71]

Auch noch 1958 werden im offiziellen Kommentar zum Opferfürsorgegesetz die „Zigeuner" nicht erwähnt, auch nicht bei den allgemeinen Erläuterungen zum Personenkreis der „rassisch Verfolgten".[72]

Statt dessen wurde vor Zigeunern, „die sich als KZler ausgeben", gewarnt. Das Innenministerium erwog 1948 – drei Jahre nach Ende des NS-Terrors – eine „Außerlandschaffung" ausländischer und staatenloser Zigeuner.[73] Und als staatenlos war damals der Großteil der österreichischen Zigeuner eingestuft.

Dieser Erlaß des Innenministeriums wirft ein Licht auf die Kontinuität in der Zigeunerbehandlung. Mit Zynismus und Ignoranz begegnete man den Sinti und Roma, die der nationalsozialistischen Tötungsmaschinerie entkommen waren. Ablehnung und Vorurteile hatten nicht nur bei Behördenvertretern überlebt, sondern reichten weit in die Bevölkerung hinein. Das folgende Beispiel soll diese Haltung illustrieren:
Im April 1948 berichtete das kommunistische (antifaschistische) „Salzburger Tagblatt" über einen Diebstahlsprozeß. Daß die zwei Täterinnen – „Zigeunerinnen" – sieben bzw. fünf Jahre im KZ waren, fand Erwähnung in einem Nebensatz. Kein weiterer Kommentar dazu. Das Urteil von vier Wochen bzw. vierzehn Tagen Arrest für den Diebstahl von einem Paar Kinderschuhen und einer Dose Trockenmilch wurde als milde Strafe dokumentiert.[74]

70 DÖW E 18.518: Urteil des Meineidsverfahrens gegen Familie Reinhardt und R. Winter, 1. 9. 1955; vgl. Rieger, „Zigeunerleben" in Salzburg, S. 98 f.

71 Undatierter Vermerk des KZ-Verbandes, DÖW-Akt Nr. 82, zit. n.: Bailer-Galanda, Roma und Sinti, a. a. O., S. 8.

72 Ebda.: Kommentar des zuständigen Ministerialrats im Bundesministerium für soziale Verwaltung, Dr. Burkhart Birti, S. 7.

73 Rundschreiben BMI, Zl. 84.426-4/48, in: Thurner, Nationalsozialismus, a. a. O. Anhang XXVIII.

74 Salzburger Tagblatt, 16. 4. 1948 (= Zeitung der kommunistischen Landesorganisation 1945 bis 1964). Der Verfasserin ist die Problematik der „KZler" in der Nachkriegszeit

Zigeunerleben — jedoch nicht lustig

Zwei Zigeunerinnen kamen auf Nahrungssuche in einen Pfarrhof. Sie betraten das Haus und gerieten in ein Zimmer, welches mit Kleidungsstücken und Konservenbüchsen eine allzu verlockende Ausstattung darstellte. Sie wußten angeblich nicht, wie es plötzlich kam, daß sie sich auf einmal mit einem Paar Kinderschuhen und zwei Dosen Trockenmilch auf dem Rückweg befanden. Weit kamen sie allerdings nicht, denn sie wurden bald festgenommen.

Die Beschließerin des Hauses war anderer Ansicht und behauptete, daß die beiden Zigeunerinnen eingebrochen hätten, da sie vorher die Türe bestimmt abgesperrt habe.

Die Übeltäterinnen, die mit einer Schar Kinder gesegnet sind und von denen die eine fünf, die andere sieben Jahre im KZ zugebracht hat, mußten sich dieser Tage vor dem Einzelrichter OLGR Dr. Bauer verantworten.

Sie waren beide geständig, die Sachen genommen zu haben, bestritten aber aufs entschiedenste, die verschlossene Tür aufgebrochen zu haben, sondern behaupteten mit Bestimmtheit, daß diese offen gewesen sei.

Auf die Frage des Vorsitzenden nach den Vorstrafen antwortete die eine treuherzig: „Ich habe zwar ein paar von früher, aber in dieser Regierung noch keine."

Dr. Bauer: „Dann schauen wir uns also einmal die der anderen Regierungen an."

Es stellte sich nach Einsicht der Akten heraus, daß sich da allerdings schon ein nettes Sümmchen Vorstrafen wegen kleiner Diebereien angesammelt hatte.

In Anbetracht dessen, daß ein Einbruch tatsächlich nicht nachgewiesen werden konnte, wurde die eine zu vier Wochen, die andere zu vierzehn Tagen Arrest verurteilt, die sie durch die Untersuchungshaft bereits abgebüßt hatten.

Der Zigeunervater dankte dem Gericht mit einer chevaleresken Verbeugung für die milde Strafe und befriedigt verließ die zahlreiche Zigeunerfamilie, die sich im Gerichtssaal eingefunden hatte, die Verhandlung.

Die Einschätzung hängt von den Relationen ab. Natürlich ein mildes Urteil im Vergleich zu 1944! Damals war der rückfällige Hühnerdieb Johann Walter in Salzburg zum Tode verurteilt und anschließend in München-Stadelheim hingerichtet worden.[75]

Zur gesellschaftlichen Atmosphäre der Nachkriegszeit – man schrieb das Jahr 1948 – seien einige Reflexionen erlaubt. Plündern, Organisieren und Hamstern waren damals integrative Bestandteile des Lebenszusammenhangs. Am Schwarzmarkt herrschte Hochkonjunktur. Auch ein Teil der Salzburger Bevölkerung war dabei sehr aktiv. Manche schufen sich als „Kriegsgewinnler" die Voraussetzungen für ihren späteren sozialen Aufstieg und Wohlstand.76

Gleich nach dem Krieg haben ohnehin die wenigsten Sinti/Roma um Entschädigungsgelder oder Renten angesucht. Die meisten scheuten den Umgang mit Behörden. Zu Recht! Wurde dort doch weiterhin versucht, den berechtigten Ansprüchen der „Zigeuner" mit Ausflüchten zu begegnen oder deren Unkenntnis auszunützen.[77] In Unkenntnis über die Entschädigungsleistungen wurden alle Verfolgten gehalten, die nicht in den Opferverbänden organisiert waren und somit keinen Zugang zu den einschlägigen Informationen hatten. In anderen Medien wurde so gut wie nichts verlautbart.[78] Erst sehr spät begannen die „Versuche" – unterstützt durch andere Opfergruppen oder motiviert durch bereits erwachsene, in

bewußt, sich von „Kriminellen" abgrenzen zu müssen. Vom antifaschistischen KP-Organ hätte man dennoch mehr Sensibilität erwarten können.

75 Urteil Johann Walter, LG Salzburg, KLs 33/44, DÖW-Akt E 19.189/3 (WuVS, Dok. 30).

76 Christian Dirninger, Wandel und Konstanz der Wirtschaftsstruktur im 20. Jahrhundert, in: Vom Stadtrecht zur Bürgerbeteiligung, Festschrift 700 Jahre Stadtrecht von Salzburg, hrsg. von Heinz Dopsch, Salzburg 1987, S. 290; Erika Thurner, „Nach '45 war man als ‚Rote/Roter' auch ein Mensch", Der Wiederaufbau der Salzburger Sozialdemokratie nach 1945, Wien/Zürich 1990, S. 94 ff.; Thomas Weidenholzer, Die Salzburger SPÖ nach 1945, Hausarbeit am Institut für Geschichte der Universität Salzburg, 1982, S. 106 ff.

77 Neuer Mahnruf, Nr. 4/April 1953.

78 Bailer-Galanda, Roma und Sinti, a. a. O., S. 4.

der Zweiten Republik sozialisierte Kinder. Die Sintiza Rosa Winter war ein Jahr in Salzburg-Maxglan und vier Jahre im Frauenkonzentrationslager Ravensbrück eingesperrt:[79]

„Aber KZ-Geld hab' ich keines gekriegt. Niemand hat uns etwas gesagt, ich hab' gar nicht gewußt, daß es so etwas gibt, lesen hab' ich ja nicht gelernt. Nach vielen Jahren erst bin ich draufgekommen. Meine Tochter hat dann angesucht, sie ist schriftgelehrt. Haben sie zurückgeschrieben: abgelehnt. Vorher wollten sie noch wissen, ob ich vor 38 überhaupt in Österreich war. So viele Zeugen hab' ich dafür gebraucht. Mehr wie genug hab' ich gebracht, aber noch mehr hätten sie wollen. Abgelehnt. Mein ganzes Leben war ich in Österreich. Nicht einmal zehn Groschen haben s' mir geben."[80]

Nichtanerkennung von Gesundheitsschäden – Der Fall Frau K.

Jg. 1922, zu Verfolgungsbeginn unverheiratet, keine eigenen Kinder; Verfolgungsstationen: Ravensbrück (Nr. 4945), KZ Buchenwald/Arbeitskommando Schlieben und Kommando Altenburg (Nr. 28083) und KZ Bergen-Belsen. Beide Eltern und fünf Geschwister haben nicht überlebt.[81]

Frau K. war $18^1/_2$ Jahre, als sie ins Frauenkonzentrationslager Ravensbrück verschleppt wurde. Ihre Eltern und Geschwister „lebten" damals alle im Lager Salzburg-Maxglan. Sie hatte sich als einzige der Familie noch in Freiheit befunden, war nur zeitweise – als das Lager noch „offen" war – in Maxglan. Nach einem Spitalsaufenthalt in Linz erfolgte die Verhaftung von Frau K. und ihr Abtransport ins KZ. Nach ihrer Befreiung aus dem KZ Bergen-Belsen im Frühjahr 1945 kehrte sie nach Österreich zurück. Erst da erfuhr sie vom Tode ihrer gesamten Familie. Eine einzige Verwandte, eine Tante in Kärnten, hatte überlebt. Die Nachkriegsjahre verbrachte Frau K. dort und in Salzburg.

14 Jahre nach der Befreiung, im Juni 1959, unternimmt die Frau den Versuch, eine „Wiedergutmachung" zu erhalten. Sie hat mehrfaches Glück. Glück, weil ihre kompletten Haftzeiten durch den „Internationalen Suchdienst des Roten Kreuzes" belegt sind. Zusätzlich Glück, daß nicht nur Leidensgenossinnen, sondern eine „neutrale" Zeugin zur Verfügung stehen. Eine Geschäftsfrau, die einen Gemischtwarenladen direkt beim Max-

79 Interv. 1984 ff.; Dokumente und Schriftverkehr im Besitz der Verf.

80 Rosa Winter, Soviel wie eine Asche, in: Karin Berger, Elisabeth Holzinger, Lotte Podgornik, Lisbeth N. Trallori, Ich geb Dir einen Mantel, daß Du ihn noch in Freiheit tragen kannst. Widerstehen im KZ, Österreichische Frauen erzählen, Wien 1987, S. 88.

81 OF-Akt, Niederschrift 15. 6. 1959 (im Besitz der Verf.).

glaner Lager betrieben hatte, konnte sich an Frau K. und deren Familie erinnern. Auch wußte sie noch, daß die älteste Tochter der Familie verhaftet und nach Ravensbrück gebracht worden war.

Im Falle von Frau K. waren die Unterlagen und Beweise ausreichend für eine Amtsbescheinigung und das KZ-Geld. Die vorgebrachten Gesundheitsschäden blieben zunächst unbeachtet. Frau K. berichtete, daß sie „keine besonderen Schikanen und Mißhandlungen" in den KZ über sich ergehen lassen mußte. Probleme bereiteten ihr allerdings eine im Lager nie behandelte Augenkrankheit sowie die seit der Lagerzeit sich häufenden „Anfälle" (Epilepsie, Kreislaufschwäche). In den Folgejahren bemühte sich die mittlerweile verheiratete Mutter von fünf Kindern um eine Invaliditäts- oder Opferrente.

Vom Amt wurde eine stationäre Durchuntersuchung angeordnet. Den ersten Termin versäumte die Antragstellerin. Die Aufforderung kam mit folgendem Vermerk zurück: „Adressat unbekannten Aufenhaltes. Wie Frau K. zugab, war sie in den letzten Monaten unsteten Aufenthaltes."[82] Keine besonders günstige Ausgangsposition für ihr Ansuchen.

Die Untersuchungen erfolgten an den Salzburger Landeskrankenanstalten unter der Schirmherrschaft von Univ.-Prof. Dr. Gerhart Harrer, Primarius und Leiter der Landesnervenklinik. Neben einer kompletten Durchuntersuchung, einschließlich der fachärztlichen Augenuntersuchung, wurden neurologische Untersuchungen und psychologische Tests durchgeführt. Am eindeutigsten – das heißt neutralsten – erscheint der Augenbefund. Hier hat der Arzt an beiden Hornhäuten „zentrale, alle Schichten erfassende, teilweise pigmentierte Narben" festgestellt.[83]

Interesse verdient der psychologische Befund (Dr. Roithinger): Die Patientin wurde – aus welchen Gründen auch immer – einem Rorschach-Test unterzogen (= Psychodiagnostik anhand von Klecksbildern), und es wurden ihr, wie sollte es anders sein, „herabgesetzte Intelligenzfaktoren" bescheinigt. Weitere Ergebnise: „ungenügende Tendenz zur Beherrschung von Stimmungsreaktionen, eine infantile Gesamthaltung, keine psychopathologischen Auffälligkeiten. Während des Tests situationsangepaßt, unauffällig."

„Zusammenfassung: „Reduzierte Intelligenz, Neigung zu dysphorischen Stimmungsreaktionen bei infantiler Gesamtpersönlichkeit. Diffuse Ängstlichkeit vor der menschlichen Umwelt."[84]

82 Ebda., Befund 17. 5. 1966.

83 Ebda., S. 3.

84 Ebda., S. 2.

Für die Gutachter unverständlich, gab es doch nach ihrer Einschätzung keinen plausiblen Grund für die Ängstlichkeit der Untersuchten – also keinen Grund, der Situation und den Gutachtern Mißtrauen oder Angst entgegenzubringen. Stand der ehemalige KZlerin mit den Häftlingsnummern 4945 und 28083 in Hofrat Harrer doch nur ein ehemaliger SSler, SS-Nummer 303067, gegenüber. Zudem hatte Harrer in den Jahren 1940 bis 1945 im „Wiener Rassenhygienischen Institut" gearbeitet.[85]

Und weiter im Gutachten:

„Zusammenfassend dürfte es sich bei Frau K. nach Anamnese und Befunden um synkopale, möglicherweise auch um psychogene Anfälle handeln. Für ein cerebrales Anfallsleiden fand sich kein Hinweis. Frau K. glaubt an einen Zusammenhang zwischen den *mehrmaligen Blutentnahmen im KZ* und ihren „Anfällen", weil diese offenbar mehrmals in zeitlichem Zusammenhang auftraten. Synkopale Anfälle haben ihre Ursache in einer Kreislaufregulationsstörung. Einer Blutentnahme kann höchstens die Rolle eines auslösenden Faktors zugeschrieben werden. Im vorliegenden Falle handelt es sich wohl um synkopale Anfälle auf konstitutioneller Basis. *Die Bedingungen im KZ können höchstens vorübergehend* zu einer Anfallsfrequenz geführt haben. Auf den weiteren Verlauf ist der KZ-Aufenthalt sicher ohne Einfluß geblieben. Somit besteht nervenärztlicherseits meines Erachtens keine Erkrankung, die nach dem OFG zu entschädigen wäre. – *Unterzeichnet:* Wirkl. Hofrat Univ.-Prof. Dr. Harrer."[86]

Warum waren sich Hofrat Harrer und seine Kollegen über diesen Nichtzusammenhang so sicher? Vom KZ-Trauma, der Kumulation von extremtraumatischen Bedingungen in den Nazilagern oder vom Survivor-Syn-

85 Inhaftierungsbescheinigung Nr. 416605, Comite International de la Croix-Rouge; Hans Weiss/Krista Federspiel, Wer?, 1988, S. 67 f.

86 OF-Akt, Befund 17. 5. 1966. Zur Komplettierung – oder zum erschreckenden, aufrüttelnden Vergleich – wollen wir dieser abschlägigen Beurteilung ein Rassegutachten der NS-Rassehygienischen Forschungsstelle gegenüberstellen. Eva Justin aus dem Ritterschen Amt hatte im Juli 1941 fünf Mitglieder der ungarischen Musikerfamilie H. rassisch begutachtet. Gegen deren Widerstand war sie überzeugt, es mit „Zigeunern" bzw. „Zigeuner-Neger-Bastarden" zu tun zu haben. Einige ihrer Argumente:
„Die unechte Art scheinbar urbanen Auftretens, die Anpassung an sich flacher emotionaler Regungen an die jeweilige Umwelt-Wirkung, die Uneinsichtigkeit und Urteilsschwäche gegenüber sachlichen Erwägungen und Folgerungen, die Standpunktlosigkeit und Unfestigkeit innerer Stellungnahme (sie bestritten nämlich, Zigeuner zu sein, ET.) *zeugen bei aller Schläue und Verschlagenheit von einer im Kerne vorhandenen hochgradigen Naivität und Primitivität, wie man sie in dieser gelockerten Art bei seßhaften Europäern mit gezüchtetem Arbeitssinn nicht antrifft. Bei den H. sprechen darüber hinaus gewisse Eigentümlichkeiten darstellerischer Wendungen, sowie die Art des Verhaltens und auch des Versuchs mit wechselnden Stimmungsmitteln zu werben oder zu beeindrucken, gerade für das Zigeunerische dieser uns artfremden Primitivität."* (zit. n.: Gilsenbach, Wie Lolitschai zur Doktorwürde kam, in: Feinderklärung und Prävention, a. a. O., S. 107).

drom hatten die Herren Psychiater scheinbar noch nichts gehört, die Fachliteratur zu diesem Thema ignoriert?[87] Das war damals in Österreich und in der Bundesrepublik Deutschland nichts Ungewöhnliches. Erst sehr spät – ab den sechziger Jahren – hat man sich mit Gesundheitsschäden und den psychischen Folgen der Lagerhaft beschäftigt[88] und trotzdem weiterhin eine diskriminierende Praxis gepflegt: Bei physischen Schäden wurde dem Patient ein möglichst hoher Grad an „Arbeitsfähigkeit" attestiert. Psychische Leiden bekamen das Etikett „anlagebedingt" oder „Simulation".[89] Und die Zwangssterilisation, von der zahlreiche Sinti/Roma betroffen waren, galt und gilt nicht als Gesundheitsschaden.[90]

Bei zahlreichen Gutachtern hatte dieses einfühlsarme, um nicht zu sagen gefühlskalte Verhalten einen ganz spezifischen Hintergrund: (ungebrochene) Sympathie für oder Verstrickung in den Nationalsozialismus. Das hat einen Arzt sicher nicht befähigt, Verständnis für NS-Verfolgte aufzubringen. Beraubung von Freiheit und Eigentum, Ausgrenzung, Entrechtung, Verschleppung, Mißhandlung, Zwangsarbeitsleistung, in vielen Fällen die Ausrottung der Familie, katastrophale Haftbedingungen und die ständige Todesbedrohung, körperliche Beeinträchtigung und Verstümmelung durch medizinische Experimente – all das wurde von Akademikern in höchsten Stellungen nicht als extreme Belastungssituation eingeschätzt.[91]

Der Arzt K. R. Eissler hat in einem 1963 verfaßten Bericht, mit dem aussagekräftigen Titel: „Die Ermordung von wie vielen seiner Kinder muß ein Mensch symptomfrei ertragen können, um eine normale Konstitution zu haben?", diese Haltung von Ärzten als „Akt der Unmoral" bezeichnet:[92]

> „Es bleibt vorderhand ein Rätsel, wieso es zu einer so schweren Störung des Einfühlungsvermögens bei gebildeten Intellektuellen kommen kann."[93] Eissler plädierte für eine generelle Rentenberechtigung: „Ich vermutete, daß die Menschen, auf die der Schatten des Konzentrationslagers durch Jahre hindurch gefallen ist, rettungslos verloren sind."[94]

87 Vgl. Hans-Martin Lohmann (Hrsg.), Psychoanalyse und Nationalsozialismus, Beiträge zur Bearbeitung eines unbewältigten Traumas, Frankfurt/Main 1984.

88 Ebda.; vgl. auch: Christian Pross, Wiedergutmachung. Der Kleinkrieg gegen die Opfer, Frankfurt/Main 1988.

89 K. R. Eissler, Die Ermordung von wie vielen seiner Kinder muß ein Mensch symptomfrei ertragen können, um eine normale Konstitution zu haben?, in: Lohmann (Hrsg.), Psychoanalyse und Nationalsozialismus, a. a. O., S. 207.

90 Bailer-Galanda, Roma und Sinti, a. a. O., S. 15.

91 Vgl. Eissler, Die Ermordung, a. a. O., S. 194; Pross, Wiedergutmachung, a. a. O., S. 245 ff.

92 Eissler, Die Ermordung, a. a. O., S. 207.

93 Ebda., S. 182.

94 Ebda., S. 193.

Mit dem Beispiel von Frau K. wurde eher die Ausnahme geschildert. Hat sie doch bereits 1959 eine KZ-Entschädigung zugesagt und ausgezahlt bekommen. Dagegen erhielten Lackenbacher und Salzburger Häftlinge erst mit der 12. Opferfürsorgenovelle (1961) eine geringe einmalige Zahlung „für erlittene Freiheitsbeschränkung" zuerkannt. Die tatsächliche Einlösung gestaltete sich bei der Mehrheit als dornenreicher Weg durch die Instanzen. Ein Rentenanspruch konnte erst 1988 (!) durchgesetzt werden: unter der Amtsführung von Sozialminister Alfred Dallinger, aufgrund jahrelanger Bemühungen von einigen Organisationen und Einzelpersonen.[95]

Viele sind aber gestorben, noch bevor sie auch nur 10 Groschen KZ-Geld bekamen. Einigen hat nicht einmal die letzte Novelle etwas gebracht: Aufgrund ihrer nomadisierenden Lebensweise vor 1938 als „Staatenlose" oder als „Asoziale" gebrandmarkt, haben sie bis heute keinen Anspruch auf Leistungen nach dem Opferfürsorgegesetz.[96]

Zögernder Zuzug oder: Schikanen, Kontrollen, Willkür, Gewalt

Salzburg war nach dem Krieg das österreichische Zuzugs- und Durchzugsland Nummer eins.[97] Der zur kleinen Großstadt angewachsenen Landeshauptstadt drohte das Chaos. Die Wohnungsnot gehörte zu den drückendsten Problemen.[98] Langsam normalisierten sich die Verhältnisse. Nicht nur „ein Dach überm Kopf" war gefragt; umfassendere Wohnwünsche nahmen (wieder) Gestalt an. Ein Teil der Salzburger/innen mußte sich aber weiterhin mit Behelfsheimen und Baracken zufriedengeben.[99] An der Wohndauer der einzelnen Barackenbewohner zeigt sich sehr klar das Sozialgefälle. Wer Ende der fünfziger, Anfang der sechziger

95 Es handelte sich dabei um die Lagergemeinschaft Auschwitz, die Österreichische Liga für Menschenrechte und die Gesellschaft für politische Aufklärung; Dokumente und Schriftverkehr im Besitz der Verf.; Abschnitt VI der Regierungsvorlage vom 1. 5. 1988, Abschnitt III, BGBl., 21. April 1988.

96 Persönliche Dokumente von Betroffenen im Besitz der Verf.; Bailer-Galanda, Roma und Sinti, a. a. O., S. 12 f.

97 Ernst Hanisch, Von den schwierigen Jahren der Zweiten Republik – Salzburg im Wiederaufbau, in: Salzburg und das Werden der Zweiten Republik. VI. Landessymposion am 4. Mai 1985, „Salzburger Diskussionen" Nr. 7, Schriftenreihe des Landespressebüros, hrsg. von Eberhard Zwink, Salzburg 1985, S. 18, Salzburg, Kleinod von Österreich, 10 Jahre Aufbau 1945–1955. Salzburg o. J., S. 302 f.

98 Ingrid Bauer/Thomas Weidenholzer, Baracken, Flüchtlinge und Wohnungsnot: Salzburger Nachkriegsalltag, in: Wohnen in Salzburg, Geschichte und Perspektiven, Schriftenreihe des Archivs der Stadt Salzburg, Nr. 1, Salzburg 1989, S. 33–48.

Jahre noch in den „Lagern" wohnte, gehörte den unteren sozialen Schichten oder Randgruppen der Gesellschaft an.

Die Beseitigung der Notbehausungen zählte zu den wichtigsten kommunalpolitischen Aufgaben der Nachkriegszeit. Wir wollen den einzelnen politischen Vertretern ihr soziales Engagement und ihren Sinn für Gerechtigkeit nicht absprechen.[100] Hinter der Bemühung, die Barackenlager wegzubringen, stand aber mehr als ein humanes Anliegen. An eine der schönsten Hochkulturstädte der Welt wurden besondere Maßstäbe angelegt. Die Stadt durfte auch nicht an den Rändern, an der Peripherie, den Hauch von Armut ausstrahlen. Diese war aber nicht sofort zu beseitigen. Nach und nach konnte sie in den weniger attraktiven Stadtteilen in Gemeindewohnungen versteckt werden. Nur für einen Teil der ehemaligen „Lagerbevölkerung" war mit dem Einzug in die neue Wohnung auch ein sozialer Aufstieg verknüpft.

Die wenigen Sinti/Roma, die es nach Salzburg verschlagen hatte, wohnten zunächst in Baracken. Ihre Adressen: Laschensky-Baracke, Barackenlager Besserabierstraße oder Lexenfeld.[101] Die Familie A. war erst 1960/61 nach Salzburg zugezogen. Die Unterkunft in den Baracken hat ihr anfangs sogar besser zugesagt als die später im Norden der Stadt zugewiesene Wohnung:

„Unsere erste Wohnung in Salzburg war in der Mühldorfgasse in Kleßheim. Das war draußen bei den Behelfsheimen. Dort hatten wir es schön, haben auch viel reingesteckt. Bekommen haben wir dann aber nichts dafür."[102]

Von den Sinti/Roma wurde die niedrige Wohnqualität in den Baracken kaum erinnert. Häufige Polizeikontrollen sind dagegen im Gedächtnis geblieben. Die Zusammenballung von Fremden, zugezogenen (Ost-) Österreicher/innen, „Vertriebenen", Jenischen[103] und sogar einer Hand-

99 1953 wohnten noch 10.668 Menschen in Baracken, 1957 noch immer 6.794. Vgl. Robert Hoffmann, Soziale Entwicklung, in: Wolfgang Huber (Hrsg.), Landeshauptmann Klaus und der Wiederaufbau Salzburgs, Salzburg 1980, S. 107–108; Siegfried Mattl, Aufbau – eine männliche Chiffre der Nachkriegszeit, in: Mitteilungen des Instituts für Wissenschaft und Kunst, 4/1990, S. 7–11.

100 Vgl. Bauer/Weidenholzer, Baracken, a. a. O., S. 39 f.; Interv. mit Karl Steinocher, SK II. Tonarchiv Karl-Steinocher-Fonds.

101 Interv. 1980 ff.; OF-Akten, Salzburg.

102 Interv. Fam. A. (FO/J).

103 Jenische – fahrende Hausierer und Händler, „nichtseßhafte" Nichtzigeuner. Sie waren teilweise von der NS-Verfolgung betroffen. Seit 1945 verfügen sie – wie die meisten Sinti – über feste Wohnsitze. Laut Auskunft der Sinti haben in Salzburg immer mehr Jenische als Sinti/Roma gelebt. Von der Behörde wurde aber sehr oft nicht differenziert. „Wir wurden alle in denselben Topf hineingeworfen. Dabei haben wir mit ihnen eigentlich nichts zu tun." (Interv. FO).

voll „Zigeuner“, mag in der ersten Nachkriegszeit die Ursache für erhöhte Sicherheitsmaßnahmen gewesen sein. Einige Barackenbewohner blieben über diese kritische Anfangsphase hinaus einer häufigen Überwachung ausgesetzt. Auch später nach der Übersiedlung in (neue) Gemeindewohnungen. Vielfach handelte es sich nicht um Routinemaßnahmen, sondern schlichtweg um Schikanen. Für NS-Verfolgte und KZ-Überlebende bedeuteten die unbegründeten Kontrollen ein ständiges Aufleben des erlittenen Traumas:

„Ich war 15 Jahre in Salzburg, die haben mich persönlich gekannt, haben mich aber auf der Straße kontrolliert – vor den anderen Leuten. Die haben genau gewußt, daß ich einen Ausweis hab'. Im Lexenfeld hat einer (ein Polizist, ET.) gewartet – zwei Stunden lang –, bis ich zurückgekommen bin, quasi zur Ausweiskontrolle. Dabei hat er gewußt, daß er ihn hundertmal schon angeschaut hat. So war das! So war das in Österreich.“[104]

Diese Belästigungen erstreckten sich auch auf das mobile Leben. Zu Beginn der sechziger Jahre war das Straßenverkehrsaufkommen noch relativ gering. Fahrzeuge im ländlichen Raum sind augefallen, vor allem dann, wenn darin Menschen mit etwas dünklerer Hautfarbe und/oder dunklen Haaren saßen. Sie waren verschärften Fahrzeug-/Verkehrsüberprüfungen durch Gendarmerie oder Polizei ausgesetzt. Wurden die Sinti oder Roma mit Hausierware und ohne Gewerbeschein angetroffen, ging die Angelegenheit defizitär für sie aus.

„Herr A.: Das war ja oft der Fall, daß man falsch beschuldigt wurde. Da haben s' einfach die Fotos herumgezeigt. ‚Ja, die waren da zum Hausieren.‘ Dann hast auch schon die Anzeige zug'schickt bekommen. Später, wie s' uns schon gekannt haben – auch wenn wir hausiert haben –, da haben wir dann Ruhe gehabt. Aber die, die uns nicht gekannt haben!
Weißt noch damals in Hallein (an seine Frau gerichtet), wie wir da draufgezahlt haben mit dem Auto! Damals war ihre Tante dabei. Kinder hatten wir noch keine (ca. 1960), und da haben sie uns gleich das Auto auch weggenommen.

Frage: Warum? Weil ihr hausiert habt?
Herr A.: Ja, da haben sie uns gleich die Ware und das Auto genommen.

Frage: Wieso das Auto? War das noch nicht bezahlt?
Herr A.: Freilich, aber da haben s' einfach gesagt: Wenn wir kein Auto haben, können wir auch nicht hausieren.

Frage: Und wann habt ihr das Auto wiederbekommen?
Herr A.: Gar nicht, das haben wir nicht mehr gekriegt. Das war so ein älterer, ein brutaler Typ.

---

104 Interv. HB. Interviews zum Film „Die Zeit heilt keine Wunden“, a. a. O.

Frage: Und was hattet ihr für Waren dabei?
Frau A.: Da war meine Tante mit, und die hat Stoffe gehabt. Sie hat keinen Gewerbeschein gehabt und hat auch keine Chance gehabt, daß jemals einen kriegt."[105]

Was die Familie A. in Hallein erlebte, war eine sehr allgemeine Erfahrung. Bis heute passiert es Leuten, daß ihnen die ganze Ware abgenommen wird.[106] Entziehen können sie sich entsprechenden Willküraktionen nur durch Vorsicht und List:

„Da war ich noch recht jung. Mit meinen Eltern zusammen sind wir hinausgefahren. Und da bemerken wir, daß ein Streifenwagen uns nachfährt. Ich war am Steuer und hab' versucht, ihn abzuhängen. Wir hatten ja Ware im Auto, Teppiche, und keinen Gewerbeschein. Das ist dann in eine wilde Verfolgungsjagd ausgeartet. Ich bin irgendwo den Berg hinaufgefahren, immer weiter in den Wald. Dort ist das Gendarmerie-Auto dann im Dreck steckengeblieben. Ich bin schnell weiter, und die Eltern haben die Teppiche einfach hinten beim Auto rausgeschmissen. Dann sind wir irgendwo stehengeblieben und haben gewartet, bis die Gendarmen uns nachgekommen sind. Jetzt mußten wir ihnen nachfahren – auf den Posten –, Papiere, Auto und alles überprüfen lassen. Zum Glück war alles in Ordnung. Natürlich wollten sie noch eine Erklärung von uns haben, warum wir davongefahren sind. Wir haben irgendeine Ausrede gebracht, und nach Stunden haben sie uns endlich gehen lassen.

Jetzt mußten wir über Umwege wieder in den Wald hinauf, um die Ware einzusammeln. Wir haben dann so gelacht, denn die Teppiche haben aus dem Gebüsch richtig herausgeleuchtet. Aber die Gendarmen waren so mit ihrem Auto beschäftigt, daß sie das beim Rauffahren gar nicht gesehen hatten. Viele dieser Erlebnisse waren für uns sogar noch lustig."[107]

Weniger lustig war's für den, der im Wirtshaus saß, und es kam zu einer Rauferei: „Ich bin nur daneben gesessen, und schon war *ich* verhaftet."[108] Proteste gegen die Verhaftung führten selten zum Recht, sondern brachten ein Verfahren wegen „Widerstand gegen die Staatsgewalt". Mit diesem Paragraphen hatten sich genug Sinti und Roma herumzuschlagen, setzten sie der Polizeiwillkür Weigerung und Resistenz entgegen. Da gelang es nicht einmal „Staranwälten", Verurteilungen und eine Ausweitung des (Vor-)Strafenregisters zu begrenzen.

Herr A.: Erinnerst dich? Das war, als ich den Jaguar hatte. Da waren wir am Abend noch in einem Lokal; sie (seine Frau, ET.), ihr Bruder und ihre Schwester – da waren hinten solche Notsitze. Zu viert waren wir im Auto. Ich war nicht betrunken. Wir fahren dort beim Viadukt, am Bahnhof, und ich fahr' gerade noch

105 Interv. Fam. A. (FO/J).
106 Interv. „Die Zeit heilt keine Wunden".
107 Interv. MR 1990.
108 Interv. „Die Zeit heilt keine Wunden".

beim Blinken über die Kreuzung. Ich mußte gleich abbremsen, weil s' mir den Weg abgeschnitten und mich angehalten haben. Ich mach' das Fenster auf, haut mir doch der Polizist mit der Pistole eine rauf, aufs Aug'. Ich hab' gleich geblutet. Jetzt bin ich raus, hab' gesagt: „Was bilden Sie sich ein?" Jetzt haben's gleich Verstärkung angerufen.

Frau A.: In der Zeitung haben s' dann geschrieben, die Stern' von den Polizisten sind nur so herumgeflogen, so hat er (Herr A.) sich gewehrt. Jetzt wollten s' ihn hinein ins Auto, haben ihn aber nicht hineingebracht. Er hat um sich geschlagen, da haben s' die Verstärkung angefordert. Meine Schwester ist raus und hat geschrien: „Ihr seids ja Ungeheuer!" und was weiß ich noch.
Dann bist zum Polizeiarzt gekommen, und der hat alles vertuscht.

Herr A.: Was der gemacht hat! So ein Nazi-Schwein! Der hat gesagt, ich soll am Strich gehn, mit einem Aug'. Das andere war ja ganz zu (vom Schlag mit der Pistole).
Hab' ich gesagt: „Wissen S' was? Sie können mich kreuzweise! Ich will den Direktor sprechen, den Chef der Abteilung!"
Wollten s' mir Blut abnehmen. Hab' ich mich geweigert. Hab' gesagt, das tu' ich nur bei einem neutralen Arzt . . . Ich hab' dann fünf Monate gekriegt.
Der eine Polizist war ein bekannter Schläger, der ist schon dreimal strafversetzt worden. Jetzt haben wir uns den Rechtsanwalt Stern genommen.[109] Der war gut für die Zigeuner. Der hat bei der Verhandlung geschrien: „Das sieht man ja, wie das Gericht voreingenommen ist gegen Herrn A. und gewisse Menschenrassen. Der eine Beamte ist schon dreimal versetzt worden, der andere zweimal und der Arzt auch schon zweimal. Das ist ja bewiesen, daß der Nazist ist!"
Der Stern hat dann gesagt, er macht die Wiederaufnahme des Verfahrens. Die Verhandlung kommt nach Wien.

Frau A.: Er ist damals extra mit dem Flugzeug gekommen, daß er rechtzeitig zur Verhandlung da war, und trotzdem hast du den 81er (Paragraphen) gekriegt, fünf oder vier Monate."

Frage: Wann war das?
Frau A.: Da waren die Kinder noch klein, die Mädln fünf und der Bub zwei Jahre (Mitte der sechziger Jahre. ET.).

Herr A.: Und dann hat der Stern gesagt, ich soll weg, bevor das Urteil rechtskräftig wird. Ich bin dann mit dem Jaguar nach Wien, zu ihren Leut'. Und da waren wir in der Nacht unterwegs, Karten spielen. Und da war die Fahndung schon ausgeschrieben, mit der Autonummer. Wie ich wegfahren wollt' mit dem Auto, kommen zwei und fragen, ob sie mitfahren können. Jetzt hat sich herausgestellt, das war Polizei in Zivil. Dann hat's eine wilde Schlägerei gegeben. Ich hab' mich gewehrt und hab' zugeschlagen – aber wie, aber die sind dann zu sechst (!) auf mich losgegangen, haben mich eingekreist – da hab' ich Schläg' gekriegt!

---

109 Rechtsanwalt Michael Stern wurde von mehreren Sinti in Anspruch genommen.

Der Stern wollt' ja die Wiederaufnahme des Verfahrens, aber wir haben gesagt, da schaut ohnehin nichts raus – mein Recht krieg ich nie! Und dann war das ja auch teuer, der hat so 6.000 oder 7.000 Schilling verlangt. Das war damals viel Geld. Ich hab' dann 15.000 Schilling bezahlt, und den Rest der Strafe bin ich abgesessen.[110]

Noch ein letztes Beispiel zum Thema Gerechtigkeit und Rechtssprüche:

Weihnachtsabend 1989. Nur wenige Restaurants und Wirtshäuser stehen Einsamen, Alleinstehenden zur Auswahl. Eines dieser Beisl befindet sich im Salzburger Stadtteil Liefering. Ein Beamter suchte dort Trost im Alkohol. Zu vorgerückter Stunde kamen einige Sinti ins Lokal, Stammgäste aus der Nachbarschaft. Der Beamte war fremd in der Gegend. Er kannte die anderen Gäste nicht, beteiligte sich aber an einem Gespräch. Plötzlich reagierte er aggressiv, zog eine Pistole und schoß um sich. Zwei Gäste wurden verletzt. Der Sinto D. schwer. Eine impulsive Bewegung schützte ihn vor einem weiteren – vielleicht tödlichen – Schuß. Er landete auf der Intensivstation. Das Projektil war zersplittert und konnte nicht entfernt werden. Der unverletzte Täter wurde zunächst verhaftet, dann – weil unbescholten – auf freiem Fuß angezeigt.[111]

Verhandelt wurde im Sommer 1990. Die Unbescholtenheit des Mannes, sein Gefühlszustand – Eheprobleme und Einsamkeit am Heiligen Abend – beeindruckten. Das Opfer war (nur) ein „Zigeuner" – auf Häftlingsurlaub! Allerdings stand seine Entlassung kurz bevor. Wir wollen den/dem Richter/n nicht unterstellen, daß die Person des Opfers den Schuldspruch beeinflußt hat. Das Urteil spricht aber für sich. Der Täter wurde zu 28.000 Schilling verurteilt. Das Opfer, der Sinto D., der heute noch über Beschwerden und Beeinträchtigung verschiedener Körperfunktionen klagt, hat ganze 10.000 Schilling (!) Schmerzensgeld erhalten.[112]

110 Interv. FJ/FO.

111 Salzburger Nachrichten, 27. 12. 1989; Interv. HR.

112 Interv. HR.

Eigene und fremde Zigeuner: „Zigeunerleben“ im Wandel

Vom Reisen und von der Seßhaftigkeit

Die Angst und das Voruteil charakterisieren im wesentlichen die Beziehung zwischen Sinti/Roma und den Nichtzigeunern in der Nachkriegszeit. Aus den vor der NS-Zeit sehr großen Familien hatten oft nur ein oder zwei Personen überlebt. Die Angst vor weiterer Verfolgung, die Verstreutheit der Familien durch die Verfolgung und der Verlust von Familienangehörigen haben den auf Verwandtschaftsbeziehungen aufgebauten Gruppenmechanismus empfindlich ge- und zerstört. Besonders der Verlust der alten Menschen, die für die Traditionspflege in den Großfamilien von besonderer Bedeutung waren und deren Todesrate überproportional hoch war, hat zu tiefgreifenden Identitäts- und Traditionsverlusten geführt.[113]

Die überlebenden Roma kehrten an ihre Vorkriegswohnorte, ihre letzten Standorte zurück. Auch die meisten Sinti wurden seßhaft und hatten nach 1945 zunächst ihre traditionelle Lebensweise aufgegeben. Sie ließen sich häufig in ihren früheren Zuständigkeitsgemeinden nieder, also in jenen Gemeinden, in denen sie in der Nazizeit „festgesetzt“ worden waren. Und ähnlich wie damals entwickelten die Kommunalbehörden Aktivitäten, die „Zigeuner“ abzuschieben und versuchten, die Nichtzuständigkeit zu beweisen. Papiere und Staatsbürgerschaften wurden verweigert. An eine Zurverfügungstellung von Wohnraum war nicht zu denken. In burgenländischen Gemeinden hat das Anknüpfen an das System der „Sondererfassung“ eine Abwanderung der Roma beschleunigt.[114]

So haben zahlreiche Sinti in der ersten Nachkriegszeit den Weg in die Anonymität gewählt. Sie ließen sich in größeren Städten nieder oder in Gegenden, in denen sie unbekannt waren. Mit dem Reisegewerbe haben damals die wenigsten wieder begonnen. Erst die verstärkte Reisetätigkeit deutscher Sinti hat auch die „Österreicher“ ermutigt, ihre traditionellen Gewerbe und das Reisen – zumindest teilweise – wiederaufzunehmen.

113 Vgl. Erika Thurner, „Zigeunerleben“ in Österreich – Rechtliche und soziale Stellung von Sinti und Roma nach 1945, in: Rainer Bauböck, Gerhard Baumgartner, Bernhard Perchinig/Karin Pinter (Hrsg.), . . . und raus bist Du! Ethnische Minderheiten in der Politik, Wien 1988, S. 57–67; zur Situation der Roma: Mayerhofer, Dorfzigeuner, a. a. O., S. 185 f., 101 ff.

114 M. Rathsprecher, Zigeuner ohne Romantik, in: Neuer Kurier, Wien, 16. 8. 1958.

„Es ging gar nicht anders, wir mußten doch nach dem Krieg einen festen Wohnsitz haben, mußten gemeldet sein, sonst hätte man weder ein Auto noch einen Wohnwagen anmelden können.“[115]

Erfuhren seit Beginn der Industrialisierung die traditionellen Existenzmöglichkeiten für Sinti/Roma ohnehin eine Reduzierung, so ließen die sozioökonomischen Veränderungen nach dem Zweiten Weltkrieg noch weniger Freiräume offen.[116]

Auf der anderen Seite gingen Technisierung und Mobilisierung aber auch nicht spurlos an den Sinti und Roma vorüber. Das „Zigeunerleben“ hat insgesamt einen soziokulturellen Wandel erfahren. Nicht mehr mit Pferd und Wagen, sondern mit Auto und Wohnwagen konnte die Mobilität entscheidend erhöht werden. Die häufigere Rückkehr in die feste Wohnung läßt sich mit dem „Nomadenleben“ leicht koordinieren:

„Von Generation zu Generation hat sich das Reisen ein bißchen geändert. Früher sind wir mit Pferd und Wagen gefahren, jetzt fahren wir halt mit dem Auto. Man muß sich doch anpassen. Der Bauer ist ja früher auch mit dem Ochsen gefahren, jetzt hat er den Traktor.“[117]

Die wirtschaftliche und berufliche Situation der Sinti/Roma ist heute so vielfältig wie ihre interne Schichtung. Ein Teil hat den wirtschaftlichen und sozialen Aufstieg geschafft. Die Mehrheit ist allerdings am unteren Ende der Einkommensskala angesiedelt, ist benachteiligt in allen zentralen Lebensbereichen (Wohnen, Ausbildung, Beruf). Auch die noch reisenden Sinti verfügen aber heute in ihrer „Heimatgemeinde“ über eine Wohnung. Nur noch ganz wenige leben – mit fixem Standort – weiterhin im Wohnwagen. Die einen freiwillig, die anderen gezwungenermaßen und vorübergehend, weil sie keine Wohnung finden können.[118]

Manche sind durch ein Gewerbe halbwegs abgesichert. Sie investieren alles ins bewegliche Leben, führen ihr ganzes Eigentum – Mercedes, Anhänger und Ware – mit sich herum. Manche haben wie auch andere Österreicher/innen Kreditschulden. Sie können sich das Auto und den Hänger nicht bar kaufen. Für ihren Wunsch, ein großes, starkes Auto zu besitzen, haben sie allerdings eine verständliche Erklärung:

115 Interv. DH, „Die Zeit heilt keine Wunden“.

116 Vgl. Wiegele/Perchinig, Roma – Geschichte einer Verfolgung, a. a. O., S. 128 f.; Dieter Larcher, die grille und die ameise, notizen zum widersprüchlichen verhältnis zwischen bürgern und zigeunern, in: e. h. Erziehung heute, Heft 6, Dezember 1986, S. 28 ff.

117 Interv. DH.

118 Interv. 1980 ff.: HF, MR, HS; Kulturjournal, FS2/Osterfestspiele 1985 (Bericht über „Carmen“ und über die Salzburger Sinti); Salzburger Tagblatt, 6. 11. 1985; Neue Kronen Zeitung, 9. 11. 1985.

„Das Wichtigste für uns ist ein großes und schnelles Auto, damit wir – falls es wieder einmal losgeht (mit der Verfolgung, ET.) – davonfahren können."[119]

Neben den „Traditionell- und Modernreisenden" sind diejenigen, die das Wandergewerbe zu Fuß ausübten, wahrscheinlich kaum aufgefallen. Wie folgendes Beispiel zeigt, hat es alternative Formen des Nomadenlebens gegeben:

Die Familie M. hatte ihren festen Wohnsitz in Linz. Sie lebte dort mit fester Adresse im alten „Zigeunerwagen". Vor allem die weiblichen Familienmitglieder, Mutter und Töchter, kümmerten sich um den Lebensunterhalt. Bis Anfang der siebziger Jahre waren die wandernden Händlerinnen zeitweise im Salzburger Pongau, aber auch in Tirol unterwegs.

„Die M. ist ja früher viel in die Berg' gegangen. Sie hat die Berg' so gern gehabt. Da ist sie meistens mit einer ihrer Töchter bis Bischofshofen gefahren. Dort haben sie sich einquartiert und haben sich mit dem Zug die Ware nachschicken lassen. Dann sind sie mit Rucksäcken hinaus aufs Land und in die Berge. Und dort haben s' ein bißl was verkauft. Meistens sind sie gleich ein paar Tage geblieben. Wenn die Ware verkauft war, sind s' wieder zurückgekommen . . . Ich hab' nie was gehört, daß sie Schwierigkeiten mit der Polizei hatte. Wahrscheinlich haben sie sie dann schon gekannt. Aber das hat sie lange gemacht. Da war sie schon an die 70 Jahre. Aber sie ist so gern in die Berg'."[120]

In der Vergangenheit hatte es neben Verfolgung und Ablehnung – wenn auch mit regionalen Unterschieden – ein bestimmtes Symbioseverhältnis zwischen „Zigeunern" und Bauern gegeben. Das war auch nach 1945 in bescheidenem Ausmaß der Fall:

„Beliebt waren wir zwar nie, aber zu manchen Bauern war das Verhältnis nicht so schlecht. Auch in Salzburg – im Pinzgau, in Zell am See, oder im Pongau – da ist es dann schon gegangen: ‚Möchtest an' Most oder an' Schnaps? Wo warts überall? Erzählt's!'"[121]

Bevor die Peripherie an die zentralen Kommunikations- und Verkehrssysteme angeschlossen war, fungierten „Fremde" als Informations- und Kommunikationsträger und brachten Abwechslung in den bäuerlichen Alltag. Dabei wechselten auch Waren ihren Besitzer. Seit Einbruch des Konsumkapitalismus am Land sind diese ökonomischen Nischen im Schwinden.[122] Zwischen reisenden Sinti und einigen Bauern lassen sich aber auch heute noch „Geschäfte" machen. Bauerngründe werden vor-

119 Interv. HB/1984.

120 Interv. MR/1990.

121 Interv. FJ, BA/1984.

122 Wiegele/Perchinig, Roma, a. a. O., S. 128 f.

übergehend zu Sinti-Standplätzen. Es handelt sich zumeist um kleinere Bauern, und ihr Gehöft liegt abseits der Regionen, wo Bauersleute vom Tourismus profitieren. Die unattraktive Gegend und die Armut der Bauern ermöglichen es Sinti-Familien zusammenzukommen, zahlen sie doch bei den Bauern eine geringere Standgebühr als auf den teuren Campingplätzen. So wird für kleinere Gruppen in den Sommermonaten ein „Zigeunerleben" möglich. Außerdem kann dadurch das weitverbreitete „Campingplatz-Verbot für Zigeuner und Landfahrer" umgangen werden.[123]

So verwandelt sich beispielsweise im Salzburger Tenneck Jahr für Jahr ein trostloser Bauernhof in ein pittoreskes Szenario. Die junge Bäuerin, „die gern so leben würde", hat keine Probleme damit, daß die „Zigeuner" bei ihr Wasser holen und auf die Toilette gehen.[124] Ein größeres „Zigeunerlager" kann allerdings nicht entstehen. Darauf achtet schon das Auge des Gesetzes. Reisen mehr als vier Wohnwagen im Konvoi an, dann wird Alarm geschlagen: „Zigeunerhorde unterwegs!"[125]

Traditionelle Gewerbe

Das Reisen ist immer noch Symbol für Freiheit, auch wenn die gesetzlichen Beschränkungen diese Freiheit massiv beschneiden. Die geltende Gewerbeordnung, kein alternativer Unterricht für reisende Sinti-Kinder (in einigen Ländern gibt es eigene Wanderschulen und Fernunterricht, ET.) und die – im Vergleich zu früher – begrenzten Möglichkeiten zum Campieren engen die Freiheit zunehmend ein. Die mit dem Reisen verknüpften wirtschaftlichen und soziokulturellen Bedürfnisse können immer weniger befriedigt werden.

„Wir möchten wieder ein freies Gewerbe, so wie es früher war, vor dem Zweiten Krieg. Am Anfang hat's fast so ausgeschaut, als ob's wieder ein freies Gewerbe machen, mit dem Marktfahren, aber dann war's doch nicht so ...
Die sollen uns doch reisen lassen, so, wie wir wollen. Wir tun weder stehlen noch rauben, keine Mädchen schänden, Kinder traktieren oder martern. Wer heute noch an das glaubt (an die Flüche oder überirdischen Kräfte der ‚Zigeuner', ET.), der lebt im Mittelalter, das ist eine stupide Anschauung. Wir leben doch im 20. Jahrhundert, im Atomzeitalter – so ein Blödsinn! Und mit dem Wahrsagen, das waren immer nur wenige. In meiner Familie beispielsweise war niemand, auch meine Mutter nicht ...

123 Interv. Fam. D/E.
124 Schnittbänder „Die Zeit heilt keine Wunden".
125 Ebda./Interv. Herr E.

Schauen Sie, ich bin Marktfahrer – mit Textilien in Österreich. Ich könnte ja auch hergehen und eine Vertretung übernehmen und auf Bestellung arbeiten, aber das ist ja auch ein großer Schwindel ... Wenn ich dagegen die Ware bei mir habe und der Kunde kann sich's anschauen (oder auch probieren), dann bekommt er halt genau diese Ware. Aber wenn er nur im Katalog die wunderbaren Waren sieht ... später gibt's die vielleicht gar nicht mehr. Ich überred' ja auch niemand zum Kaufen, mit irgendwelchen Sprüchen und Tricks – wer das glaubt, der lebt ja im Mittelalter. Da ist's ja heute schon so, daß man im Großkaufhaus leichter zum Kaufen verführt wird, bei dem herrlichen Angebot, das da vorgelegt wird. Aber bei dem bißl Ware, da ist es halt so, entweder dem Kunden gefällt's und er kauft's oder er kauft nichts."[126]

„Wir haben das Hausieren gelernt", antworten junge Sinti/Roma auf die Frage, ob sie eine Ausbildung absolviert hätten. Hausieren, Handeln, Verkaufen – ein kleiner Überrest „typischer Zigeunerberufe". Die Bezeichnung „Hausieren" beinhaltet mehr als das traditionelle Geschäft an der Haustür. Der Verkauf von Waren ohne einen fixen Geschäftsstandort erfordert Beziehungen und Kontakte. Für verschiedene Branchen sind Fachkenntnisse notwendig. Im Antiquitäten- und Kunsthandel, im Teppich- und früher im Pferdehandel wurde das Wissen von Generation zu Generation weitergegeben. Die künstlerischen Fertigkeiten und handwerklichen Fähigkeiten wurden im Familienverband erworben.

In Österreich hatte darüber hinaus das Spitzen-, Stoff-, Bett- und Tischwäschegeschäft Tradition. Die Jüngeren versuch(t)en zumindest, an die Geschäftsbeziehungen der Vorfahren anzuknüpfen. Sie kaufen von Vorarlberger oder Wiener Textilfirmen „ab Haus" zum Einkaufspreis, schalten den Zwischenhandel aus und bringen die Ware direkt zum Kunden hin. Für die Käufer/innen bedeutet dies: qualitativ hochwertige Ware zu günstigen Preisen! Der Haken und das Risiko dabei ist, daß viele Sinti keinen Gewerbeschein besitzen und – wegen Vorstrafen (z. B. illegales Gewerbe) – legal zu keiner Gewerbeberechtigung gelangen können.[127]

Die meisten Handwerks- und Händlergewerbe wurden im Zuge der Modernisierung von Wirtschaft und Gesellschaft wegrationalisiert. Die Verfolgung im Nationalsozialismus hat das Ihre dazu beigetragen. Sind Sinti/Roma auch erfinderisch im Aufspüren von Geschäften, so erscheint die Existenzsicherung durch ein ambulantes Gewerbe zunehmend schwierig. Nur Rückbesinnung, Reaktivierung und eine innovative Förderung „alter Zigeunergewerbe" könnten hier einen Ausweg darstellen.

126 Interv. DH/FO. Mit dem „freien Gewerbe" meinen die Sinti die übertragbaren Gewerbepatente aus Theresianischer Zeit.

127 Interv. 1980 ff.

Begnadete Musiker

Ein anderer vom Aussterben bedrohter Berufszweig ist die „Zigeunermusik". Viele Roma/Sinti waren vor der NS-Zeit Musiker. 1927 schrieb ein Kenner der Szene:

„Für den Forscher ist die Zigeunermusik darum so interessant, weil sie den einzigartigen Fall darstellt, daß sich Musik eines Naturvolkes aus sich selbst heraus so wundervoll entwickelt hat ... Die Zigeuner fanden von jeher und finden auch jetzt noch am besten ihr Fortkommen durch die Musik ... Man muß es gesehen haben, wenn man dem Zigeunerkind eine Geige in die Hand gibt und ihm die Melodie einfach vorspielt oder singt, wie es dann das Stück nach zwei- oder dreimaligem Probieren schon mit verblüffender Sicherheit und der Fertigkeit eines durchgebildeten Musikers zu spielen versteht."[128]

Daneben waren Sinti und Roma oft Fachleute im Geigenhandel und im Geigen- und Gitarrenbau. Vielfach haben sie die musikalische Begabung nicht nur zur Existenzsicherung eingesetzt. Das gemeinsame Musizieren gehörte zum Lebenszusammenhang von reisenden, aber auch von seßhaften Sinti/Roma. Musik und Tanz waren Ausdruck ihrer Lebenshaltung, im Hier und Jetzt zu leben. Einer Lebenshaltung, um die sie beneidet und wegen der sie von der Mehrheitsgesellschaft verfolgt wurden. Ein Teil der Musiker und der Traditionen wurden durch den Nationalsozialismus ausgerottet. Nach dem Krieg wurden diese Fähigkeiten nur zu einem Teil wiederbelebt. Mit der modernen Musik ab den sechziger Jahren war „Zigeunermusik" – mit Ausnahme von Unterhaltungsmusik in Heurigenlokalen – ganz aus der Mode gekommen. Erst in jüngerer Zeit nimmt das Interesse an diesen Musikrichtungen wieder zu. Für einige Sinti/Roma ergeben sich dadurch kommerzielle Möglichkeiten. Generell kann man sagen, daß sich in Österreich nur sehr wenige bisher einen Namen – und auch Geld – damit machen konnten. Einige ganz Große haben bis vor kurzem ihre Roma-Identität nicht ins Spiel gebracht, haben ihre „Zigeunerabstammung" verschwiegen. Eine Handvoll ist heute so bekannt, daß sie eine öffentliche Diskriminierung nicht mehr befürchten muß. In Sicherheit wiegen aber auch sie sich nicht. Sie kennen ihre Position und die Abgrenzungen in unserer Gesellschaft.[129]

---

128 Engelbert Wittich, Beiträge zur Zigeunerkunde, Studien zur Tsiganologie und Folkloristik, 2. Bearbeitet, eingeleitet und herausgegeben von Joachim S. Hohmann, Frankfurt am Main/Bern/New York/Paris 1990, S. 111 f.

129 Interv. 1980 ff.; Zigeunerleben. Zigeuner in Österreich, Film von Xaver Schwarzenberger, ORF, 18. 9. 198.

Salzburg – eine „Heimat" für Sinti und Roma?

Die Salzburger Sinti/Roma sind seßhaft. Manche haben einen eigenen Wohnwagen und leben noch zeitweise das „moderne Nomadenleben" – mit oder ohne beruflicher Verflechtung. Einige „Salzburger/innen" sichern ihren Lebensunterhalt mit künstlerisch-gewerblichen Aktivitäten. Andere führen ein „normales" Arbeiterleben und sind in verschiedenen Berufssparten beschäftigt. Allerdings sind die beruflichen Möglichkeiten und das Arbeitsangebot schmal.

Die Begrenzungen werden bereits im Schulbereich markiert. Auf die sprachlichen und kulturellen Besonderheiten der Kinder wird keine Rücksicht genommen. Fast automatisch erfolgt die Zuordnung zu den schulischen Problemgruppen (Unterschichten, Randgruppen, Ausländer). Das bedeutet: Abdrängung in Sonderschulen und Verminderung positiver Schulabschlüsse. Konkrete Folge: extreme Schwierigkeiten beim Einstieg in ein Lehrverhältnis und ins Berufsleben.[130]

Und das ist auch der Punkt, der die Eltern besonders schmerzt. Die persönliche Diskriminierung können sie leichter ertragen als die Benachteiligung ihrer Kinder:

Frau E., Jg. 1960: „Man war immer benachteiligt, man hat sich so gefühlt und ist auch benachteiligt worden. In der Kindheit war's schon oft so, wenn die Mama in die Schule gegangen ist, daß man gesagt hat: ‚Red nicht so, red ja nicht so' (gemeint ist ‚Romanes', ET.), weil, wenn sie's gewußt haben, dann war's aus. Dann warst schon überall der Zigeuner! Da hat man sich geschämt als Kind. Da wollten wir nicht, daß die das wissen. Und es ist schon vorgekommen, daß, wenn sie's gewußt haben, daß' dann nicht mehr so nett waren, daß dich dann die Lehrerin nichts mehr gefragt hat und daß die Kinder nichts mehr mit dir geredet haben.
Das war schon hart, wenn s' gesagt haben: ‚Das ist eine Zigeunerin, mit der reden wir nicht, die stinkt, die ist dreckig.' So ist es schon gewesen.
Und das ist auch heute noch so, wenn ich in die Schul' gehe bei meinem Sohn: ‚Mama, bitte red nicht so!' Das wird immer so sein."[131]

Insgesamt bewerten Sinti/Roma ihre Lebensverhältnisse in Salzburg als „durchschnittlich". Viele Diskriminierungssituationen werden nicht als

---

130 Interv. 1980 ff.; Diskussionen und Gespräche mit betroffenen Eltern, Lehrer/inne/n und der Direktorin einer Salzburger Schule. Mittlerweile hat dort ein „Generationswechsel" stattgefunden, und es gibt mehr Verständnis für die Probleme von Sinti-Kindern. Solange es aber keine festgeschriebenen Minderheitenrechte im Schulsystem gibt, wird es auch keine gravierenden Veränderungen geben.

131 Interv. HF/FO.

Salzburg-spezifisch eingeschätzt. Als Nachteil wird die geringe Anzahl der in Salzburg ansässigen Sinti/Roma erlebt. Dies verhindert eine kontinuierliche Gruppen- und Familienzentrierung. Die Zusammenkünfte mit auswärtigen Verwandten (aus Wien, Niederösterreich, Süddeutschland) müssen sich weitgehend auf die Sommermonate beschränken und sind zudem noch an die „Großzügigkeit" der Campingsplatz-Besitzer geknüpft.[132] Bis vor kurzem verweigerten fast alle Campingplätze im Stadtbereich den Sinti den Zutritt.[133] Das soziokulturelle Leben im größeren Familienverband reduziert sich auf eine kleine Zeitspanne und urlaubsähnliche Erlebnissphären. Das endogame Heiratsverhalten fördert die Abwanderung von jungen „Salzburger/inn/en" in andere österreichische Regionen und eine weitere Verkleinerung der Gruppe, denn Zuzüge aufgrund von Eheschließungen sind eher die Ausnahme. Warum? Für Salzburg scheinen „Zigeuner" nur tolerabel, solange sie als solche nicht wahrnehmbar sind, ihr „Zigeunerleben" maximal im Verborgenen und hinter geschlossenen Türen pflegen.

Zigeuner übersiedelten auf andere Wiese

Grundbesitzer und Pächter fühlen sich getäuscht — „Nur drei Wagen angekündigt"

SALZBURG-STADT. Seit Dienstag früh befindet sich das Zigeunerlager zwischen Salzburg und Elsbethen auf der Wiese an der anderen Straßenseite. Vor dieser Übersiedlung gab es beim Grundbesitzer beider Wiesen, den Ursulinen, und dem Pächter der ersten Wiese große Aufregung. Man fühlt sich getäuscht.

Schwester Vera Marie, die Oberin der Ursulinen, meinte Dienstag: „Uns sind drei Wagen angekündigt worden. Gekommen sind dreizehn. Ich habe gesagt, die Leute dürfen auf die Wiese, wenn der Pächter einverstanden ist. Es wurde mir gesagt, der Pächter habe seine Zustimmung gegeben. Davon weiß der Pächter aber nichts. Ich war ein Freund der Zigeuner. Jetzt bin ich es nicht mehr. Außerdem wurde ein Wasserrohr zerstört.

Ob die Übersiedlung erfolgte, weil der Pächter die Wiese sprengen mußte oder weil die Zigeuner durch die Sprinkleranlage bewußt vertrieben wurden, darüber gehen die Meinungen auseinander.

Nach Ansicht der Fremdenpolizei bestehe kein Anlaß einzugreifen. „Das ist eine Zivilrechtssache", hieß es dazu.

Die Zigeuner kündigten ihre Abreise für heute an.

Zigeuner in Salzburg herzlich verabschiedet

Händeschütteln mit den Ursulinen-Schwestern — Zuckerl und Schokolade für die Kinder

SALZBURG-STADT. Versöhnlich klang Mittwoch die Rast einer Zigeunergruppe auf einer Wiese zwischen Aigen und Elsbethen aus.

„Wir haben uns ausgesprochen", berichtete Vera Marie, Schwester Oberin der Ursulinen. Wie berichtet, hatten sich die Ursulinen als Grundbesitzer über das Verhalten der Zigeuner geärgert.

Das Oberhaupt der Sippe übergab der Schwester 2000 S, damit die entstandenen Schäden an der Wasserleitung repariert werden können. Der entstandene Müll wurde in Säcke verpackt.

„Es hat ein langes Händeschütteln gegeben, und ich wurde sogar zu einem großen Zigeunertreffen nach Metz eingeladen. Es war wirklich ein herzlicher Abschied", meinte die Schwester. Die Sippe mit den dreizehn Wohnwagen will weiter zu einem Treffen nach Ungarn.

Der SN-Bericht über das Zigeunerlager vor den Toren Salzburgs hat eine Leserin nicht ruhen lassen. „Ich bin sofort in ein Geschäft gegangen, habe Zuckerl und Schokolade gekauft und bin mit dem Bus hinausgefahren", berichtete sie Mittwoch, „die Kinder haben sich so gefreut. Nach ein paar Minuten sind sie schon mit schokoladeverschmierten Gesichtern herumgelaufen. Ich habe mich lange mit den Leuten unterhalten. Nur aus der Hand lesen, das wollten sie mir nicht."

Die „eigenen" Zigeuner werden mit bereits bewährten Methoden in den vorgegebenen Begrenzungen gehalten, „fremde" Zigeuner müssen auch weiterhin mit ihrer Abschiebung rechnen. Das Happy-End des geschilderten Vorfalles (siehe abgedruckte Zeitungsnotizen) ist nicht die im Bericht thematisierte Beseitigung der Mißverständnisse, sondern ein in Salzburg schon immer angestrebter Zustand: zigeunerfrei zu werden![134]

132 Interv. 1980 ff.

133 Ebda.: Salzburger Tagblatt, 6. 11. 1985 (Campingplatz „Stadtblick". Keine Chance für Zigeuner).

134 Salzburger Nachrichten, 19. 8. 1987, 20. 8. 1987 (Abdruck).

Verfolgung von Roma in Jugoslawien 1941 bis 1945

Von Barbara Rieger

Im Königreich Jugoslawien lebten vor dem deutschen Einmarsch im April 1941 ungefähr 300.000 Roma.[1] Die Romagemeinden in den einzelnen Regionen Jugoslawiens unterschieden sich stark voneinander: Sie pflegten andere Traditionen, sprachen verschiedene Romanidialekte und gehörten entweder dem katholischen, dem orthodoxen oder dem islamischen Bekenntnis an.

Am 25. März 1941 trat Jugoslawien unter der autoritären Regierung Cvetković dem Dreimächtepakt bei. Dieser Beitritt stieß auf heftigen Widerstand der serbischen Oppositionsregierungen und Teile der jugoslawischen Streitkräfte. Die Ablehnung des Dreimächtepakts einerseits, die Gegnerschaft zum autoritären Regime anderseits führten zum Staatsstreich am 27. März 1941. Der politische Umsturz in Jugoslawien bot Hitler den willkommenen Anlaß, Jugoslawien „militärisch und als Staatsgebilde" zu zerschlagen.[2] Der Angriff erfolgte – ohne Ankündigung – am 6. April 1941 mit der Bombardierung Belgrads durch die deutsche Luftwaffe und endete mit der Kapitulation der jugoslawischen Armee am 17. April 1941. Kroaten, Slowenen und Jugoslawien-Deutsche waren massenweise desertiert oder hatten dem Einberufungsbefehl gar nicht erst Folge geleistet. Jugoslawien zerbrach an seinen inneren Widersprüchen, noch bevor die deutschen Verbündeten Italien, Ungarn und Bulgarien in die Kämpfe eingreifen konnten.[3]

Unverkennbar war, daß sich die Mehrheit der Kroaten schon längst nicht mehr mit dem jugoslawischen Staat identifizierte; – die Proklamation des „Unabhängigen Staates Kroatien" am 10. April 1941, als die Kämpfe noch

1 Donald Kenrick, Grattan Puxon: Sinti und Roma. Die Vernichtung eines Volkes im NS-Staat. Göttingen 1982, S. 87. Die Zahlenangabe von 300.000 dürfte auf einer Schätzung der Autoren beruhen (keinerlei Quellenangabe); ich konnte in anderer Literatur diesbezüglich keine Angaben finden. Geben Kenrick und Puxon zwar die einzige grundlegende Gesamtdarstellung des Holocausts an Sinti und Roma, so fehlen leider oft Quellenangaben; – in manchen Details ergaben sich auch Widersprüche mit anderer verwendeter Literatur. Hinzuweisen ist noch auf neu erschienene Publikationen, die im vorliegenden Artikel nicht mehr einbezogen werden konnten: Rajko Djurić: Il calvario dei Roma nel campo di concentramente di Jasenovac. In: Lacio Drom, Nr. 4, 1992. S. 14–42. Karola Fings, Cordula Lissner, Frank Sparing: „. . . einziges Land, in dem Judenfrage und Zigeunerfrage gelöst." Die Verfolgung der Roma im faschistisch besetzten Jugoslawien 1941–1945. Hg. vom Rom e. V. Köln 1993.

2 Holm Sundhaussen: Geschichte Jugoslawiens 1918–1982. Stuttgart 1982, S. 108.

3 Sundhaussen: a. a. O., S. 109.

im Gange waren, wurde von einem Großteil der Kroaten mit Zustimmung, Begeisterung oder wenigstens mit wohlwollendem Abwarten aufgenommen.[4]

Das besiegte Jugoslawien wurde unter den Dreimächtepakt-Staaten Italien und Bulgarien sowie unter dem Deutschen Reich und dem „Unabhängigen Staat Kroatien" (USK) aufgeteilt:

Slowenien wurde im Norden vom Deutschen Reich, im Süden von Italien und im Nordosten von Ungarn okkupiert. Serbien unterstand ebenso wie Griechenland der deutschen Militärverwaltung „Südost". Montenegro, Westmakedonien und das dalmatinische Küstengebiet fielen an Italien; der Hauptteil Makedoniens fiel an Bulgarien. Bosnien-Herzegowina wurde dem „Unabhängigen Staat Kroatien" zugeschlagen, der von der faschistischen Ustascha unter Ante Pavelić als Satellitenstaat des Deutschen Reiches regiert wurde.

Kroatien

Die kroatische Ustascha-Partei war 1929 von dem Rechtsanwalt Ante Pavelić gegründet worden. Ihr erklärtes Ziel war es, den jugoslawischen Staat zu zerschlagen und ein „Unabhängiges Kroatien" zu gründen. Ein prominentes Opfer der Ustascha war König Alexander, der 1934 ermordet wurde. Pavelić wurde dafür in Abwesenheit zum Tode verurteilt, fand aber Asyl im faschistischen Italien.

Pavelić war es, der nach dem Einmarsch der deutschen Truppen am 10. April 1941 den „Unabhängigen Staat Kroatien" proklamierte: der Beginn für das Martyrium von 750.000 orthodoxen Serben, 60.000 Juden und 26.000 Roma.[5]

Bereits am Tag der Regierungsbildung (14. April 1941) ließ Pavelić das Dekret „Zum Schutz des Volkes und Staates" verkünden, das der Verhängung eines Ausnahmezustandes gleichkam:

„Wer die Ehre und das Lebensinteresse des kroatischen Volkes verletzt oder verletzt hat und wer – auf welche Weise auch immer – die Erhaltung des Unabhängigen Staates Kroatien oder die Staatsautorität bedroht, macht sich, auch wenn die Tat nur Versuch bleibt, des Hochverrats schuldig ... (und) wird mit dem Tod bestraft."[6]

4 Sundhaussen: a. a. O., S. 112.

5 Vladimir Dedijer: Jasenovac – das jugoslawische Auschwitz und der Vatikan. Hg. von Gottfried Niemitz. Freiburg 1989, S. XVI (= Einleitung des Herausgebers).

6 Martin Broszat, Ladislaus Hory: Der kroatische Ustascha-Staat. 1941–1945. Stuttgart 1964, S. 88.

Dieses Dekret war denkbar allgemein gehalten und bot dadurch ausreichend Handhabe, um etwaige „Staatsfeinde" zu verfolgen und zu ermorden. Die völkisch-nationalistische Zielsetzung der Ustascha-Bewegung zeigte sich mit dem Gesetzespaket vom 30. April 1941, das unverkennbar nach dem Vorbild der Nürnberger Rassengesetze von 1935 entworfen worden war. Es richtete sich insbesondere gegen Nichtkroaten, aber auch gegen „unzuverlässige" Kroaten und bestand aus:

1. dem Gesetz „über die Staatsbürgerschaft",
2. dem Gesetz „über die Rassenzugehörigkeit",
3. dem Gesetz „über den Schutz des arischen Blutes und die Ehre des kroatischen Volkes".

Kroatischer Staatsbürger konnte demnach nur sein, wer „arischer Abstamung" war und „bewiesen" hatte, daß er „. . . bereit und willens ist, dem kroatischen Volk und dem Unabhängigen Staat Kroatien treu zu dienen". Als „Nichtariern" wurden Juden und Roma die Staatsbürgerschaft vorenthalten und die Ehe mit Kroaten verboten.[7]

Roma wurden sowohl aus rassischen als auch religiösen Gründen verfolgt: Viele der in Kroatien lebenden Roma bekannten sich zum orthodoxen Glauben und fielen wie Serben und Juden dem „Heiligen Krieg" gegen nichtkatholische Minderheiten zum Opfer. Der Minister für Erziehung und Kultur, Mile Budak, sagte am 22. Juli 1941:

> „Grundlage für die Bewegung der Ustaschen ist die Religion. Für Minderheiten wie Serben, Juden und Zigeuner haben wir drei Millionen Kugeln. Wir werden einen Teil der Serben umbringen. Den anderen werden wir abtransportieren, und den Rest werden wir zwingen, die römisch-katholische Religion anzunehmen."[8]

Im „Unabhängigem Staat Kroatien" wurden zwischen 1941 und 1945 mit Unterstützung und aktiver Beteiligung eines Großteils des katholischen Klerus Zwangsbekehrungen vorgenommen. Diejenigen, die sich weigerten – aber auch zahlreich bereits Konvertierte – wurden ermordet, häufig nach langen Folterungen. Bereits Anfang September 1941 waren in Kroatien rund 200.000 Serben ermordet und 104.000 in das deutsche Besatzungsgebiet nach Serbien abgeschoben worden.[9] Die teilweise unvorstellbaren Greueltaten der Ustaschen brachten der Widerstandsbewegung in Kroatien starken Zulauf; auch in Serbien schlossen sich die Vertriebenen den Partisanen an. Aus diesem Grund – und nicht etwa aus humanitären

7 Broszat: a. a. O., S. 89.
8 Dedijer: a. a. O., o. S. (= Bildzuschrift nach S. 82).
9 Sundhaussen: a. a. O., S. 122.
10 Sundhaussen: a. a. O., S. 122.

Erwägungen – forderten seit Februar 1942 verschiedene deutsche Stellen die Ablösung der Pavelić-Regierung.[10] So schrieb der „Deutsche General" in Zagreb, Glaise-Horstenau, im Februar 1943, als in Kroatien bereits ungefähr 400.000 Menschen ermordet worden waren:

„In der Tat ist die von Haus aus äußerst schwach fundierte Ustascha-Bewegung mit ihrer wahnsinnigen Ausrottungspolitik und ihren Greueltaten zum Symbol der mißglückten Staatsschöpfung geworden."[11]

Ausgenommen von der Vernichtungspolitik der Ustascha blieb die islamische Minderheit aus strategisch-politischen Überlegungen: Bemühte sich die Ustascha-Propaganda einerseits, die bosnischen Muslime einzubinden, so wollte es man sich andererseits mit den islamischen Staaten, insbesondere der neutralen Türkei, nicht verscherzen. Vermutlich aus diesem Grund blieb den islamischen Roma im „Unabhängigen Staat Kroatien" das Schicksal ihrer orthodoxen Brüder erspart. Das kroatische Innenministerium hatte angeordnet, daß die islamischen Roma als „Arier" zu betrachten seien und keine der für „Zigeuner" angeordneten Maßnahmen auf sie anzuwenden seien.[12]

Nichtislamische Roma dürften allerdings ebenso erbarmungslos verfolgt worden sein wie Juden und Serben. Auf öffentlichen Plätzen, in Büros, Läden, Cafés, in der Straßenbahn hingen Anschläge: „Für Serben, Juden, Zigeuner und Hunde verboten."[13]

Zahlreiche Serben, Juden und Roma wurden durch willkürliche Tötungsaktionen an Ort und Stelle ermordet oder in den Konzentrationslagern „liquidiert". Gesetzliche Grundlage für die Einweisungen in Konzentrationslager war der Erlaß vom 25. November 1941 über die Zwangseinweisung „unerwünschter und gefährlicher" Personen.

„Unerwünschte Personen, die für die öffentliche Ordnung und Sicherheit gefährlich sind oder die den Frieden und die Ruhe des kroatischen Volkes oder die Errungenschaften der kroatischen Ustascha-Bewegung bedrohen könnten, können zwangsweise in die Sammel- und Arbeitslager eingewiesen werden."[14]

Angesichts der weit interpretierbaren Formulierung des einzuweisenden Personenkreises dürfte es der Ustascha-Polizeibehörde, die mit der Einweisung beauftragt worden war, nicht schwergefallen sein, ausreichend „unerwünschte und gefährliche Personen" zu erfassen.

---

11 Sundhaussen: a. a. O., S. 123.

12 Antun Miletić: Koncentracioni logor Jasenovac 1941–1945. Dokumenta Knjiga I. Beograd 1986, S. 290 (übersetzt von Ilija Jovanović).

13 Kenrick, Puxon: a. a. O., S. 87.

14 Dedijer: a. a. O., S. 147.

Das größte Konzentrationslager war Jasenovac, oft als „Jugoslawisches Auschwitz" bezeichnet; kleinere Lager waren Dakovo, Sisak, Stara Gradiska, Lepoglava und Lobor. Jasenovac wurde bereits im November 1941 errichtet. Die dort inhaftierten Roma wurden im „Ciganski logor – Zigeunerlager" untergebracht, das von 1942 bis 1945 bestand.[15] Man schätzt, daß zwischen 10.000 und 40.000 Roma in Jasenovac ermordet wurden.[16] Pater Miroslav Filipović-Majstorović berichtete in seinen Vernehmungen 1945, daß während seiner viermonatigen Kommandatur von Juni bis Oktober 1942 25.000–30.000 Häftlinge, hauptsächlich Roma, Juden und Serben aus dem Kozaragebirge, in Jasenovac „liquidiert" wurden oder an Erschöpfung oder Typhus starben.[17]

Ein bekannter Einzelfall eines Mordes an Roma wurde von Majstorović selbst verübt: Er verurteilte sechs Roma zum Tod, die man beim Versuch ertappt hatte, Gold zu stehlen:

„Alle sechs mußten vor ihm niederknien, und er selbst versetzte jedem einen Schlag auf den Hinterkopf. Da einer noch ein Lebenszeichen von sich gab, schnitt ihm der Fähnrich Matijević mit dem Messer die Kehle durch."[18]

In Jasenovac war „das System der gegenseitigen Liquidierung der Häftlinge" eingeführt worden: Eine Gruppe von Juden und Roma wurde gezwungen, persönlich die Massenhinrichtungen der Mithäftlinge auszuführen.[19]

Jasenovac war, wie auch viele andere jugoslawische Konzentrationslager, ein Durchgangslager. Die meisten Häftlinge wurden zur Zwangsarbeit nach Deutschland deportiert oder nach Slawonien umgesiedelt. Majstorović gab 1945 beim Verhör an, daß im Laufe von zwei Wochen etwa 40.000 Häftlinge durch die benachbarten Lager Mlaka, Bosanska Dubica, Jablanac, Mededa und Hrvatska Dubica geschleust wurden.[20]

Außerdem wurden jugoslawische Roma in deutsche Konzentrationslager – auch nach Auschwitz – deportiert; ob diese Roma aus Kroatien, Serbien

15 Karin Reemtsma: Minderheiten ohne Zukunft? Roma in Jugoslawien. In: Bedrohte Völker. Menschenrechtsreport Nr. 2, Februar 1990, S. 9.

16 Es handelte sich bei den Opfern nicht nur um in Kroatien ansässige Roma, sondern auch – freilich nur zu einem sehr geringen Teil – um aus Österreich oder dem Deutschen Reich geflüchtete Sinti. Vgl. Kenrick/Puxon: S. 88. Über die Zahl der Opfer liegen verschiedene Schätzungen vor: Miriam Novitch: Contribution a l'etude du genocide des tziganes sous le regime Nazi. (Conference Internationale pour l'histoire de la resistance. Prague: 2–4 septembre 1963), S. 13: in Kroatien rund 30.000. Reemtsma: a. a. O., S. 9: in Jasenovac allein 10.000–40.000. Miletiâ: a. a. O., S. 37: in ganz Kroatien ca. 25.000. Dedijer: a. a. O., S. XVI: in ganz Kroatien rund 26.000.

17 Dedijer: a. a. O., S. 172.

18 Dedijer: a. a. O., S. 162.

19 Dedijer: a. a. O., S. 171.

20 Dedijer: a. a. O., S. 167.

oder den anderen besetzten Gebieten kamen, ist allerdings bisher ungeklärt. Vermerkt wurde in Auschwitz am 7. März 1943 die Ankunft eines Sammeltransportes mit insgesamt 897 Roma aus dem Deutschen Reich, Jugoslawien, Polen und der Tschechoslowakei[21] sowie am 2. Dezember 1943 die Ankunft von 77 Roma aus Jugoslawien.[22] Auch in Genthin, einem Außenlager des Frauenkonzentrationslagers Ravensbrück, waren jugoslawische Roma-Frauen inhaftiert. Die jüdische Ärztin Suzanne Weinstein berichtete:

> „In Genthin lebten nur sieben Zigeunerinnen; sie waren sehr jung, zwischen 18 und 25 Jahren alt. Alle sieben stammten aus Jugoslawien. Seit drei Jahren schob man sie von Lager zu Lager. Abgemagert, von Sinnen und voller Entsetzen hielten sie zusammen, waren auf sich selbst zurückgeworfen und wurden von allen anderen Gefangenen, versteht sich, wie elendes Gewürm behandelt. Für Diebstahl machte man die Zigeunerinnen genauso verantwortlich wie für verlängerte Appellzeiten nach Verspätungen oder für schlechte Träume. Kurz, für alle zusätzlichen Unannehmlichkeiten, die zu unserer Schwächung und Erniedrigung erfunden wurden ..."[23]

Serbien

Der Vernichtungsprozeß für Juden und Roma in Serbien setzte unmittelbar nach der deutschen Besetzung ein. Bereits am 30. Mai 1941 veröffentlichte die Militärverwaltung eine „Judendefinition", ordnete die Entlassung von Juden aus dem öffentlichen Dienst und die Registrierung jüdischen Vermögens an und erließ das „Beherbergungsverbot" von Juden sowie die Anordnung, den Judenstern zu tragen.[24]

Gleichzeitig erließ General Böhme, als „Bevollmächtigter kommandierender General" in Serbien oberste militärische und politische Instanz, eine „Zigeunerdefinition" bzw. Anordnungen zur Behandlung von Roma:

§ 18 Zigeuner werden wie Juden behandelt.

§ 19 Zigeuner ist der, der mindestens drei zigeunerische Großeltern hat.

§ 20 Zigeunermischlinge, die mit Zigeunern verheiratet sind, gelten als Zigeuner. Zigeuner werden gesondert registriert.[25]

---

21 Danuta Czech: Kalendarium der Ereignisse im Konzentrationslager Auschwitz-Birkenau 1939–1945. Reinbek 1989, S. 434.

22 Czech: a. a. O., S. 668.

23 Reemtsma: a. a. O., S. 10.

24 Paul Hilberg: Die Vernichtung der europäischen Juden. Berlin 1982, S. 469.

25 Kenrick, Puxon: a. a. O., S. 88.

Roma wurden ebenso wie Juden mit gelben Armbinden gekennzeichnet; – in Straßenbahnen und Bussen hingen Anschläge: „Für Juden und Zigeuner verboten."[26]

Im Spätsommer 1941 wurden zwei Lager errichtet; eines in Belgrad, das andere in Šabac. Sowohl Juden als auch Roma wurden in diese Lager deportiert.

Zunächst bestand noch Unsicherheit, wie man die „Lösung der Juden- und Zigeunerfrage" in Angriff nehmen sollte: Die deutsche Militärverwaltung in Belgrad plante, die männlichen Juden auf eine Insel im rumänischen Donaudelta zu deportieren.[27] Aus außenpolitischen und aus organisatorischen Gründen waren Außenminister Ribbentrop bzw. Sturmbannführer Baetz (RSHA IV-D-4), Verantwortlicher für Gestapofragen in den besetzten Gebieten, gegen eine Deportation. Eichmann, um Rat befragt, schlug Erschießung der Juden vor. General Böhme bestand allerdings noch im September 1941 auf einer sofortigen Abschiebung aus Serbien wegen Platzmangels in den Lagern. Daraufhin bemerkte man in Berlin, daß „. . . in anderen Gebieten (Rußland) . . . andere Befehlshaber mit einer wesentlich größeren Anzahl von Juden fertig geworden [sind], ohne überhaupt darüber zu reden".[28]

Nach einem Partisanenüberfall auf eine deutsche Truppe, bei dem 21 Mann getötet worden waren, befahl General Böhme, zur Vergeltung 2.100 Lagerinsassen von Šabac und Belgrad zu erschießen.[29] Ausschließlich Juden und Roma wurden von einer Einsatzgruppe ausgesondert und von regulären Truppen der Wehrmacht ab 9. Oktober 1941 erschossen.

Der nun eingeschlagene Weg wurde fortgesetzt: Am 14. Oktober verfügte Böhme, daß künftig „für jeden Gefallenen oder ermordeten deutschen Soldaten 100, für jeden Verwundeten 50 Gefangene oder Geiseln zu erschießen" seien und ordnete zu diesem Zweck die sofortige Festnahme von Kommunisten, Juden und „national oder demokratisch getarnter aufrührerischer Elemente" an.[30] Die Logik der Geiselerschießungen war widersprüchlich: Handelte es sich bei den Partisanen in erster Linie um aufständische Serben und Kroaten, so waren die Geiseln hauptsächlich Juden und Roma. Diese Widersprüchlichkeit wurde von Staatsrat Turner,

26 Kenrick, Puxon: a. a. O., S. 88.

27 Hilberg: a. a. O., S. 470.

28 Hilberg: a. a. O., S. 471.

29 Hilberg: a. a. O., S. 471.

30 Zdenko Löwenthal (Hg.): The Crimes Of The Fascist Occupants And Their Collaborators Against Jews In Yugoslavia. Belgrad 1957, S. 199. Abdruck: General Bader an Höheres Kommando z. b. V. LXV, den 14. Oktober 1941.

Chef des Verwaltungsstabes, den Feldkommandaturen folgendermaßen erklärt: Juden und Roma seien ganz allgemein ein Element der Unsicherheit und damit eine Gefahr für die öffentliche Ordnung und den Frieden. Die Gefährlichkeit der Roma begründete er weiters:

„Der Zigeuner kann aufgrund seiner inneren und äußeren Konstruktion kein brauchbares Mitglied einer Völkergemeinschaft sein. Es ist festgestellt worden, daß . . . gerade Zigeuner für besondere Grausamkeiten und den Nachrichtendienst verantwortlich sind. Es sind deshalb grundsätzlich in jedem Fall alle . . . männlichen Zigeuner als Geisel der Truppe zur Verfügung zu stellen."[31]

Argumente dieser Art dienten freilich nur dazu, die Vernichtung rassischer Minderheiten als militärische Vergeltungsaktion bzw. als im Interesse der allgemeinen Sicherheit zu tarnen – auch gegenüber den eigenen Truppen, die mit dem Abschlachten von Zivilpersonen nicht immer so kaltblütig wie gewünscht zurechtkamen. So ist der Bericht des Kompaniechefs Oberleutnant Walther überliefert, dessen Einheit umfangreiche Tötungsaktionen an Geiseln des Belgrader Lagers durchführte:

„Das Erschießen der Juden ist einfacher als das der Zigeuner. Man muß zugeben, daß die Juden sehr gefaßt in den Tod gehen – sie sterben sehr ruhig –, während die Zigeuner heulen, schreien und sich dauernd bewegen, wenn sie noch auf dem Erschießungsplatz stehen. Einige sprangen sogar vor der Salve in die Grube und versuchten, sich tot zu stellen. Anfangs waren meine Soldaten nicht beeindruckt. Am 2. Tage jedoch machte sich schon bemerkbar, daß der eine oder andere nicht die Nerven besitzt, auf längere Zeit eine Erschießung durchzuführen."[32]

Da nur männliche Juden und Roma von der Wehrmacht als Geiseln erschossen wurden, stellte sich die Frage, was nun mit den Frauen und Kindern geschehen solle. Ende Oktober 1941 drängte Staatsrat Turner auf ihre Zusammenfassung im Zigeunerviertel von Belgrad, von wo aus dann der Abtransport zur serbischen Insel Mitrovica erfolgen sollte.[33] Als sich herausstellte, daß diese Insel unter Wasser stand, wurden Frauen und Kinder in das Lager Zemun (Semlin, Sajmište) gebracht, das Belgrad gegenüber auf der anderen Seite der Save lag. Da Zemun an Kroatien abgetreten worden war, mußten erst die kroatischen Behörden um Erlaubnis gefragt werden.[34] Nicht nur aus Belgrad, aus allen Teilen Serbiens dürften

31 Kenrick, Puxon: a. a. O., S. 90.

32 Novitch: a. a. O., S. 29. Abdruck: 734. Infanterieregiment an 704. Division, in der Anlage Bericht von Oblt. Walther (Kommandeur 9. Kompanie, 433. Regiment) vom 1. November 1941, NOKW-905.

33 Aufzeichnung von Rademacher (Judenexperte der Abteilung Deutschland), 25. Oktober 1941, NG-3354. In: DöW-Akt 8942.

34 Löwenthal: a. a. O., S. 207. Abdruck: Rademacher an Unterstaatssekretär Luther (Leiter der Abteilung Deutschland), am 8. Dezember 1941, NG-3354.

neben Juden auch Roma nach Zemun deportiert worden sein. Eines der betroffenen Opfer war Olga Milanović:

„Ich war erst 5 Jahre alt, als unsere Familie in Belgrad verhaftet und in das Lager Zemun gebracht wurde. Ich glaube, daß mein Vater dann später in Deutschland gestorben ist. Nach unserer Verhaftung war ich drei Monate lang im Lager. Zum Essen bekamen wir nur verfaulte Kartoffeln und Wassersuppe. Die Ration für einen Tag war hundert Gramm."[35]

Zemun war ein Vernichtungslager: Von Zeit zu Zeit wurden Gruppen von Frauen und Kindern in einen mobilen Gaswagen geladen, in die nahen Wälder transportiert und dort in Massengräber geworfen.[36]

Ein weiteres Konzentrationslager war Crveni Krst in Niš; auch dort waren Roma als Häftlinge interniert worden. Am 20. Oktober 1942 wurden alle männlichen Roma über sechzehn Jahre in Stočni Trg, Beogradska Mahala, Stabol Kapijy, Cajr und Ramadz festgenommen und in Crveni Krst interniert, wo sie als Geiseln für spätere Vergeltungsmaßnahmen zur Verfügung stehen sollten. Insgesamt wurden 540 Roma bei dieser Aktion erfaßt.[37] Auch einige Roma-Frauen und Kinder waren in Crveni Krst inhaftiert. Eine Frau, die nach drei Tagen wieder freigelassen wurde, schilderte, wie die Gefangenen nachts auf schmutzigem Stroh schlafen mußten und ihre Essensration nur aus einer Art dünnem Reisbrei bestand. Aus den Lagerakten geht hervor, daß von den in Crveni Krst internierten Roma insgesamt 237 starben.[38] Vermutlich wurden jedoch nicht alle Todesfälle verzeichnet. Auch etwaige Deportationen nach Deutschland sind in Betracht zu ziehen.

Kenrick und Puxon berichten zudem noch von zahlreichen kleineren Tötungsaktionen an Roma in der Umgebung von Niš, die den Charakter von willkürlichen Erschießungen an Ort und Stelle hatten.[39] Angesichts der ständigen Bedrohung und Verfolgung unterstützten Roma die Nationale Befreiungsfront: Bekannt ist, daß sich in Niš über 250 Roma der Widerstandsbewegung anschlossen.[40]

Die Vernichtung von Juden und Roma in Serbien wurde in erschreckendem Tempo und mit ungeheurer Radikalität vollzogen: Mit Genugtuung

35 Kenrick, Puxon: a. a. O., S. 91.
36 Kenrick, Puxon: a. a. O., S. 91; Hilberg: a. a. O., S. 475.
37 Kenrick, Puxon: a. a. O., S. 90.
38 Kenrick, Puxon: a. a. O., S. 90.
39 Kenrick, Puxon: a. a. O., S. 90.
40 Kenrick, Puxon: a. a. O., S. 89, 90.

verwies Staatsrat Turner bereits im August 1942 gegenüber dem neuen Oberbefehlshaber „Südost", Generaloberst Löhr, auf die einzigartige Leistung: „Serbien einziges Land, in dem Judenfrage und Zigeunerfrage gelöst."[41]

Slowenien und Makedonien

Über die Verfolgung von Roma in Slowenien und Makedonien gibt es nur wenig Informationen; dieses Thema wurde bisher kaum erforscht.

Die Roma in Slowenien wurden mit der Zerstückelung ihrer Provinz zwischen dem Deutschen Reich, Italien und Ungarn konfrontiert. Die Region wurde in verschiedene zivile und militärische Verwaltungsbezirke unterteilt, mit jeweils unterschiedlichen Besatzungskontrollen. Die Verfolgung dürfte mit unterschiedlicher Härte gehandhabt worden sein; die vergleichsweise günstigsten Überlebenschancen waren vermutlich in den ungarisch besetzten Gebieten:

So wurde im Bezirk Prekmurje erst im September 1943 die Festnahme von Roma angeordnet; die zivile Verwaltungsbehörde in Murska Sobota gab noch am 22. März 1945 bekannt, daß Roma unbehelligt in diesem Bezirk leben könnten, vorausgesetzt, sie verfügten über ordnungsgemäße Papiere. Sie wurden als Landarbeiter benötigt.[42]

Der Hauptteil Makedoniens war von Bulgarien annektiert worden. Die überwiegende Mehrheit der Roma waren hier Moslems. Sie genossen durch ihre Religionszugehörigkeit einen relativen Schutz, da Spannungen mit islamischen Ländern – insbesondere mit der neutralen Türkei – vermieden werden mußten. Ab 1944 wurde jedoch auch hier die Situation für die Roma immer bedrohlicher, zumal sich der deutsche Sicherheitsdienst immer mehr in die Verfolgungsmaßnahmen einschaltete. Kurz vor Kriegsende wurden Vorbereitungen für die Vernichtung der Roma in Skoplje getroffen. Diese Aktion wurde allerdings noch rechtzeitig durch den Vormarsch der Partisanen verhindert.[43]

---

41 Hilberg: a. a. O., S. 475.

42 Kenrick, Puxon: a. a. O., S. 87, 88.

43 Kenrick, Puxon: a. a. O., S. 92.

Zusammenfassung

Die Verfolgung und Vernichtung von Roma wurde – so unterschiedlich sie auch in Serbien und Kroatien gehandhabt wurde – in beiden Ländern mit grausamer Systematik und Geschwindigkeit durchgeführt. Der Völkermord an Roma war hier größtenteils schon beendet, bevor 1943 im Deutschen Reich der Auschwitz-Erlaß gegen Sinti und Roma erging. Die Vernichtung der Roma in Jugoslawien war einerseits gekennzeichnet durch willkürliche Massentötungen an Ort und Stelle, andererseits durch die systematische „Liquidierung" in den Konzentrationslagern (zum Beispiel: Jasenovac, Zemun).

Zudem dienten die Roma aus Jugoslawien als billiges „Menschenmaterial" im Deutschen Reich, wohin sie massenweise zur Zwangsarbeit deportiert wurden.

Im Urteil gegen die „Südost-Generäle" bei den Nürnberger Prozessen 1948 wurde die systematische rassische Verfolgung von Juden und Roma festgehalten:

> „Unschuldige Bürger wurden zwangsweise nach Deutschland und an andere Orte zur Zwangsarbeit verschleppt. Juden, Zigeuner und andere rassische Gruppen waren Opfer systematischen Mordes oder von Deportation aus keinem anderen Grund als den ihrer rassischen Zugehörigkeit oder ihres religiösen Bekenntnisses."[44]

Andrija Artuković, Innenminister des „Unabhängigen Staates Kroatien" und als solcher verantwortlich für die Ermordung von über 800.000 Menschen, wurde dem jugoslawischen Staat erst 1986 von den USA übergeben, obwohl das Auslieferungsbegehren schon 1951 gestellt worden war.[45]

44 Reemtsma: a. a. O., S. 10.

45 Dedijer: a. a. O., S. XIV.

Romamädchen aus Saloniki, Griechenland. Foto: Mozes F. Heinschink, 1985.

Brautpaar aus Saloniki. Foto: Mozes F. Heinschink, 1985.

Pferdehändler in einem Dorf bei Athen. Foto: Mozes F. Heinschink, 1985.

Landarbeiter in Großpold (Siebenbürgen). Foto: Mozes F. Heinschink, 1990.

Mutter mit Kind in Metlika (Slowenien). Foto: Mozes F. Heinschink, 1985.

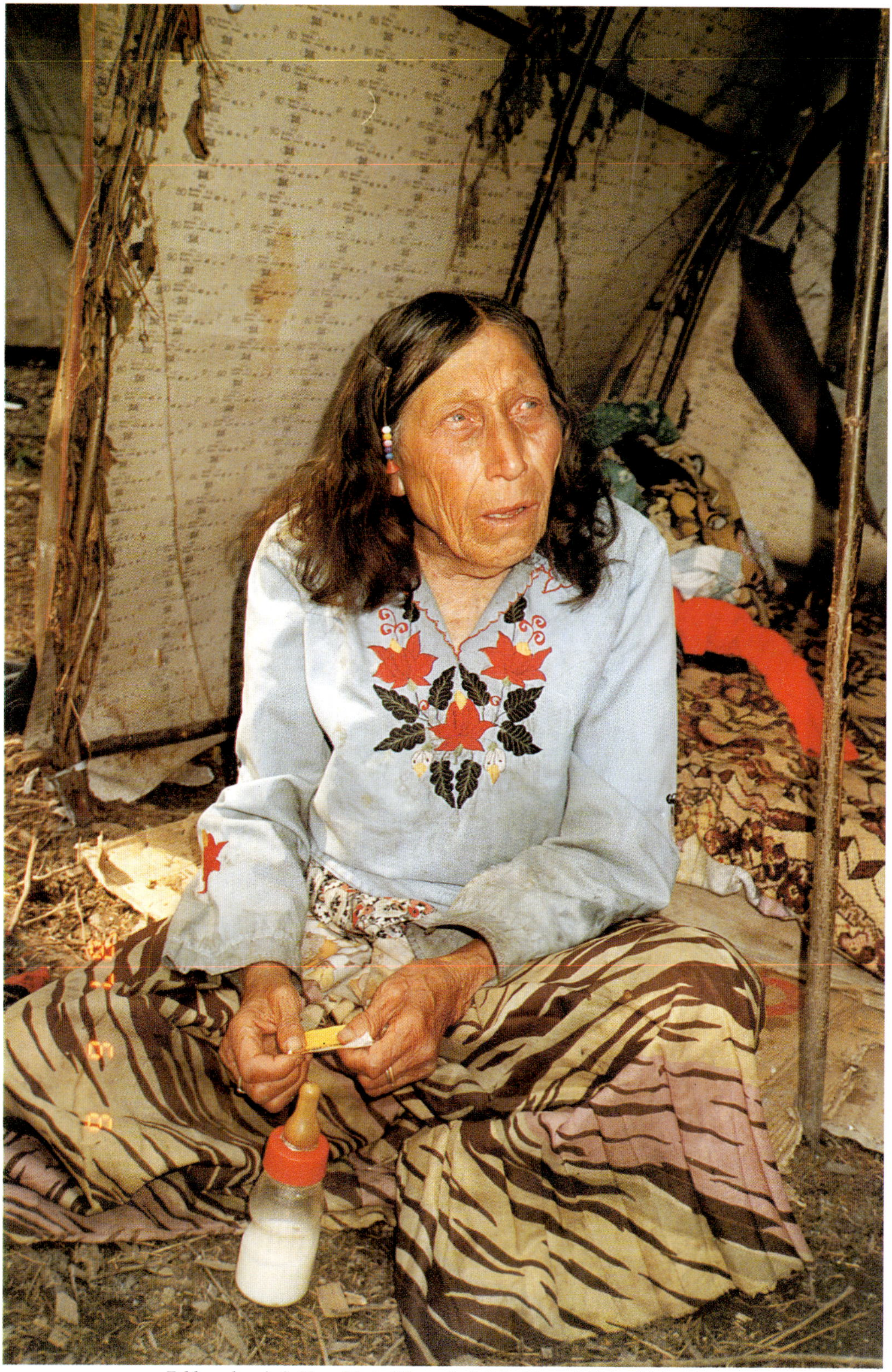

Zeltbewohnerin in Novo Mesto (Slowenien). Foto: Mozes F. Heinschink, 1985.

TEIL II

Sprache, Literatur, Musik, Handwerk: Die kulturelle Identität der Roma

lberschmiede aus Constanza am Markt in Sibin, Rumänien. Foto: Mozes F. Heinschink, 1990.

E Romani Čhib – Die Sprache der Roma

Von Mozes F. Heinschink

1. Stichworte zur Sprache der Roma in der linguistischen Literatur

Bis Ende des 18. Jahrhunderts lag die Herkunft der „Zigeuner“[1] im dunkeln, oder es wurden wilde Spekulationen darüber angestellt. Es ist dem Studium der Sprache zu verdanken, daß die ursprüngliche Herkunft dieses Volkes nach und nach geklärt werden konnte. Dies ging einher mit der Entwicklung vergleichender Methoden in der Sprachwissenschaft. Statt zu vagen Spekulationen und Einzelbeobachtungen gelangte man nunmehr zu konkreten, wissenschaftlich abgesicherten Aussagen. Einige Stationen dieses langen, mit Rückschlägen und Irrtümern übersäten Weges seien hier angeführt.

Von den spekulativen Herkunftstheorien seien nur zwei erwähnt: In seiner Schrift „De civitate Norimbergensis commentatio“ stellte Johann Christoph Wagenseil 1697 fest: „Ich sage: die allerersten Ziegeiner sind aus Teutschland gebürtige Juden gewesen.“ Die Sprache der Zigeuner sei ein Gemisch aus deutschen, jiddischen, hebräischen und phantastischen Wörtern.[2] Dagegen war noch 1781 in der Banater Wochenzeitschrift „Neueste Mannigfaltigkeiten“ zu lesen:

> „Aus der Vermischung von Äthiopiern, Troglodíten und Ägyptern entstand ein eigenes irrendes Volk, welches von allen drei Nationen etwas hat und von dem man (. . .) annehmen kann, daß die heutigen Zigeuner seine Abkömmlinge sind (. . .).“[3]

Entbehrten solche Aussagen jeglicher wissenschaftlichen Grundlage, beginnt mit Johann Christian Rüdiger eine seriöse Auseinandersetzung mit dieser Thematik. In seiner bis heute zu Unrecht wenig bekannten Schrift „Von der Sprache und Herkunft der Zigeuner aus Indien“ erbringt er 1782 den ersten wissenschaftlichen Beweis der Verwandtschaft der Zigeunersprache, des Romanes, mit indischen Sprachen. Nicht nur dieses Ergebnis seiner vergleichenden Sprachstudien war bahnbrechend. Auch

---

1 Obwohl mir bewußt ist, daß diese Bezeichnung vielfach von den Betroffenen abgelehnt wird, wird in Ermangelung eines Besseren „Zigeuner“ als Sammelbegriff für alle Roma- und Sinti-Gruppen verwendet.

2 Zit. n. Ruch 1986: 77.

3 Francesco Griselini, „Etwas von den Zigeunern überhaupt und insbesondere von den Zigeunern im Temeswarer Banat“, in: Neueste Mannigfaltigkeiten, 157./158. Woche, Temesvar, 1781; zit. n. Ruch 1986: 92.

heute liest sich sein Werk modern und gesellschaftsbezogen, denn er räumt mit den Vorurteilen diskriminierender oder romantischer Art auf. So nennt er die damals schon elenden „Lebensarten" der Zigeuner „eine politische Ungereimtheit, welche unser erleuchtetes Jahrhundert weiter zu dulden sich schämen sollte".[4]

Ein Jahr darauf, 1783, erscheint Heinrich Moritz Grellmanns „Die Zigeuner. Ein historischer Versuch ...". Er führt die von Rüdiger begonnenen Studien auf breiterer Basis fort. Grellmann war auf lange Zeit der am häufigsten rezipierte Autor und prägte damit nachhaltig die öffentliche Meinung über die Zigeuner. Sind seine linguistischen Ausführungen wissenschaftlich fundiert, so übernimmt er, ganz im Gegensatz zu seinem Zeitgenossen Rüdiger, in bezug auf Kultur und Tradition der Roma kritiklos Stereotypen und diskriminierende Ideen.

60 Jahre später stellt August Friedrich Potts Werk „Die Zigeuner in Europa und Asien" einen weiteren Meilenstein der tsiganologischen Linguistik dar. Er präzisiert den Ursprung der Sprache und somit die Herkunft der Zigeuner. Die ROMANI ČHIB wurzelt demnach in den Volksidiomen des nördlichen Vorderindien und „steht somit mit dem stolzen Sanskrit in blutsverwandtem Verhältnis".[5]

In seiner Artikelserie „Über die Mundarten und Wanderungen der Zigeuner Europas" unterscheidet der an der Wiener Universität wirkende Slawist Franz Miklosich um 1880 zum ersten Mal verschiedene Dialekte der Zigeunersprache. Seine Einteilung in dreizehn Mundarten beruht jeweils auf Einflüssen der Sprache des Gastlandes.[6]

In der bis heute bedeutsamen Schrift „The Position of Romani in Indo-Aryan" vergleicht Ralph L. Turner 1926 die phonetischen Charakteristika der Romani Čhib sowie deren Lexeme mit dem Sanskrit und den neuindischen Sprachen. Turner kommt zu dem Schluß, daß frühe Beziehungen des Romanes zu zentralindischen Sprachgruppen bestanden haben. Die Vorfahren der Roma und Sinti dürften sich im zentralindischen Raum aufgehalten haben und (nach Turner um 250 v. Chr.) in den Nordwesten Indiens gezogen sein, wo sie längere Zeit blieben.[7] Diese These belegen Lautstrukturen, die

4 Rüdiger 1782: 49.

5 Pott 1844: XV.

6 Aufgrund der verwendeten Lehnwörter unterscheidet er: griechisch, rumänisch, ungarisch, böhmisch, deutsch, polnisch, russisch, finnisch, skandinavisch, italienisch, baskisch, englisch und spanisch.

7 Cf. Turner 1926: 176. Aufgrund vergleichender Studien mit neuindischen Sprachen wird von den meisten Forschern angenommen, daß die Abwanderung der Zigeuner aus dem Nordwesten Indiens ca. zwischen dem 8. und 10. Jahrhundert erfolgte.

Tabelle 1: STELLUNG DES ROMANES INNERHALB DER INDO-EUROPÄISCHEN SPRACHEN

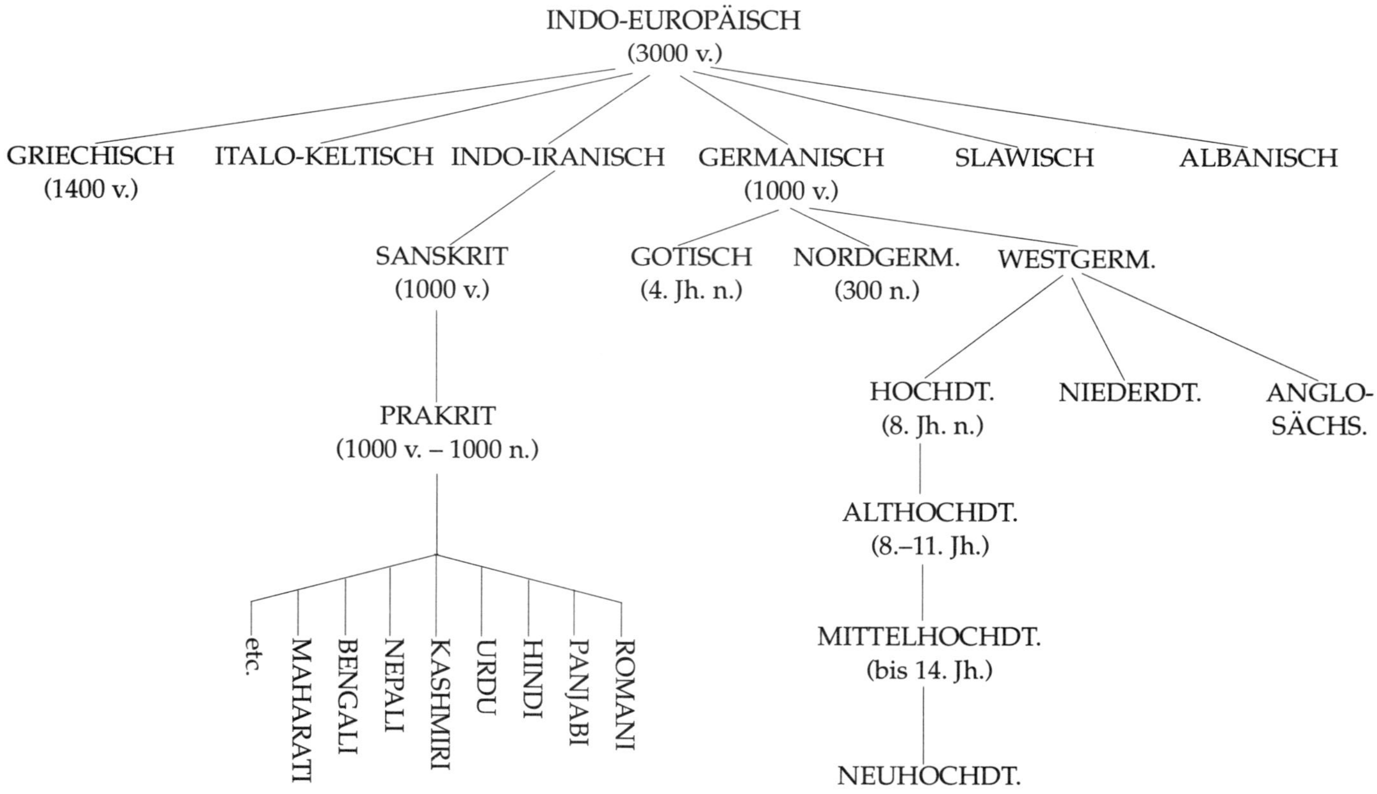

auch typisch für zentralindische Sprachen (Hindi, Rajastani usw.) sind, und andererseits sprachliche Charakteristika, die das Romanes mit Sprachen der Nordwestprovinz (Dardsprachen) gemeinsam hat.[8]

Die Gemeinsamkeit der Romani Čhib mit zentralindischen Sprachen (zum Beispiel Hindi) illustrieren Assimilationserscheinungen in Konsonantengruppen, von denen einige angeführt seien:

	Sanskrit	Prakrit	Hindi	Romanes
	kt	tt	t	t
Blut:	rakta	ratta	rātā	rat
	pt	tt	tt	t
heiß:	tapta	tatta	tattā	tato
	ks	kkh	kh	kh
Baum:	vrksa	rukkha	rūkh	rukh

Dagegen bleiben die Konsonantengruppen „tr", „dr", „st", die in vielen zentralindischen Sprachen eine lautliche Änderung erfahren, im Romanes erhalten:

	Sanskrit	Prakrit	Hindi	Romanes
	tr	t	t	tr
drei:	trīn	tinni	tīn	trin
	dr	d	d	dr
Traube:	drāksa	dakkha	dākh	drakh
	st	tt	th	št
gut:	mista	mitta	mīthā	mišto

Ebenfalls 1926 erscheint in Oxford mit John Sampsons „The Dialect of the Gypsies of Wales" ein bis heute gültiges Standardwerk, das durch seine vergleichenden und etymologischen Nachweise weit über die genaue Darstellung eines einzelnen Dialekts hinausreicht. Nach Sampson erfolgte während der Wanderschaft der Zigeuner durch Persien bereits eine Aufspaltung in zwei Gruppen. Aufgrund der jeweils verschiedenen lautlichen Entwicklung des Wortes für „Schwester" (Sanskrit: „bhagini") unterscheidet er die „BEN"- beziehungsweise südöstliche Gruppe von der „PHEN"- beziehungsweise westlichen oder europäischen Gruppe.[9]

Ursprüngliche Mediae Aspiratae werden in den Dialekten der BEN-Gruppe desaspiriert. Dagegen werden sie in den Dialekten der PHEN-Gruppe zu Tenues Aspiratae:

8 Cf. Turner 1926: 172.

9 Cf. Sampson 1923.

	Romanes/ BEN-Gruppe	Sanskrit	Romanes/ PHEN-Gruppe
	b	bh	ph
Schwester:	ben	bhagini	phen
	g	gh	kh
Heu:	gas	ghāsa	khas
	d	dh	th
Rauch:	dif	dhūma	thuv

Zur BEN-Gruppe gehören zum Beispiel die NAWAR in Palästina sowie die KURBAT in Persien und Nordsyrien. Zur PHEN-Gruppe zählen die BOŠA in Armenien und alle europäischen Zigeunergruppen.

Von den zahlreichen sprachwissenschaftlichen Publikationen des 20. Jahrhunderts seien hier nur zwei Standardwerke genannt. 1963 erschien mit Olaf Gjerdmans und Erik Ljungbergs „The Language of the Swedish coppersmith gypsy Johan Dimitri Taikon" die erste umfassende Darstellung des Dialekts der *Kalderaš*. Ein Jahr darauf veröffentlichte Tatjana *Wentzel* „Die Zigeunersprache. Nordrussischer Dialekt". Wentzel ergänzt Miklosichs Liste der dreizehn Dialekte um drei weitere.

2. Romani Čhib – Sprachen und Dialekte

Wurde bis jetzt sehr allgemein vom „Zigeunerischen" beziehungsweise dem Romanes gesprochen, seien im folgenden einige grundsätzliche Charakteristika dieser Sprache – oder besser Sprachen und Dialekte der verschiedenen Zigeunergruppen – angeführt.

Das Romanes ist bis in die jüngste Zeit eine nicht verschriftete, das heißt rein oral tradierte Sprache geblieben. Bis ins frühe 20. Jahrhundert gibt es keine schriftlichen Selbstzeugnisse der Roma, Notationen stammen ausnahmslos von Nichtzigeunern. Erst mit der angehenden Alphabetisierung breiterer Bevölkerungssichten wurde auch bei den Roma das Bedürfnis geweckt, sich der Schrift zu bedienen. In sozialer Hinsicht handelt es sich bei der Romani Čhib daher um eine EINSCHICHTIGE SPRACHE, das heißt, es gibt weder unterschiedliche Sprachausprägungen nach sozialer Schichtung noch eine Hoch- beziehungsweise Schriftsprache. Auf Grund der spezifischen Lebensweise der einzelnen Romagruppen existiert bis in unsere Tage keine einheitliche, standardisierte Sprache. Die Differenzierung in verschiedene Romani-Dialekte der vorher erwähnten PHEN-Gruppe (westliche Gruppe) begann mit der Einwanderung nach Europa zirka ab dem 12. Jahrhundert.

Die Romani Čhib ist ein Paradebeispiel für eine von Interferenzen geprägte Sprache. Die Wanderungen der Zigeuner bedingten Zwei- und Mehrsprachigkeit und einen starken Einfluß auf ihre Muttersprache (die „Replikssprache") durch die Sprache des jeweiligen Gastlandes (die „Modellsprache"). Dies wird nicht nur an Lehnwörtern deutlich, sondern auch an den grammatikalischen Strukturen. Dies sei an kurzen Sätzen illustriert:

Dialekt der *Sinti* (deutsches Sprachmuster und Lehnwort):

„Job *dikhel* niglenge *cu.*"
„Er *sieht* den Igeln *zu.*"

Dialekt der Arlije in Prilep/Makedonien (serbokroatisches Sprachmuster):

Romanes: „Voj *ot*kerel o vudar.", Serbisch: „Ona *ot*vara vrata."
„Sie öffnet die Tür."
(wörtl.: „Sie macht die Tür *auf*": slavisches Präfix plus Romani-Verbform)

Es gibt heute eine Reihe von Romagruppen, die einen Sprachwechsel vollzogen haben. Ihr Wortschatz stammt zum Teil noch aus dem Romanes (das „Substrat"), die grammatikalische Struktur jedoch (Flexion, Syntax) wird der Sprache des Gastlandes entnommen. Zu diesen „Sprachen" zählen das CALÓ Spaniens, das ANGLOROMANI und die Sprache der ARMENISCHEN ZIGEUNER.

Dagegen weisen die sogenannten konservativen europäischen Romani-Dialekte, auf die sich die folgenden Ausführungen beschränken, gemeinsame grammatikalische Strukturen auf.[10] Die europäischen Zigeuner können nach Gilliat-Smith in zwei große Gruppen unterteilt werden:[11]

- die VLAX-Dialekte sprechenden Gruppen
- die NON-VLAX-Dialekte sprechenden Gruppen

Die VLAX-Dialekte sprechenden Romagruppen lebten rund 500 Jahre im Gebiet des heutigen Rumänien (Walachei, Moldawien, Transsylvanien). Nach einem langen Aufenthalt in Leibeigenschaft und Sklaverei wanderten viele Gruppen Mitte des 19. Jahrhunderts (1855/56) aus der Walachei und Moldawien, andere bereits etwas früher aus Siebenbürgen, in verschiedene Länder Europas und nach Übersee aus. Der lange Aufenthalt in Rumänien bewirkte bei ihren Dialekten eine starke Prägung durch die rumänische Sprache. Die VLAX-Dialekte haben viele gemeinsame Lehnwörter sowie ähnliche Strukturen, sowohl in der Grammatik als auch im phonetischen System. Zu dieser Gruppe zählen unter anderem *Lovara, Kalderaš, Drzara, Čurara.*

10 Cf. Boretzky 1989: 358 f.
11 Cf. Gilliat-Smith 1915/16.

Die NON-VLAX-Dialekte sprechenden Romagruppen zogen zum Teil von Kleinasien nach Mittel- und Westeuropa weiter. Andere Gruppen wanderten ohne den Umweg über die Walachei Richtung Balkan. Diesen Dialekten fehlt daher der Einfluß der rumänischen Sprache. Hierzu zählen unter anderem *Sinti, Manuš*, die *Burgenland-Roma*, aber auch *Xoraxane-Roma* aus Osteuropa.

Sprachprobe, VLAX-Dialekt:[12]

Lovara: Beginn eines Märchens

O Gusti mothol jek paramiča:

„Hat šavale taj romale, laši raći te del o Del, taj del tume o Del bax, sastipe. T'aven saste taj baxtale ande kadi sunto kurkeski raći. Hođ ka kurko si, o manuš vi opre resel haj univar vi laši voja malavel e manušes, na feri kurke. Sas kai nas ek phuro kraj . . ."

Gusti erzählt ein Märchen:

„[Liebe] Kinder und Roma, der liebe Gott gebe einen guten Abend, Gott soll euch Glück [und] Gesundheit geben. Ihr sollt an diesem heiligen Sonntagabend gesund und glücklich sein. Da Sonntag ist, hat der Mensch auch Zeit und manchmal erfaßt ihn auch gute Laune, nicht nur am Sonntag. Es war, weil es nicht war ein alter König . . ."

Erläuterung:

„baxtale": „glücklich", älteres Lehnwort, aus dem Persischen, endbetont;

„sunto": „heilig", späte Entlehnung, aus dem Rumänischen, anfangsbetont und weibl. Endung auf „-o";

„Hat", „Hođ": letzte Entlehnungen, aus dem Ungarischen;

„opre resel": „Zeit haben", wörtl. „an-kommen, zurecht-kommen", Beispiel für Lehnübersetzung aus dem Ungarischen mit indischen Ursprungsworten;

„laši voja malavel e manušes", wörtl.: „Gute Laune [Freude] schlägt den Menschen", typ. Phrase des Lovara-Dialektes;

12 Die beiden folgenden Sprachproben stammen aus der Sammlung Heinschink (Nr. 381A, aufgenommen 1966; S. 54, aufgenommen 1990). Seit Beginn der sechziger Jahre wurden vom Verfasser Tonaufnahmen von Oraltraditionen und Musik mittel- und osteuropäischer Zigeuner gesammelt. Diese umfangreiche Audiodokumentation wird derzeit im Phonogrammarchiv der ÖAW in einem vom Fonds zur Förderung der wissenschaftlichen Forschung unterstützten Projekt erschlossen.

„Sas kaj nas": typische Einleitungsfloskeln im Dialekt der Lovara, die Verneinung „. . . weil es nicht war" hebt den fiktiven Charakter der Erzählung hervor.

Sprachprobe, zwei verschiedene NON-VLAX-Dialekte:

Sepečides (Türkei) und *Sinti* (Österreich): Alltagsgespräch[13]

Fatma: „Erna, kapučav tut ek šej. Kana avilan ko xoraxanipe, bejendin amaro biav? Šukar isine?"

Erna: „Oj, šukar biav his paš tumende. But Sinti, but lačho xaben. Šukar his. O them his nina šukar, baro šukar."

Fatma: „Ama isine baro tatipe, ha?"

Erna: „Oh, tato his, sea, but tato. Paš mende na keki tato. Koj but tato."

Fatma: „Erna, ich frage dich etwas: Als du in die Türkei gekommen bist, hat dir unsere Hochzeit gefallen? War sie schön?"

Erna: „Oh, es war eine schöne Hochzeit bei euch! Viele Zigeuner, viel gutes Essen! Schön war's. Auch das Land war schön, sehr schön."

Fatma: „Aber es war eine große Hitze, nicht?"

Erna: „Oh, heiß war es, sehr, sehr heiß. Bei uns ist es nicht so heiß. Dort ist es sehr heiß."

Erläuterung:

„ek šej": „etwas", Lehnübersetzung aus dem Türkischen „bir şey", wörtl. „eine Sache", „ek": Ursprungswort, „ein(e)";

„bejendin": türkisches Lehnwort („beyendin": „es hat dir gefallen"), Konjugation bereits nach türkischem Muster;

„isine": „war" (Sepečides-Dialekt);

„his": „war" (Sinti-Dialekt);

„Sinti": hier als Überbegriff für „Zigeuner" verwendet, obwohl bei der Hochzeit außer der Sprecherin keine Vertreter dieser Gruppe anwesend waren.

---

13 Es handelt sich hier um einen kurzen Ausschnitt eines längeren Dialoges, der vom Verfasser angeregt wurde, um festzustellen, wieweit eine Konversation zweier Sprecher mit zwar zur Non-Vlax-Gruppe zählenden, aber sehr unterschiedlichen Dialekten ohne Zuhilfenahme einer weiteren Sprache problemlos möglich ist. Im allgemeinen funktionierte die Verständigung, jedoch kam es zu vielen Mißverständnissen, die primär auf dialektspezifische Lexeme zurückzuführen sind.

„his paš tumende“: Lehnübersetzung aus dem Deutschen, „tumende“ heißt bereits „bei euch“, „paš“: Ursprungswort für „bei, neben, nahe von“;

„sea, but tato“: „sehr, sehr heiß“: Variation von deutschem Lehnwort und Ursprungswort mit gleicher Bedeutung;

Allgemeine und spezifische Charakteristika der Romani Čhib

Die Morphologie ist die gemeinsame Basis der Romani-Dialekte. Phonologie und Syntax passen sich dagegen den sprachlichen Strukturen des jeweiligen Gastlandes an.[14] Das VOKALSYSTEM des Romanes hat sich von einem ursprünglich quantitativen zu einem qualitativen entwickelt. Lange und kurze Vokale haben im Gegensatz zu neuindischen Sprachen (zum Beispiel Hindi) keine distinkitive Funktion mehr.

	Hindi	Romanes	
	ā	a	
schlagen:	mārnā	marav	(ich schlage)
	a	e	
sterben:	marnā	merav	(ich sterbe)

Das Lautinventar DISTINKTIVER PHONEME geht in den Romani-Dialekten im wesentlichen nicht über jenes der europäischen Sprachen hinaus. Eine Ausnahme bilden die Tenues Aspiratae, welche typisch für indische Sprachen sind und auch im Romanes bedeutungsunterscheidenden Charakter bewahrt haben.

ph	–	p			
pherav	–	perav	(ich fülle	–	ich falle)
th	–	t			
thar	–	tar	(Backenzahn	–	von)
kh	–	k			
kher	–	ker	(Haus	–	mache!)

Als distinkitive Phoneme treten in einigen Dialekten auch „čh – č“ (*Arlije, Gurbet* etc.) und „ŕ – r“ (türkische Bärentreiber) auf.

čh	–	č			
čhor	–	čor	(schütte	–	Dieb)
ŕ	–	r			
baŕ	–	bar	(Stein	–	Garten)

14 In Dialekten, die am Balkan verbreitet sind, wurden die Konsonanten palatalisiert. Der Dialekt der ungarischen Lovara kennt wie das Ungarische keine Schwalaute mehr. In türkischen Romani-Dialekten wird das „ts“ zu „c“.

Am Wandel der Konsonanten „t" und „m" (Sanskrit) zu „l" und „v" läßt sich die lautliche Entwicklung der Romani Čhib am deutlichsten demonstrieren.

	Sanskrit	Romanes
	t	l
tot	mrtah	mulo
er stirbt	mara-ti	mer-e-l
	m	v
Dorf	grama	gav
ich sterbe	mara-mi	mer-a-v

Die Romani Čhib hat sowohl AGGLUTINIERENDE MERKMALE[15] als auch ISOLIERENDE TENDENZEN.

Als „indisches Erbe", welches sich im Hindi und anderen neuindischen Sprachen wiederfindet, kann das ZWEISTUFIGE KASUSSYSTEM genannt werden, welches agglutinierende Züge aufweist:[16]

1) Casus rectus (Nominativ): unflektierte Form des Nomens;

2) Casus obliquus: flektierte Form des Nomens, zu der Postpositionen treten können.

Das Romanes entwickelte aber auch eine ANALYTISCHE KASUSBILDUNG. Hier wird der Kasus durch Präposition ausgedrückt und ist am Nomen selbst nicht mehr erkennbar. Diese isolierenden Kasuskonstruktionen sind heute im Sprachgebrauch üblicher als die agglutinierenden.

Kasusbildung durch Obliquus + Kasussuffix (alte Form):

	Casus rectus	Casus obliquus	Ablativ	Lokativ
Dorf:	gav	gav-es	gav-es-tar	gav-es-te

Kasusbildung durch Präposition + Nomen (gängige Form):

	Casus rectus	Casus oliquus	Ablativ	Lokativ
Dorf:	gav		katar o gav	ando gav

	„Ich komme aus dem Dorf"
alte Form:	„avav gavestar"
gängige Form:	„avav katar o gav"

Bei den Hauptwörtern wird sprachlich zwischen „belebt" und „unbe-

15 Das wesentliche Merkmal agglutinierender Sprachen (z. B. Ungarisch, Finnisch, Türkisch) ist, daß die einzelnen Morpheme unmittelbar aneinandergereiht werden. Z. B. im Dialekt der Lovara: „Del" („Gott"), „Devla" („o Gott", Vocativ), „Devlam" („o mein Gott"): das Morphen „a" drückt den Vocativ aus, das Morphem „m" das besitzanzeigende Pronomen.

16 Cf. Boretzky 1989: 358.

lebt" unterschieden. Als belebt gelten Menschen und Tiere. Bei Bezeichnungen für Unbelebtes ist die Akkusativform identisch mit dem Nominativ, während sie bei Bezeichnungen für Belebtes dem Obliquus (ohne Postposition) entspricht.

Der Einfluß des Neugriechischen bewirkte einerseits den Verlust eines ursprünglich vorhandenen Infinitivs und begünstigte andererseits die Bildung der bestimmten Artikel (maskulin: „o", feminin: „e").

Ein bereits erwähntes Charakteristikum der Romani Čhib, ihre Prägung durch INTERFERENZEN (das heißt fremdsprachliche Einflüsse), läßt sich am WORTSCHATZ verdeutlichen:

Das Romanes weist eine sehr hohe Zahl von ENTLEHNTEN LEXEMEN (Substantiva, Verba, Adjektiva) auf. Dagegen ist die Anzahl der URSPRUNGSWÖRTER oder sogenannten indischen Erbwörter relativ gering. Sie erreichen nicht die 1.000, wobei zu berücksichtigen ist, daß kein Romani-Dialekt alle bekannten Erbwörter bewahrt hat. Mit dem Sprachwissenschaftler Boretzky kann man außerdem bei allen europäischen Romani-Dialekten ein gemeinsames FRÜHES LEHNGUT festmachen. Hierzu zählen Entlehnungen aus dem PERSISCHEN, dem ARMENISCHEN und Teile der NEUGRIECHISCHEN Entlehnungen. Die Erbwörter und frühen Entlehnungen bilden insofern eine Einheit, als sie grammatikalisch gleich behandelt werden.[17]

SPÄTE ENTLEHNUNGEN haben einen sogenannten MARKER, sie unterscheiden sich von den Erbwörtern und frühen Entlehnungen durch grammatikalische Charakteristika, Betonung und Endung. Zu den späten Entlehnungen zählen Teile der neugriechischen und slawischen Lehnwörter und Lexeme der jeweiligen Sprachen der Gastländer der einzelnen Gruppen.

Die späten Entlehnungen sind in allen Dialekten morphologisch als solche zu erkennen. Dies betrifft Hauptwörter, Eigenschaftswörter und Zeitwörter.[18] Dies sei an einigen Beispielen verdeutlicht.

* Ursprungswörter sind immer ENDBETONT, dagegen liegt die Akzentuierung spät entlehnter Wörter immer vor der letzten Silbe:

Ursprungswort:	o baló (Schwein)	e bakrí (Schaf)
Späte Entlehnung/rumän.:	o trájo (Leben)	e trásta (Tasche)

* Ein spätes Lehnwort wird auch dann nicht endbetont, wenn es in der Sprache, aus der es entnommen wurde, endbetont ist. Dieser Marker wird interessanterweise auch von Personen gesetzt, die als Zweitsprache die

17 Cf. Boretzky 1989: 359.

18 Zu folgenden Ausführungen cf. Boretzky 1989: 366 ff.

Tabelle 2:

	URSPRUNGSWÖRTER + FRÜHE LEHNWÖRTER: (allen Dialekten gemeinsam)				SPÄTE LEHNWÖRTER: (dialektspezifisch)				
ROMANES	SANSKRIT	PERSISCH	ARMENISCH	GRIECHISCH	SLAWISCH	RUMÄNISCH	DEUTSCH	UNGARISCH	etc.
ROM (Zigeuner)	DOMBA								
ABÀV (Hochzeit)	VIVĀHA (Hochzeit)								
MANÚŠ (Mensch)	MANUSA (Mensch)								
SOLÁX (Schwur)	SAPATHA (Fluch)								
MULÓ (tot)	MRTAH (tot)								
ARMÀN (Fluch)		ARMAN (Wunsch)							
PAĆÍIV (Ehre)			PATIV (Ehre)						
ZUMÍ (Suppe)				Ʒωμι (Suppe)					
FÓRO (Stadt)				φοφοξ (Stadt)					
PRÀXO (Staub)					PRAH (Staub)				
POMÁNA (Totenmahl)						POMANA (Totenmahl)			
VELTO (Welt)							WELT		
KOLÓPO (Hut)								KALAP (Hut)	

Modellsprache verwenden. Intuitiv verlegt ein Rom, der „metlá" (Besen) im Bulgarischen auf der Endsilbe akzentuiert, die Betonung an den Wortanfang, sobald er in seiner Muttersprache kommuniziert:[19]

	Bulgarisch	Romanes
Besen:	metlá	métla

⁕ Ererbte Adjektiva enden in der männlichen Form auf „-o", in der weiblichen Form auf „-i" und sind endbetont. Spät entlehnte Adjektiva haben sowohl in der männlichen als auch in der weiblichen Form die Endung „-o" und sind nicht endbetont.

Ursprungswort:	o kaló rom – e kalí romni
entlehntes Adjektiv:	o súnto Del – e súnto Maria
Übersetzung:	(der schwarze Zigeuner – die schwarze Zigeunerin) (der heilige Gott – die heilige Maria)

⁕ Weitere Entlehnungen, die durch sogenannte MARKER gekennzeichnet sind, finden sich auch in der Morphologie. Als Beispiel sei die Bildung des Komparativs genannt. Während in manchen Dialekten noch der ursprüngliche Komparativ („-eder") erhalten blieb, wird er in vielen anderen durch eine entlehnte Steigerungsform mittels Präposition gebildet:

ursprüngliche Form:	šukar (schön) – šukareder (schöner)
Kalderaš:	šukar (schön) – maj šukar (schöner; maj: aus dem Rumänischen)
Sepečides (Türkei):	šukar (schön) – daha šukar (schöner; daha: aus dem Türkischen)

Einzelne europäische Romani-Dialekte unterscheiden sich durch die sprachlichen Einflüsse der verschiedenen Gastländer bereits so sehr, daß eine gegenseitige Verständigung kaum mehr möglich ist. Dennoch zeigen der gemeinsame Wortschatz von Ursprungswörtern und der gemeinsame grammatikalische Grundbestand, daß alle europäischen Romani-Idiome zu EINER Sprache gehören.

Die Roma haben ein ZWIESPÄLTIGES VERHÄLTNIS zu ihrer eigenen Sprache. Einerseits ist die Romani Čhib ein Medium der Identifikation mit der eigenen ethnischen Gruppe, welches der Abgrenzung gegenüber einer oft feindlichen Umwelt dient. Andererseits ist sie seit langer Zeit als Sprache defizient, das heißt, sie benötigt für eine normale Kommunikation IMMER Lehnwörter. Dieser Sachverhalt besteht sonst nur bei verschwindenden Sprachen, deren Sprecher sehr bald einen Sprachwechsel vollziehen. Auch gibt es keine bewußte Pflege der Sprache. Häufig wer-

19 Für diesen Hinweis sei Prof. Kiril Kostov (Berlin) gedankt.

den daher Lehnwörter verwendet, obwohl ein Ursprungswort bekannt ist. Gründe für diese Eigentümlichkeiten sind im Randgruppencharakter der Roma sowie im häufigen Überwinden von Landes- und Sprachgrenzen zu sehen.[20] Auch darf nicht vergessen werden, daß die Roma und Sinti – sofern sie noch die Romani Čhib sprechen – grundsätzlich zweisprachig sind, sehr oft sogar drei oder mehr Sprachen beherrschen.

4. Sprache als Spiegel der Wirklichkeit und des Denkens

Das Denken der Zigeuner ist in vielen Bereichen von DICHOTOMIEN geprägt. Die Zweiteilung der Welt und damit die Abgrenzung als ethnische Gruppe von den Nichtzigeunern kommt in der Sprache deutlich zum Ausdruck. Bereits in der Bezeichnung des Menschen wird zwischen Rom und Nicht-Rom unterschieden:

o rom (der Zigeuner, Ehemann) – o gadžo (der Mann, Nichtzigeuner)
e čhaj (das Zigeunermädchen, Tochter) – e rakli (das Mädchen, Tochter).

MAGISCHES DENKEN bestimmt Leben und Weltbild. Davon zeugen zahlreiche, bei vielen Gruppen bis heute lebendige Rituale, Beschwörungsformeln und Verwünschungen:

∗ Deutlich manifestiert sich magisches Denken im Verhältnis zwischen den Lebenden und Toten. Ein Verstorbener bleibt in der Welt der Lebendigen immer präsent. Er kann zurückkehren und jemanden bedrohen. Dagegen werden Beschwörungsformeln gesprochen.
„Wenn dir ein MULO (Totengeist) im Traume erscheint, kann es für dich sehr böse Folgen haben. Er kann dich schrecken, er kann aber auch zu dir sagen: ‚Komm mit, ich erwarte dich, du wirst sterben.' In diesem Falle sagen wir DREIMAL: ‚Devlam, phando te avel leskoro drom kale kandrenđar.' (Mein Gott, sein Weg soll mit schwarzen Dornen versperrt sein.)"[21]

∗ Auch gegen den BÖSEN BLICK wehrt man sich mit Hilfe der Sprache und nicht mit der Ratio:
„Wenn ein Kind von irgend jemandem den bösen Blick bekommen hat, streuen wir etwas Salz über seinen Kopf und sagen dreimal: ‚Ko veša, ko bura, ko šudre panja! Dikh če, savi jakh therela! Te patladinel leskiri jakh!' (In den Wald, in die Büsche, in die kalten Gewässer! Schau nur welch böses Auge es hat! Sein Auge soll zerplatzen!)"[22]

20 Cf. Boretzky 1989: 373 f.

21 Persönliche Mitteilung von Fatma Heinschink, Angehörige der türkischen Sepečides (Korbflechter).

22 Wie Anm. 21.

* Sprachformeln dienen nicht nur der Abwehr von Bedrohungen, sondern können auch zur Bedrohung anderer eingesetzt werden. AMRAJA (Verwünschungen) wirken vor allem dann, wenn sie gegen jemanden gerichtet sind, der in einer persönlichen Beziehung und einem Abhängigkeitsverhältnis zur Person, die den Fluch ausspricht, steht:
Flüche der *Kalderaš:*

„Te del o beng an ćo šoro!" – „Der Teufel soll in deinen Kopf fahren!"
„Te ćernol ćo mas pa tu!" – „Das Fleisch soll von dir runterfaulen!"
„Xas me mulenge kokala!" – „Du sollst die Knochen meiner Toten essen!"
„Marel ći bax o khul!" – „Scheiße soll dein Glück erschlagen!"

Der Wortschatz des Romanes erscheint zwar im Vergleich zu anderen Sprachen auf den ersten Blick gering. Doch wird dieses Defizit durch zahlreiche METAPHERN ausgeglichen.

Sprachbilder der Kalderaš:

„Por zi moste" – „Sie ist hochschwanger", wörtl.: „Ihr Bauch (geht) bis zum Mund"
„Xav ma la gođasa" – „Ich denke nach", wörtl.: „Ich streite mit meinem Gehirn".

„Kerdem anda leste šax taj mas" – „Ich prügelte ihn windelweich!"; wörtl.: „Ich machte aus ihm Kraut und Fleisch"
„Vo merel anda late" – „Er hat sie gern", wörtl.: „Er stirbt wegen ihr"
„Sar o mašo po šuko sim" – „Es geht mir schlecht", wörtl.: „Ich bin wie ein Fisch im Trockenen"

Ein gegensätzlicher Dualismus zwischen Sprache und Realität wird am Beispiel der Sexualität deutlich. In fast allen intakten Romani-Dialekten wird die Sexualität verbal extensiv mit einbezogen. Diese sprachliche Direktheit steht in engem Zusammenhang mit der traditionellen Kultur, die durch viele Regeln und Tabus bezüglich sexuellen Verhaltens gekennzeichnet ist. Lockern sich die strengen Sitten, verschwindet dagegen die sprachliche Offenheit. Diese gegenströmige Entwicklung tritt fast immer gesetzmäßig auf.

Ausdrücke aus dem Sexualbereich wirken im Romanes nicht vulgär. Sie zeugen meist von Zuneigung und Zärtlichkeit, auch Kindern gegenüber.

Zärtlichkeitsbezeugungen im Dialekt der *Kalderaš:*

„Xav ćo karoŕo!" – „Ich esse deinen kleinen Penis!"
„Čumidav će pele!" – „Ich küsse deine Hoden!"
„Xav ći minđoŕi!" – „Ich esse deine kleine Vulva!"

Auch die Achtung vor Gott, dem Vater alles Lebendigen, kann sich in solchen Metaphern manifestieren, wie zum Beispiel in jener der türkischen *Sepečides:*

„Devla, bare kareskirea, ker mange yardîmi!" – „Lieber Gott, mit deinem großen Penis, hilf mir!"[23]

Aktuelle Entwicklungen

Bis heute existiert keine standardisierte Sprache der Roma und Sinti, vielmehr ist die Romani Čhib eine in viele Dialekte aufgegliederte Sprache. Auf Initiative der ROMANI UNION fand 1986 in Sarajevo ein Symposion statt, auf dem erste Konzepte zur Standardisierung der Sprache vorgestellt wurden. Am 4. Weltkongreß der ROMANI UNION in Warschau 1990 wurde eine internationale Kommission von Linguisten ins Leben gerufen. Sie arbeitete an der Standardisierung des Alphabets, um weltweit eine verbindliche Schreibweise zu erreichen.[24]

Die Romani Čhib war, wie bereits ausgeführt, bis Anfang des 20. Jahrhunderts eine nur mündlich tradierte Sprache. Roma-Literaten schrieben in ihrer Zweitsprache. Auch die von Roma herausgegebenen ZEITUNGEN werden bis heute größtenteils in der jeweiligen Landessprache verfaßt.[25] Seit rund fünfzehn Jahren werden in einigen europäischen Ländern (zum Beispiel in Schweden, Jugoslawien) LEHRBÜCHER in Romanes für die Unterstufe herausgegeben, was einen ersten Schritt für einen muttersprachlichen Unterricht darstellt. Auf dem Sektor der Literatur zeichnet sich seit wenigen Jahren eine neue Entwicklung ab. Roma-Literaten und -Dichter schreiben nun auch in ihrer Muttersprache. Für Österreich seien Ilja Jovanović, Ceija Stojka und Dragan Jevremović genannt.

---

23 Persönliche Mitteilung von Fatma Heinschink. Die angeführte Metapher hat in der Sprache der türkischen Korbflechter keinerlei vulgären Charakter.

24 Angesichts der vielen Gruppen, ihrer stark differenzierten Dialekte – und häufig unterschiedlichen Auffassungen – wird eine standardisierte Verkehrssprache, wie sie von der Romani Union aus verständlichen Gründen angestrebt wird, schwer zu realisieren sein.

25 Wie z. B. „Amaro Drom" und „Romano Nyevipe/Cigány újsag" in Ungarn (Erscheinungsort: Budapest), „Neo Drom" und „Divano Romano/Cuvîntul Romilor" in Rumänien (Erscheinungsort: Sibiu) sowie „Romano l'il" in der Slowakei (Erscheinungsort: Presov). Frühe Ausnahmen bilden hierbei die beiden in Moskau mit nur wenigen Heften erschienenen Zeitschriften „Romani Zora" (1927 bis ca. 1930) und „Nevo Gav" (Anfang der dreißiger Jahre). Sie wurden ausschließlich in Romanes abgefaßt.

O Dragano le Trumpesko
SOSTE DALE BIJANDÀN MA?

Soste dale bijandăn ma?
Soste Devla řom kerdăn ma?
Maškar o them naštiv źav,
Muřo than katende naštiv arakhav.
Kaj te źav, kaj te aresav,
Mora lokes taj čorăles te phurdav.
Muřo jilo rovel ando kolin,
Ke phandado taj vulime sar jek patrin.
Me sim řom, kođa mišto źanav,
Ali jek bući me či haćarav:
Sar god kê sim jek nekazo,
Bi šeresko, bi kanengo,
Bi nakhesko, bi vastengo,
Pe khančeste či amnav,
Mora mangê te laźav,
Te garađov te našav.
Me but vrăma gîndosardem,
Anda 'g data, trgnajlem.
Pe oglinda prastajem,
Dikhav man, dikhav gaźen,
So ma naj, so sî len.
Sî man trupo manušesko,
Či sim o śav le bengesko.
Me atunča uštilem,
O naj po čikat thodem.
Kođa vrăma de mult sas,
Kaj mora sas te daras,
Te garađos te našas.
Akana sam baxtale,
Kê avile aver gaźe.
Či maj trobul te daras,
Šaj te trajis sar kamas,
Thaj te mothas so źanas.

O Řomale źi kaj soven?
Kastar daran, so či ušten?
Thaj te mothon so kamen!
Sî kon te ažutil amen.
Mora i amen zor te das,
Savo zîdo te phařavas,
Čačo drom te arakhas.
Amaro phandado kolin te pîtras!
Ćiden moćo, ćiden zor,
Te čačes anklàs po gor!
Amare vas pîterde,
Najis Devleskê, ažutin amen vi el gaźe
Te avas maj baxtale!

Beč, Juli 1991

Dragan Jevremović

MUTTER, WARUM HAST DU MICH ZUR WELT GEBRACHT?

Mutter, warum hast du mich zur Welt gebracht?
Gott, warum hast du mich als Zigeuner geschaffen?
Ich kann mich nicht unter die anderen mischen
und kann niemals meinen rechtmäßigen Platz finden.
Wohin ich auch gehe, wo ich auch ankomme,
muß ich leise und verstohlen atmen.
Mein Herz weint in der Brust,
weil es eingeschlossen ist
und eingerollt wie ein Blatt.
Ich bin ein Zigeuner, das weiß ich sehr genau,
aber da gibt es etwas, was ich nicht verstehe:
Warum werde ich als Ungeheuer angesehen,
ohne Kopf und ohne Ohren,
ohne Nase und ohne Hände.
Ich schaue nach nichts gleich
und muß mich fortwährend schämen,
mich immer verstecken, muß immer entfliehen.
Lange Zeit habe ich darüber nachgedacht.
Plötzlich zuckte ich zusammen,
eilte zum Spiegel,
sah mich an, sah die Gaže an.
Was haben sie, was ich nicht habe?
Ich habe einen menschlichen Körper.
Ich bin kein Kind des Teufels.
Dann stand ich auf
und tippte mir mit dem Finger auf die Stirn.
Es liegt lange Zeit zurück,
daß wir uns fürchten mußten,
daß wir uns verstecken und flüchten mußten.
Jetzt haben wir mehr Glück,
denn es gibt andere Gaže.
Wir müssen keine Angst mehr haben
und können leben, wie wir wollen,
und sagen, was wir denken!

Roma, wie lang schlaft ihr noch?
Vor wem fürchtet ihr euch, warum steht ihr nicht auf
und sagt, was ihr wollt?
Es gibt Menschen, die uns helfen wollen.
Aber auch wir müssen uns anstrengen.
Welche Mauer sollen wir niederreißen,
um den richtigen Weg zu finden,
um unsere verschlossene Brust zu öffnen.
Sammelt eure ganze Kraft, vereinigt eure Stärke,
damit wir auch wirklich das Ziel erreichen!
Unsere Arme sind offen,
Dank sei Gott, auch die Gaže helfen uns,
ein glücklicheres Leben zu erlangen.

Wien, Juli 1991

Literatur:

Boretzky Norbert, Zum Interferenzverhalten des Romani. Verbreitete und ungewöhnliche Phänomene, in: Z. Phon. Sprachwiss. Kommun.-Forsch. (ZPSK), 42. Jg., Nr. 3, Berlin 1989: 357–374.

Gilliath-Smith Bernard, Report on the Gypsy Tribes of North-East Bulgaria, in: Journal of the Gypsy Lore Society (= JGLS), New Series, Vol. IX, No. 1, Edinburgh 1915/16: 1–51, u. No. 2, Edinburgh 1915/16: 65–8.

Gjerdman Olaf/Ljungberg Erik, The Language of the Swedish coppersmith gypsy Johan Dimitri Taikon, Falköping 1963.

Grellmann Heinrich Moritz, Die Zigeuner. Ein historischer Versuch über die Lebensart und die Verfassung, Sitten und Schicksale dieses Volks in Europa, nebst ihrem Ursprunge, Dessau und Leipzig 1783.

Miklosich Franz Xaver von, Über die Mundarten und Wanderungen der Zigeuner Europa, in: Kaiserliche Akademie der Wissenschaften, Phil.-Hist. Classe. Denkschriften. Bd. 21 ff., Bd. 25 ff., Bd. 30 f., Wien 1872–1881.

Pott August Friedrich, Die Zigeuner in Europa und Asien. Ethnographisch-linguistische Untersuchung, vornehmlich ihrer Herkunft und Sprache, nach gedruckten und ungedruckten Quellen. Halle 1944/45 (2 Bände). (Reprint: Leipzig 1964).

Ruch Martin, Zur Wissenschaftsgeschichte der deutschsprachigen „Zigeunerforschung" von den Anfängen bis 1900. Dissertation, Albert-Ludwigs-Universität, Freiburg i. Br. 1986 (ms).

Rüdiger Johann Christian, Von der Sprache und Herkunft der Zigeuner aus Indien, Leipzig 1782 (Reprint: Hamburg 1990).

Sampson John, On the Origin and Early Migrations of the Gypsies, in: JGLS, 3rd Series, Vol. II, No. 3, Edinburgh 1923: 156–169;

Sampson John, The Dialect of the Gypsies of Wales, Oxford 1926.

Turner Ralph Lilley, The Position of Romani in Indo-Aryan, in: JGLS, 3rd Series, Vol. V, No. 4, Edinburgh 1926: 145–189.

Wentzel Tatjana, Die Zigeunersprache. Nordrussischer Dialekt, Leipzig 1980 (Original: Moskau 1964).

ROMA schreiben
Anmerkungen zur Literatur einer ethnischen Minderheit[1]

Beate Eder

Roma[2] schreiben. Sie schreiben Gedichte, Erzählungen, Romane und Theaterstücke.

Es ist insgesamt gesehen zwar ein recht kleiner Prozentsatz, der die schriftliche Form verwendet, um seine Umwelt, seine Kultur, seine Vergangenheit, Gegenwart und Zukunft zu beschreiben – häufiger findet nämlich eine solche Auseinandersetzung durch musikalische Ausdrucksmittel statt, manchmal auch im Bereich der bildenden Kunst. Trotzdem ist die Zahl der Autoren und Autorinnen heute schon so groß, daß in diesem Beitrag eine Auswahl getroffen werden muß, um das gewählte Thema vorzustellen. Die literarischen Werke, die im folgenden kurz besprochen werden, erschienen alle nach Ende des Zweiten Weltkrieges[3], sie sind verfaßt von Schriftstellern und Schriftstellerinnen aus verschiedenen Ländern[4] (Philomena Franz [geb. 1922] aus Deutschland, José Heredia Maya [1947] aus Spanien, József Holdosi [1951] und Menyhért Lakatos [1926] aus Ungarn, Ronald Lee [1934] aus Kanada, Matéo Maximoff [1917] aus Frankreich und Ceija Stojka [1933] aus Österreich).

Die Sprache der Roma, das *Romanes* umfaßt viele verschiedene Dialekte, ist aber noch keine Schriftsprache (vgl. den Beitrag von Mozes Heinschink). An der Kodifizierung einer Standardsprache wird seit längerer

1 Grundlage des folgenden Beitrags ist die an der Geisteswissenschaftlichen Fakultät der Universität Innsbruck eingereichte Diplomarbeit: Beate Eder, Analogien und Bilder in der Literatur der Roma. Ausgewählte Werke des 20. Jahrhunderts, Innsbruck 1991. Als Buch erschienen bei Drava in Klagenfurt unter dem Titel „Geboren bin ich vor Jahrtausenden ... Bilderwelten in der Literatur der Roma und Sinti", 1993.

2 „Roma" (Ez. Rom) wird im folgenden als Überbegriff für alle verschiedenen Gruppen der ethnischen Minderheit der „Zigeuner" verwendet, obwohl auch die Bezeichnung „Zigeuner" in diesem Beitrag gebraucht werden muß, da sie in vielen literarischen Zeugnissen wiederholt zu finden ist.

3 Der erste Roman von Matéo Maximoff – Les Ursitory – wurde allerdings vor Kriegsausbruch geschrieben, aber erst 1946 veröffentlicht: Les Ursitory, Paris (Flammarion) 1946; deutsch: Die Ursitory, übersetzt von Walter Fabian, Zürich (Manesse) 1954.

4 Auf eine Beschäftigung mit der Lyrik sowie mit mündlicher Literatur muß hier verzichtet werden. Roma-Lyriker in Österreich sind Ilija Jovanović und Dragan Jevremović. Über einen großen Schatz von Märchen verfügt Fatma Heinschink. Eine große Zahl von Roma-Lyrikern ist in Tschechien, der Slowakei sowie in den ost- und südosteuropäischen Ländern Europas zu finden.

Zeit gearbeitet. Die Werke der hier genannten Autoren sind in der Sprache des jeweiligen Landes, in dem die Roma-Schriftsteller leben, verfaßt.[5]

Es ist nicht einfach, die Namen von Roma-Autoren ausfindig zu machen, da Roma-Literatur insgesamt nur selten in Bibliotheken und bibliographischen Verzeichnissen aufgenommen ist. Ohne die Hilfe und Informationen von Roma-Experten und Roma selbst läßt sich daher dieses Thema kaum bewältigen.

Die Roma-Autoren kennen einander in den meisten Fällen nicht. Trotzdem läßt sich in den einzelnen Werken eine große Zahl von gemeinsamen Themen feststellen, die ihren Ursprung vor allem in einem ähnlichen geschichtlichen und kulturellen Umfeld haben. Die Frage nach solchen gemeinsamen Themen, die nicht auf einer Kenntnis der Autoren untereinander beruhen (in der Literaturwissenschaft spricht man in diesem Fall von typologischen Analogien), soll im ersten Teil meiner Ausführungen untersucht werden; im zweiten Teil werden drei Bilder („Images"), die in der Roma-Literatur häufig anzutreffen sind, dargestellt: 1. das Bild des „stehlenden, betrügenden Zigeuners", 2. das Bild der *Romní*, der „Zigeunerin", 3. das Bild, das sich die Roma in der Literatur von den *Gađe* – den Nichtzigeunern – machen.

Gemeinsame Themen in der Literatur der Roma

Den wichtigsten Hintergrund für diesen Fragenkomplex bildet die Geschichte der Roma. Es handelt sich um eine Geschichte der Verfolgung – und zwar seit der Ankunft der Roma in Mitteleuropa im 14. und 15. Jahrhundert.[6]

Die Verfolgung in Europa erreichte ihren Höhepunkt zur Zeit des Nationalsozialismus. Diese unvorstellbare Eskalation der Grausamkeit hat einige Roma dazu bewogen, erstmals schriftlich davon Zeugnis zu geben, das heißt schriftliche Literatur zu produzieren, einerseits um so die schrecklichen Ereignisse zu verarbeiten, andererseits auch, um diese aus der Anonymität zu holen und bekanntzumachen. Das Thematisieren von Verfolgung und Unterdrückung ist demnach auch das hervorstechendste gemeinsame Thema aller hier untersuchten Autoren. Die Art und Weise, wie dieses Thema behandelt wird, ist allerdings unterschiedlich.

5 Es existieren jedoch auch literarische Zeugnisse von Roma auf Romanes.

6 Auf den sozialgeschichtlichen Hintergrund wird hier jedoch nicht eingegangen, vgl. dazu den entsprechenden Beitrag in diesem Sammelband.

Ich möchte nun – unter dem Gesichtspunkt des literarischen Aufarbeitens von Verfolgung und Diskriminierung – die einzelnen Werke analysieren und beginne mit dem Theaterstück von José Heredia Maya, weil es am weitesten in die Geschichte zurückgreift.

Das Stück hat den bezeichnenden Titel „Camelamos naquerar" – „Wir wollen sprechen".[7] Es handelt sich hier um ein Flamenco-Theaterstück, in dem gesprochen, gesungen, getanzt und gespielt wird. Die Uraufführung fand im Februar 1976 in Granada statt – zu einer politisch sehr brisanten Zeit. Franco war im November 1975 gestorben, und die politische Situation in Spanien zeigte sich noch äußerst unruhig.[8] In einer solchen Situation melden sich die *Gitanos* – die spanischen Roma – zu Wort: Wir wollen sprechen. Es ist das erste Mal in Spanien, daß eine solche Forderung laut und öffentlich proklamiert wird.

José Heredia geht es darum, zu zeigen, wie kontinuierlich sich die Verfolgung der *Gitanos* durch die Jahrhunderte hindurch nachweisen läßt. Er verwendet authentische Gesetzestexte aus dem 15., 16., 18. und 20. Jahrhundert, in denen den *Gitanos* die schlimmsten Strafen angedroht werden. Diesen „kalten" Gesetzestexten stellt er Flamencolieder und Gedichte entgegen, die die Reaktion der *Gitanos* auf die Drohungen der Gesetzgeber auf einer sehr subjektiven Ebene vermitteln.

> UND OHNE ZU WISSEN WARUM, kam die Verbannung . . .
> Zugvögel seit jeher
> auf allen Wegen
> geächtet
> staatenlos
> unter allen Kronen
> gehetzt
> von der ganzen Meute
> gequält
> gegeißelt
> von Dekreten
> erlassen voller Verachtung.
>
> Gesät im Rhythmus deiner wilden
> wütenden, rasenden Peitsche
> blieb sichtbar

7 „Camelamos naquerar" sind zwei Wörter aus dem Caló, dem Dialekt der spanischen Gitanos, der heute allerdings kaum mehr gesprochen wird. Auf spanisch würde der Titel folgendermaßen lauten: „Queremos hablar". Wie man bereits an diesem Beispiel sieht, lehnt sich das Caló stark an die spanische Konjugation an.

8 Die Arbeiten zum Stück hatten zu Lebzeiten Francos begonnen, einige Textstellen waren der Zensur zum Opfer gefallen.

vielleicht von Indien aus
eine lange Kette von Horizonten.

Wer nahm die Unruhe an, die Leidenschaft
einer seltsamen Moral, verwandelt in
Esel
Erz
Gerte
Gesang
Hohn vor allem?

Nicht einmal Gott bewahrte da seine Haltung
noch half jene katholische Gebärde von ach so katholischen spanischen
Königen und Päpsten
die von Kanzeln herab vorgeben, an ihn zu glauben
um diesen Schweiß aufzusaugen
von Spuren tausendjährigen Unrechts.
Ich erinnere mich nicht einmal an den verstohlenen
Druck einer anderen müden Hand.
Nur die Peitsche
oh, der Schaum vor geifernden Mündern
die versuchen, mir fremde Rhythmen aufzuzwingen.[9]

In den Liedern und Gedichten kommen Proteste, Trauer und Verzweiflung zum Ausdruck, während durch das Zitieren der Gesetzestexte der Bogen, der die ununterbrochene Verfolgung suggeriert, vom 15. ins 20. Jahrhundert gespannt wird.

Die Reaktionen auf das Stück waren sehr positiv, obwohl es auch Zwischenfälle gab: Eine kleine rechtsradikale Partei machte mit Bombendrohungen gegen dieses Stück, das einen klaren politischen Protest zum Ausdruck brachte, auf sich aufmerksam und versuchte damit, die Aufführungen zu stören. Einen erfreulichen Aspekt hingegen stellt die Tatsache dar, daß – motiviert durch dieses Stück – in ganz Spanien Roma-Organisationen gegründet wurden.

Der Roman „Der Preis der Freiheit"[10] des Franzosen Matéo Maximoff, des

9 Die Übersetzung des Gedichts von José Heredia Maya stammt von Erich Hackl, in: Erich Hackl (Hrsg.): Zugvögel seit jeher. Freude und Not spanischer Zigeuner. Wien/Freiburg/Basel (Herder) 1987, S. 22 f. Das spanische Original findet sich in José Heredia Maya: Camelamos naquerar, Granada (Secretariado de Publicaciones de la Universidad de Granada) 1976, S. 11 f.

10 Matéo Maximoff: Der Preis der Freiheit, Zürich (Morgarten) 1955. Das Original erschien unter dem Titel „Le prix de la liberté" bei Flammarion, Paris 1955. Maximoff wird hier wegen der Vielfalt seiner literarischen Produktion anhand mehrerer Romane zur Darstellung herangezogen.

wohl bekanntesten und produktivsten Roma-Schriftstellers, spielt um die Mitte des 19. Jahrhunderts in Rumänien. Hier wird eine ganz bestimmte Epoche der Roma-Verfolgung thematisiert: die Sklaverei der Roma in Rumänien im 19. Jahrhundert. Die Roma gerieten in der Walachei und in der Moldau bereits im 14. Jahrhundert in die Sklaverei, zur endgültigen Befreiung kam es erst in den Jahren 1855/56. Maximoff schildert in diesem Roman das harte Leben der Sklaven und den erbitterten Kampf der Geflüchteten, der sogenannten Vogelfreien, gegen die Soldaten und das Regime.

Die Berge, in denen wir leben, haben Augen. Unsere Wachen sind weit verteilt. Niemand kann sich in unser Gebiet vorwagen, ohne daß wir es erfahren, sei es am Tage oder bei Nacht, im Sommer oder Winter. Und sind die Eindringlinge erst bemerkt, haben sie so gut wie keine Hoffnung mehr, lebend davonzukommen. Wir hängen sie, plündern sie und begraben sie. Geschieht es, daß die Unsren in die Hände der Wachen oder der Militärstreifen geraten, so werden sie auf der Stelle erschossen. Zwischen unseren Gegnern und uns herrscht ein erbitterter Krieg seit mehr als zweihundert Jahren.[11]

Den Höhepunkt des Romans bildet der letzte Kampf, der Befreiungskampf der Roma. In der Hauptfigur des Romans, sie heißt Isvan, verarbeitet Maximoff das abenteuerliche Leben seines eigenen Urgroßvaters. Isvan sticht durch Mut, Todesverachtung, Gerechtigkeit, Kraft, Bildung und Intelligenz hervor – womit gleichzeitig sehr beliebte und immer wieder dargestellte literarische Autoimages (Eigenbilder) aufgezählt sind. Der Schwerpunkt der Erzählung liegt aber zweifellos – trotz aller zum Teil auch historisch belegbarer Grausamkeiten – auf einer abenteuerlichen Schilderung der Ereignisse.

Der „Zigeuner" erscheint in diesem Roman als der Held, der Siegreiche, Tapfere und im Vergleich zum Nichtzigeuner als der wesentlich Gerechtere. Er läßt sich trotz Gewalt und Unterdrückung nicht ‚unterkriegen', er hat das Recht auf seiner Seite. Auch in anderen Romanen Maximoffs macht sich diese Vorliebe für den mutigen Helden bemerkbar. Es stellt sich daher die Frage, ob in diesem Falle die Literatur die Funktion übernehmen soll, das Selbstbewußtsein und Selbstwertgefühl der Roma zu stärken. Dem Text ist eindeutig zu entnehmen, daß der Autor darauf abzielt, Verständnis und Toleranz für seine Volksgruppe zu wecken – etwas, was Maximoff auch in Gesprächen nachdrücklich betont hat.[12]

In einem weiteren Roman von Maximoff mit dem Titel „Verdammt zu

11 Matéo Maximoff: Der Preis der Freiheit, o. c., S. 151.

12 Persönliches Gespräch mit dem Autor anläßlich des IV. Internationalen Roma-Kongresses in Polen (im April 1990).

leben“[13] kommt es zu einer Verfolgung auf mehreren Ebenen. Die zeitliche Spanne des Romans reicht von der Oktoberrevolution in Rußland bis zur Zeit des Nationalsozialismus in Deutschland.

Die Hauptfigur des Romans, Khantschi, wird einerseits von den Roma selbst verfolgt, denn er hat seine Frau aus – wie man glaubte – unbegründeter Eifersucht umgebracht, und das Stammesgericht der Roma, die *Kris,* hat entschieden, daß jeder Rom das Recht habe, Khantschi zu töten. Andererseits wird die Verfolgung aller Roma durch die Machthabenden thematisiert.

> Die Weissen (sic.) wurden von den Roten verdrängt, und die Roten von den Weissen.
> In diesem blutigen Dschungel wussten die Roma nicht, welche Richtung einschlagen. Machtlos erlebten sie das Ende eines Systems, das ihre Rasse auslöschen wollte. Einige wurden von den Weissen als vermeintliche Spione der Roten erschossen, einige von den Roten als Spione der Weissen. Sie waren das Opfer beider Parteien, die so das Mittel gefunden hatten, sich des Volkes zu entledigen, das sie schon immer gehasst hatten.[14]

Die Endstation für Khantschi und für viele andere Figuren des Romans ist ein Konzentrationslager in Deutschland.

Wie stellt nun der Ungar József Holdosi in seinem Roman „Die Straße der Zigeuner“[15] Verfolgung und Diskriminierung dar? Seine Geschichte beginnt in den zwanziger Jahren und endet etwa 1960. Der Leser verfolgt das triste Leben in der Zigeunerstraße am Rande eines ungarischen Dorfes, in der sich auch nach Jahrzehnten die Lebensbedingungen nicht bessern.

Höhepunkt der Thematisierung von Verfolgung bildet wieder die Zeit des Nationalsozialismus. Holdosi verwendet in seinem Roman häufig den inneren Monolog (den Bewußtseinsstrom der Opfer), um die Grausamkeit der Verfolgung anschaulich zu machen.

---

13 Matéo Maximoff: Condamné à survivre. Champigny/Marne (Service Concordia et M. Maximoff) 1984; deutsch: Verdammt zu leben, übersetzt und bearbeitet von Elisabeth Profos-Sulzer, Bern (Zytglogge) 1988.

14 Maximoff: Verdammt zu leben, o. c., S. 95 f.

15 József Holdosi: Kányák, Budapest (Szépirodalmi Könyvkiadó) 1978; deutsch: Die Straße der Zigeuner, ins Deutsche übertragen von Peter Scharfe, Berlin (Verlag Neues Leben) 1984.

Polizisten durchsuchten die Häuser und kommandierten alle Menschen auf die Straße.
„Richtung Abdeckerei!“ lautete der Befehl. (...)
Das Auto wies ihnen den Weg. Um die Abdeckerei herum war Gras gemäht. Aus dem Auto wurden Spitzhacken und Spaten herausgeworfen.
„Jeder gräbt sich eine Grube, so groß, daß er hineinpaßt, los!“
Der Mann, der ihnen diesen Befehl erteilte, war der Polizist Kozár aus dem Dorf. Die Zigeuner fielen sich schluchzend um den Hals und fanden keine Kraft, mit der Arbeit zu beginnen. Die Polizisten schlugen mit Gewehrkolben auf sie ein, was seine Wirkung nicht verfehlte. Die Familien bildeten Grüppchen und begannen die Gräber auszuheben.
Nie hätten wir geglaubt, Spaten, daß wir dich einmal dazu brauchen, um uns selbst unter die Erde zu bringen. Wasseradern müßte man mit dir freilegen oder ein Feld umgraben. Wir sind alt, das stimmt, trotzdem möchten wir noch ein Weilchen leben, Wärme in unseren Knochen spüren, springende Fohlen beobachten und unseren Enkeln Märchen erzählen. Was haben wir dir getan, Spaten, daß du nun die Linien unserer Körper, unserer gekrümmten Rücken nachziehst, du behandelst uns ungerecht!
Hier kommen Knochen zum Vorschein, das mag ein Hundeknochen sein, jener von einer Kuh stammen, mehr wird von uns Mädchen auch nicht übrigbleiben. Unseren wohlgeformten Hüften wird die Erde das Fleisch abnagen. Eines Tages werden unsere Burschen kommen, uns suchen und fragen: Wo ist dieses ausgelassene, fröhliche Mädchen, das so gern tanzte? Ich wollte es heiraten!
Fragt und sucht nicht weiter, Burschen, das Zigeunerschicksal hat es so bestimmt. Auch unsere Kinder werden sie töten, diese Glockenblumen, breit soll unser Grab sein, zu fünft oder sechst wollen wir darin liegen, wir Frauen bleiben zusammen. Durch unsere verlassenen Häuser wird der Wind brausen, nichts bleibt übrig von uns, nicht einmal die Glocken werden für uns läuten.[16]

Ungerechtigkeit und Brutalität der Verfolgung werden – wie das Beispiel zeigt, das hier repräsentativ für viele andere steht – nicht beschrieben oder erzählt, der Erzähler schwenkt vielmehr über zum Bewußtseinsstrom der Menschen, die der Gewalt ausgesetzt sind. Dadurch kommen Gefühle wie Angst, Verzweiflung und Schmerz direkt „zu Wort“. Der innere Monolog, eine vor allem seit James Joyce beliebte literarische Verfahrensweise, findet sich innerhalb der untersuchten Roma-Literatur allerdings nur bei Holdosi. Innerhalb des Bewußtseinsstromes der Opfer kommt es dabei häufig zu einer Personifizierung der Gegenstände (im zitierten Text ist der Spaten lebendig, er ist „Gesprächspartner“). Alle

16 József Holdosi: Die Straße der Zigeuner, o. c., S. 196 f. Inhaltlich sei hier folgendes angemerkt: Das Heranrücken der sowjetischen Truppen bringt den Roma einen Aufschub und im letzten Moment die Rettung.

Textstellen in Holdosis Roman, in denen der innere Monolog vorherrscht, weisen eine sehr lyrische und bilderreiche Sprache auf.

Interessant ist es zu erwähnen, daß eine der Figuren in Holdosis Roman, die Romní Matild, eine Art „Mitschuld" der Roma an Verfolgung und Diskriminierung suggeriert. Da sich die Zigeuner der Straße auch nach Ende des Krieges nicht für politische Aktivitäten interessieren, seien sie – so Matild – verantwortlich, wenn Diskriminierung und Elend kein Ende hätten. Diese kritische Perspektive ist jedoch als absolute Ausnahme innerhalb der hier analysierten Literatur zu werten, bei allen anderen Autoren wird nicht im entferntesten eine „Mitschuld" der Roma angedeutet.

Bei Holdosi ist der sozialgeschichtliche Kontext mit der fiktiven Ebene des Romans eng verflochten. Ganz anders stellt sich die Situation in den Werken von Philomena Franz aus Deutschland und Ceija Stojka aus Österreich dar: Es handelt sich in beiden Fällen um nicht fiktive, autobiographische Darstellungsweisen.

In „Zwischen Liebe und Haß", der KZ-Autobiographie von Philomena Franz, erschienen im Jahr 1985[17], und in „Wir leben im Verborgenen. Erinnerungen einer Rom-Zigeunerin" von Ceija Stojka, veröffentlicht im Gedenkjahr 1988[18], kommt ganz klar zum Ausdruck, daß der Grund für die schriftliche Fixierung der Erlebnisse jener ist, die Vergangenheit zu bewältigen.

In einer Klinik kam sie wirklich zu sich, konnte über ihre Leiden sprechen. Die Ärzte halfen ihr. Über diese Zeit sagt Frau Franz heute: „Ich weiß nicht, wie lange das gedauert hat. Ich glaube, eine ganze Woche habe ich nur geweint. Ich habe geweint, konnte keinen Menschen ansprechen. Und dann habe ich langsam gesprochen und immer mehr. Es kam wie ein Wasserfall. Ich mußte über meine Leiden sprechen. Und ich schrieb in dieser Phase der Loslösung von der Depression auch meine Leiden nieder. So ist es zu verstehen, daß ich gesagt habe, ich habe dieses Manuskript unter Tränen und auf den Knien geschrieben."[19]

Auffallend in beiden Erzählungen ist – trotz der schonungslosen Berichterstattung des Alltags in den Konzentrationslagern, mit der sich der Leser konfrontiert sieht – das Fehlen von Aggressivität. Ein weiteres gemeinsames Merkmal ist die große Bedeutung, die den positiven Kindheitserinnerungen beigemessen wird. Diese Erinnerungen erhalten in den Konzentrationslagern die Funktion von Überlebensstrategien. Die Erfahrun-

---

17 Freiburg im Breisgau (Herder) 1985. Philomena Franz gehört zur Gruppe der Sinti.

18 Hrsgg. von Karin Berger, Wien (Picus) 1988.

19 Reinhold Lehmann: Weiterleben nach dem Nullpunkt, in: Philomena Franz: Liebe und Haß, o. c., S. 86.

gen von Liebe, Freiheit und Nähe bedeuten einen inneren Schatz, der angesichts des schrecklichen KZ-Alltags Kraft verleihen kann.
Ein Unterschied ist in der gewählten Erzählperspektive gegeben: Philomena Franz schildert das KZ-Leben aus der Sicht der jungen Erwachsenen, Ceija Stojka in weiten Teilen aus der Sicht des Kindes. Die Niederschrift der Autobiographien bedeutet für beide Autorinnen ein Wieder-Erleben, ein Sichzurückversetzen. Das Kind erlebt die Welt der Konzentrationslager jedoch auf seine Weise. Kennzeichnend sind der wiederholte Stimmungswechsel und die Gabe, Kleinigkeiten schön bzw. „herrlich" zu finden. Der gewählten Perspektive entspricht die Verwendung einer kindlichen Sprache. Die Sätze sind kurz und einfach strukturiert, die Wahl der Wörter unterstreicht die kindliche Tendenz (z. B. häufig neben „meine/unsere Mutter" „meine Mama"). Diese Korrespondenz von kindlicher Sichtweise und Sprache bietet dem Leser die Möglichkeit, die Jahre eines Roma-Kindes in Konzentrations- und Vernichtungslagern zu „erahnen".

Romamädchen beim Tanz. Foto: Gerhard Maurer.

Vergeblich versucht das Mädchen, vom Äußeren eines Menschen innere Werte abzuleiten. Im folgenden Zitat wird eine Szene aus dem Frauenlager Ravensbrück geschildert:

Nach langem Stehen kam die Aufseherin. Sie war eine große, vollschlanke, blonde, sehr elegante Frau, sehr streng und eisig kalt. Ihre Haare waren kunstvoll zu einem Knoten hochgesteckt, sie hatte wunderschöne Lackstiefel an, ihre Mütze saß zu perfekt, es fehlte nichts an ihr. Sie hatte auch ein schönes Gesicht, ihr Name war Binz. Sie zählte uns, ohne eine Miene zu verziehen, und ging aus der Baracke. Wir konnten uns nicht vorstellen, daß eine so schöne Frau kein Herz haben konnte. Anschließend bekamen wir alle eine Registriernummer: ein weißer, länglicher Stoffstreifen mit einem schwarzen Winkel, das hieß arbeitsscheu. (Aber wie konnte ich arbeitsscheu sein, ich war ja noch ein Kind!) Den Streifen mußten wir uns auf die linke Seite nähen. Nun waren wir alle gekennzeichnet: der letzte Abschaum der Menschheit.[20]

20 Stojka, o. c., S. 40 f.

Der Roman „Die siebente Tochter" von Matéo Maximoff[21] spielt ebenfalls zur Zeit des Nationalsozialismus, allerdings stehen hier sozialgeschichtliche Aspekte bei weitem nicht in dem Ausmaß im Vordergrund, wie es bei Franz und Stojka der Fall ist.[22] Die Geschichte der Verfolgung stellt in diesem Roman Maximoffs nicht das Hauptthema dar, sondern eine Rahmenbedingung.

Der Roman spielt im Jahre 1941 in einem Internierungslager in Frankreich. Im Mittelpunkt stehen interne Probleme der Roma. Die kleine Silenka soll als siebte Tochter einer siebenten Tochter eine Hexe werden, ihre Familie möchte das verhindern. Da sich die Roma nur einige Stunden am Tag außerhalb des Lagers bewegen dürfen, wird die Situation für sie sehr schwierig. Silenka verschwindet immer wieder auf unerklärliche Weise, auf der Suche nach ihr verlassen die Roma das Lager und verstoßen damit gegen die Polizeigesetze. Die Unterdrückung der Roma von außen stört demnach den Tagesablauf sowie das interne Romaleben mit seinen Sitten und Bräuchen.

> „Ich war der Meinung, das Gesetz verbiete es, vom Heiraten zu sprechen, solange man in Trauer ist", sagte Stervo ein wenig ärgerlich. „Härter als alle Gesetze ist der Krieg, Stervo. Heute werden in allen Ländern die Gesetze abgeändert, und wir müssen es ebenso halten, vorübergehend natürlich, bis wieder Friede ist."[23]

Auch der kanadische Roma-Schriftsteller Ronald Lee verfaßte einen autobiographischen Roman, „Verdammter Zigeuner"[24], der 1971 erschienen ist. Ronald Lee wuchs bei Nichtzigeunern auf, beschloß aber als junger Mann, die bürgerliche Welt zu verlassen und zu den Roma zurückzukehren. Aus Ronald Lee wird der Zigeuner „Yanko" und damit die Hauptfigur des Romans, der im Kanada der fünfziger und sechziger Jahre (1958 bis 1967) spielt.

Lee schildert die elenden Lebensbedingungen der Roma in den kanadischen Großstädten. Hier ist ein grundlegender Unterschied zu den anderen Werken festzustellen: Lees Hauptfigur – Yanko – ist äußerst aggressiv. Die kanadische Gesellschaft wird angeprangert, sie trägt bei Lee die Schuld an den schlechten Lebensbedingungen der Roma und der ande-

---

21 Matéo Maximoff: La septième fille, Romainville (Maximoff) 1982; deutsch: Die siebente Tochter, übersetzt von Ursula Laubi, Zürich (Flamberg) 1969. Die französische Ausgabe von 1982 war die einzige mir zugängliche.

22 Bei denen es sich ja – wie erwähnt – um Autobiographien handelt.

23 Maximoff: Die siebente Tochter, o. c., S. 93.

24 Ronald Lee: Verdammter Zigeuner. „Goddam Gypsy", übersetzt von Irmela Brender, München (dtv) 1987. Das Original erschien unter dem Titel „Goddam Gypsy" bei Tundra Books, Montreal 1971.

ren Minderheiten, mit denen sich Yanko solidarisiert. (Yankos Frau ist Indianerin, gehört also ebenfalls zu einer Volksgruppe, die in Kanada mit großen Schwierigkeiten zu kämpfen hat.)

Yanko beschließt, mit seiner Familie auszuwandern, er hofft auf ein besseres Leben in Europa. Der Abschied von Kanada wird durch eine Tour durch die Stammkneipen vollzogen. In einem Lokal kommt es zu einer brutalen Schlägerei der Angehörigen der Minderheiten mit den weißen protestantischen Anglokanadiern.

Hier war alles versammelt in diesen Gläubigen des kanadischen Mythos, diesen Toren, die Menschen zu Elend und Unglück verdammten, weil sie zu dumm waren, aufzuwachen und zu erkennen, was geschah. Sie wählten Jahr um Jahr die gleichen wertlosen Politiker, sie waren nichts als Schafe, gutbezahlte Lakaien des Systems, das sie mit ihrem apathischen Desinteresse unterstützten. Ihnen war es egal, was in Kanada passierte, solange es ihnen gutging.[25]

Die Schlägerei gewinnen zwar die Roma, Indianer, Schwarzen und die anderen Minderheiten – an der Situation der Roma ändert sich dadurch aber nichts. Yanko verläßt Kanada, damit endet der Roman. Der Leser ahnt bereits, daß die Situation der Roma in Europa auch nicht viel besser sein wird.

Der Erzählband „Csandras Karren" des Ungarn Menyhért Lakatos[26] ist 1981 erschienen und enthält 15 Zigeunergeschichten. Daß es sich hier nicht um leichte, fröhliche Erzählungen, sondern um eine kritische Auseinandersetzung mit Zeitgeschichte und dem harten Alltag der Roma handelt, wird dem Leser nach der Lektüre der Titelgeschichte „Csandras Karren" bewußt. Csandras Karren steht für den Tod, für den Tod im KZ.

Im Lager war es üblich, daß die Toten tagelang liegenblieben. So kam ihre Lebensmittelration den Gebrechlichen zugute, die kurzerhand zum Hungern verurteilt wurden, wenn sie ihre Arbeitsnorm nicht erfüllten. Ihnen mußte geholfen werden, auch wenn der größte Teil von ihnen später sowieso auf Csandras Karren landete. In der ersten Zeit waren für alle der Tod und Csandras Karren etwas Grauenhaftes gewesen. Später stieg Csandras Ansehen, denn von ihm hing viel ab. Wenn ihm Dankbarkeit erwiesen wurde – was er liebte –, sammelte er nur die unerträglich stinkenden Leichen ein. Sachkundig überblickte er die Reihen der Lebenden, um den Transportbedarf des nächsten Tages zu bestimmen.[27]

---

25 Ronald Lee: Verdammter Zigeuner. „Goddam Gypsy", o. c., S. 197.

26 Menyhért Lakatos: Csandras Karren. Zigeunergeschichten, (Csandra szekere, deutsch) übersetzt von Andreas Borosch, Berlin (Volk und Welt – berechtigte Ausgabe für den buchclub 65) 1984. Die Originalausgabe erschien bei Szépirodalmi Könyvkiadó, Budapest 1981.

27 „Csandras Karren", in: Lakatos: Csandras Karren, o. c., S. 6 f.

Die anderen Geschichten in diesem Erzählband beziehen sich vor allem auf die Zeit nach 1945: Lakatos thematisiert Diskriminierung am Arbeitsplatz und in Gaststätten, Arbeitslosigkeit und Wohnungsnot. Die Roma fügen sich nicht – wie es von ihnen erwartet wird – in die kommunistische Gesellschaftsordnung ein.

Lakatos spart in seinen Erzählungen nicht mit ironischen und zynischen Seitenhieben, die innerhalb seiner Figurenkonstellationen sowohl Roma als auch Nicht-Roma treffen.

In den hier analysierten Werken ging es den Roma-Autoren immer wieder um die literarische Aufarbeitung von Verfolgung und Diskriminierung ihres Volkes, wobei der Situation zur Zeit des Nationalsozialismus ganz besonders viel Aufmerksamkeit geschenkt wird. Dies deutet darauf hin, daß es für Autoren nach 1945 unvorstellbar war, dieses Thema *nicht* aufzugreifen. Ein Hinweis dafür ist die Tatsache, daß im ersten Roman von Maximoff, der vor dem Ausbruch des Zweiten Weltkrieges verfaßt wurde, dem Roman „Die Ursitory"[28], die Verfolgung durch Nichtzigeuner noch keine Rolle spielt.

Ergänzend zu diesem dominanten Thema soll noch kurz auf zwei weitere Schwerpunkte in der Roma-Literatur hingewiesen werden, die ebenfalls als gemeinsame Themen aller Autoren gewertet werden können. Einerseits wird die enge Beziehung der Roma zur Musik thematisiert, andererseits fällt die starke Hinwendung zu Mythologischem und Traditionellem auf.

„Zigeuner" und „Musiker" gilt bei vielen Nicht-Roma beinahe als Synonym. Was bietet hier die Literatur der Roma? Auch sie thematisiert immer wieder die Musik, wobei sich vor allem vier Zugänge zu diesem Thema herauskristallisieren lassen, die sich häufig gegenseitig bedingen: 1. Musik als Ausdrucksmöglichkeit tiefster Gefühle und Stimmungen; 2. Musik in den Konzentrationslagern; 3. Musik als Beruf, als Verdienstmöglichkeit und 4. Verlust der eigenen Musik.

In den Werken, die hier analysiert werden, wird die Musikalität der Roma – bis auf eine Ausnahme (Holdosis Roman „Die Straße der Zigeuner") – immer positiv hervorgestrichen. Es kommt zwar gelegentlich die Angst zum Ausdruck, daß die Roma-Musik verlorengehen könnte, an der Echtheit der Musik wird aber nicht gezweifelt. In den analysierten Werken wird – abgesehen von Holdosi – keine Unterscheidung zwischen „echter" und „unechter" Musik getroffen. Die Musik erscheint bei Maximoff,

28 Vgl. Fußnote 3.

Stojka, Franz, Lee, Heredia Maya und Lakatos als wertvolles kulturelles Gut der Roma, als ein Privileg und eine Kunst, durch die man den Nicht-Roma überlegen ist. Es wird zwar auch in Lees Roman der Verlust der Roma-Musik prophezeit, es steht aber in „Goddam Gypsy“ außer Frage, daß das, was verlorenzugehen droht, echte Zigeunermusik ist.[29]

In diesem Rahmen ist es nicht möglich, auf die Thematik Musik bei jedem einzelnen Autor einzugehen. Am interessantesten jedoch in diesem Zusammenhang ist Holdosis Roman „Die Straße der Zigeuner“, der gleichzeitig die erwähnte Ausnahme darstellt. Hier wird unterschieden in „banale“ Zigeunerweisen und „echte“ Zigeunermusik. Für eine der Figuren des Romans, für Ernö, bedeutet es eine Qual und Erniedrigung, bei Festen und auf Bällen die gewünschten Zigeunerweisen spielen zu müssen. Ernö wird aber von seinem Vater gezwungen, auf den Bällen zu spielen.

„Sie haben mein Todesurteil gesprochen, Vater. Ich komme mit; wer ein Zigeuner ist, soll es immer bleiben, selbst wenn sich Geschwüre an seinem Herzen bilden. Ich fiedle weiter, warum auch nicht, senke meinen Hut bis zum Erdboden: Meine Verehrung, der Hundertpengöherr; aber vor Ihnen, mein Zwanzigpengöherr, senke ich den Hut nur bis zur Hälfte, Ihnen steht nur eine Weise zu; küß die Hand, mein Fünfhundertpengöherr, Ihnen spiele ich so viele Stücke, wie Sie nur wünschen. Zwanzig, wenn's sein muß, wir schaffen es schon, und wenn unsere Arme nicht mehr können, spielen Bogen und Geige, Zimbel und Schlegel allein weiter, die wissen auch, was sie ihren Wohltätern schuldig sind. Stecken Sie das gebratene Fleisch und die Grieben ruhig in meine Tasche, gnädige Frau, wird meinen Kindern zu Hause guttun, die sind immer hungrig, nie satt zu kriegen. Meine Taschen sind ein bißchen schlierig, seit Jahren stecken freundliche Damen Essensreste dort hinein! Ach, hol der Teufel diese ganzen Wohltäter!“
Er nahm seine Geige unter den Arm und taumelte hinaus.[30]

Am Ball hat Ernö eine Erscheinung:

Ein kleiner alter Mann trat auf das Podium.
Er spürte, wie ihn das Männlein ansah und ihm zulächelte, dann begann es auf einer abgenutzten Geige zu spielen. Er wußte, das war die Musik, von der er geträumt hatte, die ewige Sehnsucht, die Musik der unausgesprochenen, von Tränen erstickten Worte, die Musik der Wanderzüge und Klageweiber, der Flüsse, Seen und verlockenden Meere, der gefallenen Engel, der feurigen Hengste, der wilden Galopps, der aufkeimenden Wünsche, der feinen Übereinstimmungen der Seelen, das war unsere jahrtausendealte Musik, die von dem Geld beschmutzt worden war, für das Zigeuner sie verkauft hatten, die Musik unseres Glaubens,

29 Vgl. in diesem Zusammenhang auch das zweite Buch von Ceija Stojka: Reisende auf dieser Welt. Aus dem Leben einer Rom-Zigeunerin. Hrsgg. von Karin Berger, Wien (Picus) 1992.

30 József Holdosi: Die Straße der Zigeuner, o. c., S. 17.

die im Verlaufe der ausgedehnten Wanderzüge von den Planwagen geglitten war. Das war seine Musik, von der er geträumt hatte.[31]

Hier kommt der krasse Gegensatz Zigeunerweisen – Zigeunermusik prägnant zum Ausdruck. Durch die ersteren fühlt sich Ernö existentiell bedroht, die Zigeunermusik des Alten dagegen bedeutet für ihn Sehnsucht, Leben und Wahrheit. Mit der zweiten Textstelle liefert der Erzähler eine sehr bildliche „Definition" von Urmusik: Die „echte" Zigeunermusik bezieht sich nicht auf irgendwelche Melodien oder Techniken, sondern auf den seelisch-gefühlsmäßigen Gehalt der Musik. Die Begriffe Zigeunermusik und Geld sind unvereinbar. Zigeunermusik erscheint als etwas ausschließlich Gruppeninternes (z. B. Klagelieder).

Ernö begibt sich nun auf die Suche nach dem alten Mann, er findet ihn aber nicht. Ernö stirbt, und es bleibt im Roman offen, ob es die „wahre Zigeunermusik" je gegeben hat oder ob sie nur eine Halluzination Ernös war.

Holdosi greift somit in seinem Roman einen „heiligen" Pfeiler der Roma-Kultur an. Indem er den Sucher nach der Urmusik sterben läßt, die Zigeunerweisen aber überleben, suggeriert er, daß der Verfall der Kunst nicht aufzuhalten ist.

Mythologisches und Traditionelles erscheinen als weiteres gemeinsames Thema in der Roma-Literatur. Bräuche, Sitten Stammesgesetze und Glaubensvorstellungen finden häufig Eingang in die Literatur der Roma und sind bestens geeignet, die Handlung zu beleben, den „plot"[32] zu liefern, die Geschichte ins Rollen zu bringen. Den schreibenden Roma steht hier ein Repertoire und Potential zur Verfügung, das sich für eine literarische Verarbeitung geradezu anbietet. Es handelt sich hier zum Beispiel um den Glauben an das Schicksal, um Muloglaube[33] und Todesriten. Was der „Gađo-Leser" als phantastische Elemente interpretiert, dürfte für einen traditionellen Rom wesentlich realer erscheinen. In einigen Romanen und Erzählungen bilden Bräuche und Glaubensinhalte die Handlungsauslöser. Besonders Matéo Maximoff macht sich deren Dynamik für seine Romane zunutze. Allerdings besteht bei ihm auch ein starkes Interesse,

31 J. Holdosi: Die Straße der Zigeuner, o. c., S. 20.

32 In der deutschen Narratologie (Erzählforschung) wird von der „Fabel" gesprochen: gemeint ist die Nuklearform der Erzählung im Gegensatz zum Terminus „Geschichte" („story"), der den Erzählprozeß bezeichnet.

33 Der Mulo ist der Geist des Toten, der erscheinen und den Lebenden gefährlich werden kann.

Bräuche und Sitten zu dokumentieren, was die häufige Wahl dieses Schwerpunktes erklärt. Dazu ein Beispiel aus Maximoffs Roman „Die siebente Tochter“:

> Wieder zählte Stervo die Tage an den Fingern ab, um sich ja nicht zu verrechnen. Wenn man Tantchis Todestag mitzählte, waren nun neun Tage vergangen, und es war Zeit, die zweite *Pomana* abzuhalten. Die erste hätte drei Tage nach dem Tod stattfinden sollen, aber wie man sich erinnern wird, war an diesem Tag das Schreckliche geschehen, daß sich Tantchi in einen *Mulo* verwandelt hatte.
> Das Wort *Pomana* läßt sich nicht genau übersetzen, es bedeutet ungefähr soviel wie „Gedenkfeier für den Toten“. Die wenigsten Zigeuner können lesen und schreiben, aber zählen können sie alle. Drei Tage nach dem Tode eines lieben Angehörigen findet die erste *Pomana* statt, neun Tage nach dem Tod die zweite, die dritte sechs Wochen nach der ersten, die vierte im sechsten Monat und die fünfte und wichtigste von allen zwei Wochen bevor sich der Todestag zum ersten Male jährt. Dieser Brauch wird von allen Stämmen der *Kalderaš* streng beachtet.[34]

Durch solche „Einschübe“, die den literarischen Text unterbrechen, werden dem Leser alte Roma-Sitten nahegebracht.

Auf außerliterarischer Ebene ist festzuhalten, daß Bräuche, Stammesgesetze und Glaubensvorstellungen der verschiedenen Roma-Gruppen stark voneinander abweichen, trotzdem aber in einigen Punkten Gemeinsamkeiten aufweisen.

Es ließen sich in der Roma-Literatur noch viele weitere gemeinsame Themen finden. Der Grund für diese Ähnlichkeit ist – wie bereits erwähnt – im gesellschaftlich-historischen Kontext zu suchen.[35] Die soziale Stellung der Roma und ihr Verhältnis zur Gesellschaft der Nicht-Roma sind in den Ländern, aus denen die Autoren der hier in Betracht gezogenen Werke kommen, ähnlich: Die Roma gehören zur niedrigsten sozialen Schicht, die Geschichte der verschiedenen Roma-Volksgruppen ist die einer Verfolgung und Unterdrückung, Roma gelten als Außenseiter der Gesellschaft, die Beziehung zu den Nicht-Roma gestaltet sich demnach problematisch. All diese Faktoren beeinflussen direkt das Schaffen der Roma-Autoren und werden literarisch verarbeitet.

---

34 Matéo Maximoff: Die siebente Tochter, o. c., S. 185.

35 In der Literaturwissenschaft wird in einem solchen Fall von gesellschaftlich-typologischen Analogien gesprochen. Zur Theorie der typologischen Analogien vgl. Dionýz Ďurišin: Vergleichende Literaturforschung. Versuch eines methodisch-theoretischen Grundrisses, Berlin (Akademie-Verlag) 1976.

In Hinblick auf die Roma-Autoren lassen sich zweifellos auch psychologisch-typologische Analogien[36] feststellen, die sehr eng mit den gesellschaftlich-typologischen Komponenten verflochten sind. Die Autoren sind stolz auf ihr „Rom-Sein", engagiert, offen, traditionsbewußt und an einem Zusammenleben mit den Nicht-Roma interessiert. Sie erfuhren Diskriminierung oder Verfolgung am eigenen Leib und bringen diesen autobiographischen Hintergrund in die Literatur ein. Sie wollen durch ihr Werk aufklärerisch wirken, das heißt den Nicht-Roma die Welt der Roma näherbringen. Als Schriftsteller gehören sie meist zur intellektuellen Schicht unter den Roma.

Der Titel des spanischen Flamencotheaters von José Heredia Maya ist ebenfalls für die gesamte Roma-Literatur bezeichnend: „Camelamos naquerar" – Wir wollen sprechen. In diesem Sprechenwollen liegt etwas Neues, es ist ein Sprechen nach einem langen Schweigen.

Images in der Roma-Literatur

In diesem Zusammenhang ist es sicherlich auch interessant, die Bilder (Images) bzw. die Selbstbilder (Autoimages) in der Roma-Literatur zu untersuchen. Ich greife aus der Fülle hier nur – wie erwähnt – drei Bilder heraus: das Bild des „stehlenden, betrügenden Zigeuners"; das Bild der *Romní*, der „Zigeunerin", und das Bild, das die Roma in der Literatur von den Nicht-Roma entwerfen.

Das Bild des „stehlenden, betrügenden Zigeuners" ist in der Volksmeinung weit verbreitet, immer wieder wird in der Literatur der Nichtzigeuner der Rom nach diesem Klischee dargestellt.[37]

Was sagen nun die Roma in ihren literarischen Werken selbst dazu? Kleine Diebstähle und Betrügereien kommen häufig zur Sprache – sie gelten

36 Gemeinsamkeiten, die auf das „schriftstellerische Naturell" (Ďurišin) der zu vergleichenden Autoren zurückzuführen sind.

37 Ein klassisches Beispiel ist die 1613 erschienene Novela de la Gitanilla (Das Zigeunermädchen) von Cervantes, die mit folgenden Sätzen beginnt: „Es scheint, Zigeuner und Zigeunerinnen kommen bloß auf die Welt, um Spitzbuben zu sein. Sie stammen von Eltern, die Spitzbuben sind, werden mit Spitzbuben erzogen, studieren das Spitzbubenhandwerk und werden endlich Spitzbuben, die auf alle Fälle gemacht und bedacht sind; Lust am Stehlen und Stehlen selbst gehören gleichsam zu ihren notwendigen Eigenschaften, die sie erst mit dem Tode ablegen." Vgl. Miguel de Cervantes Saavedra: Geschichte des Zigeunermädchens, in: M. de Cervantes Saavedra: Novellen, (Novelas Ejemplares, deutsch), Darmstadt (Wissenschaftliche Buchgesellschaft) 1967, S. 15.

als legitim. Durch Hunger, Verfolgung und Arbeitslosigkeit scheinen die Figuren in den verschiedenen Werken dazu gezwungen, Diebstähle und Betrügereien im kleinen Rahmen zu begehen, um zu überleben. Diebstähle im größeren Ausmaß werden hingegen nicht gutgeheißen.

Unterschieden werden zudem Diebstahl und Betrug innerhalb der eigenen Gruppe von jenen Delikten, durch die die Welt der Nichtzigeuner geschädigt wird. Innerhalb der eigenen Gruppe wird Ehrlichkeit erwartet, kommt es trotzdem zu Betrügereien, so werden diese sehr negativ bewertet und verurteilt. Ein Gađo hingegen darf betrogen werden, er gilt als dumm, wenn er sich hinters Licht führen läßt. Dazu eine Textstelle aus Lees Roman „Verdammter Zigeuner".

Schließlich war nur noch die Grillgrube zu reparieren. Wir hatten sie bald sauber, und ich betrachtete die zerbrochenen Backsteine.
„Was jetzt? Wir haben keine Ersatzsteine dabei."
Kolia lächelte nur und räumte die zerbrochenen Steine zur Seite. „Koch Wasser und wirf die Lauge hinein."
Als die Lauge fertig war, wusch er die etwa dreißig zerbrochenen Steine mit der Zange im sprudelnden Wasser. Jetzt sahen sie aus wie neu. Er legte sie umgekehrt in die Grillgrube, so daß die Bruchstellen an der Wand versteckt waren. Als er fertig war, hätte selbst ich geschworen, daß er neue Steine benutzt hatte. Nun konnte er dem Restaurant fünfunddreißig neue Backsteine zum Stückpreis von zwei Dollar fünfzig berechnen. Er grinste mich an. „Gazho si dilo – der Nichtzigeuner ist ein Dummkopf."[38]

Obwohl es immer sehr schwierig ist, Bilder von Scheinbildern zu trennen – wo sind die wahren Bilder, wo die falschen? –, stellt sich die Frage auch nach der Richtigkeit der Autoimages der Roma in ihrer eigenen Literatur. Auffallend und wesentlich für unsere Untersuchung ist jedenfalls eine weite Bandbreite der Darstellung des „Zigeuners", die aber unbedingt im Kontext seiner eigenen Kultur gesehen werden muß.

Um das Bild, das in den literarischen Werken der Roma von der *Romní*, der „Zigeunerin", gezeichnet wird, verstehen zu können, ist es ebenfalls notwendig, Stammesgesetze und Bräuche der Roma zu berücksichtigen.

So definiert sich zum Beispiel der Wert der *Romní* in der Literatur, die sich auf die traditionelle Kultur bezieht, über den zu erwartenden Brautpreis, über Arbeitskraft, Aussehen, Jungfräulichkeit, Fruchtbarkeit und Unterwürfigkeit. Positive Frauenbilder finden wir dort, wo eine *Romní* diesen Kriterien entspricht.

38 Ronald Lee: Verdammter Zigeuner, o. c., S. 26.

Die *Romní* kann jedoch auch Machtpositionen bekleiden: als alte weise Frau, als Frau, die im Kontakt mit dem Übernatürlichen steht, als Mutter und als potentielle Ehefrau. In diesen Fällen wird sie von der Gruppe geschätzt.

Im folgenden Zitat – in dem ein Rom von seinem Vater zur Familiengründung angehalten wird – kommen einige Erwartungen, die an die Frauen gestellt werden, klar zum Ausdruck.

Der alte Mann schimpfte Kolia wegen irgend etwas aus, und Kolia, einer der stärksten Männer, die ich je sah, hockte kleinmütig da und hörte sich das an. Hin und wieder schaute mich der Alte beifallsuchend an, und ich nickte, obwohl ich nicht wußte, worum es ging.
„Es wird Zeit, daß du heiratest, mein Sohn!" sagte Kolias Vater. „Du wirst zu alt, um allein zu leben. Du brauchst eine Frau, die dir das Essen kocht, deine Kleidung in Ordnung hält und meine Enkelkinder zur Welt bringt. Die meisten Zigeuner sind verheiratet, bevor ihnen Haare auf der Brust wachsen."[39]

Die genannten Maßstäbe, nach denen eine *Romní* gemessen wird, sind vor allem in Zusammenhang mit Sitten und Stammesgesetzen traditioneller Roma-Gruppen zu sehen. Es ist davon auszugehen, daß viele der erwähnten Stammesgesetze heute in der außerliterarischen Wirklichkeit zwar nicht mehr in diesem Ausmaß praktiziert werden, wohl aber nach wie vor Eingang in die Literatur finden.

Ein aus „europäischer" Sicht „moderneres" Frauenbild findet sich bei Holdosi in „Die Straße der Zigeuner". Holdosi – der „modernste" unter den Roma-Autoren – schneidet in seinem Roman in Hinblick auf die Stellung der Frau eine Reihe von Themen an, die man bei den anderen Autoren nicht findet, z. B. die *Romní* als Hure; die *Romní,* die ihre Kinder im Haß gebiert; die *Romní* als Intellektuelle, als politisch Aktive usw.

Was für Bilder machen sich nun die Roma in ihrer Literatur von den *Gađe?* Als Nicht-Rom sieht man sich mit Verachtung und Mißtrauen, mit Verständnis, Solidarität, Dankbarkeit, Angst, Stolz, Haß, Toleranz, Spott und Kritik konfrontiert. Also ein breites Repertoire. *Gađo* ist in der Literatur nicht gleich *Gađo.* Ganz verschiedene Stufen der Nähe zwischen Roma und Nicht-Roma werden unterschieden.

Mit anderen diskriminierten Minderheiten kommt in der Roma-Literatur – wie bereits erwähnt – eine starke Solidarität zum Ausdruck: mit Juden, Indianern, Gastarbeitern, Schwarzen, politisch Diskriminierten usw. Sie sind zwar Nicht-Roma, befinden sich aber in einer ähnlich schwierigen

39 Lee: Verdammter Zigeuner, o. c., S. 30.

Lebenssituation wie die Roma. Mißtrauen und Verachtung treffen vor allem die Machthabenden, die Herrscher und Besitzenden.

Ein Vorwurf, den die Roma in der Literatur erheben, ist der, daß die Nichtzigeuner die Roma nicht ernst nehmen. Das Interesse sei oft oberflächlich und nicht selten mit sexuellen Wünschen verbunden.

Es war alles umsonst gewesen, dachte ich. Wie Marie gesagt hatte: Sie nahmen uns nie ernst. Sie waren nur zu bereit, uns ihre stinkenden Bibeln, Zahnbürsten und ihre eigene Art von Gehirnwäsche zu geben, aber niemals kulturelle Gleichberechtigung. Für diese Frau war ich nichts als der Eingeborenenhäuptling, Yanko Lee, König der Romeo-Zigeuner, wie irgendein Idiot mich bereits in der Presse bezeichnet hatte. Ich erkannte nur zu gut, daß ich in den Augen von Menschen wie ihr nichts war als ein sexuell interessanter Wilder, der mit ihr all die schrecklichen Dinge treiben würde, die ein Weißer nicht durfte. Wie Marie immer sagte: „Sie bumsen gern Indianerinnen, weil unser roter Hintern angeblich so geil ist." Endlich verstand ich die sanfte Weisheit meiner schwarzen Freunde und ihre Verachtung für die Weißen.[40]

Angeprangert werden auch einige Werte und Lebensvorstellungen der Nichtzigeuner: z. B. die Sucht nach Reichtum und Besitz. Dazu eine Textstelle aus Holdosis „Straße der Zigeuner".

Im Dorf war es ruhig, nur hin und wieder kläffte ihn hinter Zaunlatten ein Hund böse an. Péter rief: „Bewache nur das Haus deines Herrn, daß er ruhig schlafen kann, sein Reichtum, die vielen Rinder, Pferde und Hühner lassen ihn nicht ruhen, er fürchtet sich vor der Pest und den Zigeunern, die sein Vieh stehlen könnten. Und seine Frau treibt es mit einem jungen Burschen, der Herr kümmert sich ja nur noch um Kühe, Pferde und seinen Reichtum."[41]

Über die Bilder in der Roma-Literatur läßt sich zusammenfassend folgendes sagen: Autoimages entstehen durch eine Abgrenzung vom Bild des Nichtzigeuners, wobei positive Eigenbilder dazu dienen, das Selbstwertgefühl der Gruppe zu steigern. Die Bilder in der Literatur sind von sozialgeschichtlichen Komponenten nicht zu trennen und werden meist erst durch eine Berücksichtigung der Roma-Tradition verständlich. Das Bild der *Romní* ist in ganz besonderem Maße unter diesem Aspekt zu sehen. Eigen- und Fremdbilder in der Literatur verweisen in vielen Fällen auf eine Identitätssuche sowie eine Suche nach dem Platz in der Mehrheitsgesellschaft.

---

40 Lee: Verdammter Zigeuner, o. c., S. 122. Es handelt sich hier um Yankos Gedanken über eine Journalistin während eines Interviews.

41 József Holdosi: Die Straße der Zigeuner, o. c., S. 21 f.

Wichtig erscheint mit abschließend folgende – sehr einfache – Feststellung, die sich durch die Beschäftigung mit den Roma treffen läßt: Es existiert neben der mündlichen auch eine schriftliche Roma-Literatur, die es sehr wohl verdient, rezipiert zu werden, auch wenn sie in der gegenwärtigen Situation nicht als ein primäres kulturelles Ausdrucksmittel der Roma gelten kann. Es ist zweifellos so, daß die Kultur der Roma weltweit vom Zerfall bedroht ist (Auflösung der Sippenstruktur, Verlust traditioneller Berufe, Diskriminierung durch die Mehrheitsbevölkerung – daher: Verleugnung der Identität und Sprache usw.), gleichzeitig dürfte es aber in den nächsten Jahren (und Jahrzehnten) zu einer verstärkten literarischen Produktion der Roma kommen: Intensivere Schulbildung, die Aktivitäten von Roma-Komitees und die Beispielwirkung bereits existierender Roma-Literatur weisen darauf hin.

Von Interesse ist die Literatur der Roma auf jeden Fall; sei es, um zu erfahren, welche literarischen Bilder von den Nichtzigeunern entworfen werden, sei es, um ein tieferes Verständnis für die Roma-Tradition zu erlangen, um Sprachkunstwerke dieser Minderheit mit der Literaturproduktion der jeweiligen Mehrheitsbevölkerung zu konfrontieren oder sei es, um Zeitgeschichte besser begreifen zu können: Die Berichte der Historiker und Roma-Experten gehen nahe, sie schockieren. Trotzdem ist der literarische Zugang ein direkterer – einer, der durch keine Statistiken und wissenschaftlichen Abhandlungen ersetzt werden kann.

Literatur

Primärliteratur von Roma-Autoren

Die Originalausgaben der verschiedenen Werke sind in den Fußnoten zitiert.

Franz, Philomena: Zwischen Liebe und Haß, Freiburg im Breisgau (Herder) 1985.

Heredia Maya, José: Camelamos naquerar, Granada (Secretariado de Publicaciones de la Universidad de Granada) 1976.

Holdosi, József: Die Straße der Zigeuner, aus dem Ungarischen von Peter Scharfe, Berlin (Verlag Neues Leben) 1984.

Lakatos, Menyhért: Csandras Karren. Zigeunergeschichten, aus dem Ungarischen von Andreas Borosch, Berlin (Volk und Welt) 1978.

Lee, Ronald: Verdammter Zigeuner. „Goddam Gypsy", aus dem Englischen von Irmela Brender, München (dtv) 1987.

Maximoff, Matéo: Die Ursitory, aus dem Französischen von Walter Fabian, Zürich (Manesse) 1954.

Maximoff, Matéo: Der Preis der Freiheit, aus dem Französischen von Bernhard Jolles, Zürich (Morgarten) 1955.

Maximoff, Matéo: Die siebente Tochter, aus dem Französischen von Ursula Laubi, Zürich (Flamberg) 1969.

Maximoff, Matéo: Verdammt zu leben, aus dem Französischen übersetzt und bearbeitet von Elisabeth Profos-Sulzer, Bern (Zytglogge) 1988.

Stojka, Ceija: Wir leben im Verborgenen. Erinnerungen einer Rom-Zigeunerin. Hrsgg. von Karin Berger, Wien (Picus) 1988.

Stojka, Ceija: Reisende auf dieser Welt. Aus dem Leben einer Rom-Zigeunerin. Hrsgg. von Karin Berger, Wien (Picus) 1992.

Weitere Primär- und Sekundärliteratur (Auswahl)

Cervantes Saavedra, Miguel de: Geschichte des Zigeunermädchens, in: Cervantes: Novellen (Novelas Ejemplares, deutsch), übersetzt von Adalbert Keller und Friedrich Notter, Darmstadt (Wissenschaftliche Buchgesellschaft) 1967, S. 15–96.

Ďurišin, Dionýz: Vergleichende Literaturforschung. Versuch eines methodisch-theoretischen Grundrisses, Berlin (Akademie-Verlag) 1976.

Hackl, Erich (Hrsg.): Zugvögel seit jeher. Freude und Not spanischer Zigeuner, Wien/Freiburg/Basel (Herder) 1987.

Vossen, Rüdiger: Zigeuner, Roma, Sinti, Gitanos, Gypsies, zwischen Verfolgung und Romantisierung. Katalog zur Ausstellung des Hamburgischen Museums für Völkerkunde, Frankfurt/M./Berlin/Wien (Ullstein) 1983.

Musik im Leben der Roma

Ursula Hemetek

Liegt ihnen „die Musik im Blut"?

In der Alltags- und Festkultur der Roma[1] nehmen Musik und Tanz einen zentralen Platz ein.

Es ist vom ethnomusikologischen, ethnologischen oder überhaupt kulturhistorischen Ansatz her schwierig oder fast unmöglich, Aussagen zu machen, die für alle Roma gelten. Die Vielfalt ist so groß, und die historischen und kulturellen Entwicklungen der einzelnen Gruppen waren so unterschiedlich, daß man immer Gefahr läuft, mit allgemeinen Aussagen falsch zu liegen. Andererseits muß es auch Gemeinsamkeiten geben, die das Volk der Roma weltweit zu einem Volk, ja sogar, wie im politischen Zusammenhang oft gesagt wird, zu einer Nation machen.

Eine dieser Gemeinsamkeiten ist die Rolle der Musik im Leben der Roma.

Mit der Musik verbindet sich ein beliebtes Roma-Klischee, eines von den positiven (die Roma haben sich auch mit sehr vielen Negativklischees auseinanderzusetzen): „Die Musik liegt ihnen im Blut." Wer kennt nicht die Bilder, auf denen Roma mit der Geige oder sonst einem Instrument in der Hand dargestellt werden oder jene der „tanzenden Zigeunerin". Dieses Bild des musizierenden oder tanzenden Rom mag wohl auch aus einer langen Tradition des Musikantenberufes bei einigen Gruppen der Roma entstanden sein. Es existiert sogar ein sehr frühes Dokument, dessen Verläßlichkeit allerdings angezweifelt werden darf, in dem die Luri, die, nicht unumstritten, als Vorfahren der Roma gelten, bereits als kundige Musiker bezeichnet werden, die zur Unterhaltung des Mehrheitsvolkes aufspielen sollten. Im persischen Nationalepos Šah-Name (Königsbuch), verfaßt von Ferdousi zwischen 982–1014 n. Chr., erscheinen die Luri als Musikanten, Tänzer, Jongleure, die ein persischer König der Sassaniden-Dynastie, Bahram-Gur (420–438 n. Chr.) von Indien nach Persien kommen ließ. Ferdousis Erzählung lautet: „Wie Bahram-Gur die Zigeuner von Indien nach Persien brachte": „Der Schah schickte Kamelreiter an König Shangul mit der Botschaft: ‚Mein gütiger und hilfreicher Fürst, wähle

---

1 Der Begriff „Roma" (Einzahl Rom, bei den Lovara Rom auch als Mehrzahl gebraucht) wird hier als Synonym für das Wort „Zigeuner" verwendet, das im Sprachgebrauch oft abwertenden Charakter hat und von einigen Roma-Gruppen abgelehnt wird.

zehntausend aus dem Stamm der Zigeuner, Männer sowohl als Weiber, geschickt im Harfenspiel, und sende sie mir zu' ... Durch seine Beamten ließ er ihnen tausend Eselfrachten von Weizen aushändigen, auf daß jene Ochs und Esel für die Arbeit brauchen sollten und den Weizen zur Aussaat, um Frucht zu ziehen. Daneben sollten sie die Armen mit Musik unterhalten, und zwar unentgeltlich" (Keil 1964: 9).

Romafest auf der Jesuitenwiese. Foto: Gerhard Maurer.

Besonders zum Klischee des „Zigeunermusikanten" in Europa hat wohl die ungarische „Zigeunermusik" und die Rolle, die die Roma dabei spielten, beigetragen, doch dazu später genauer.

Wie eingangs erwähnt, ist festzuhalten, daß die Musik im Leben der Roma auf der ganzen Welt eine wichtige Rolle spielt. Ob als aktive Musiker und Musikanten oder als Zuhörer, viele Roma leben von oder mit Musik. Ich konnte das selbst bei vielen ihrer Feste beobachten.

Man stelle sich z. B. folgende Szene vor: Es sind auf der Jesuitenwiese im Wiener Prater etwa 50 Roma versammelt. Es wird gegrillt – Lammfleisch und Spanferkel –, man sitzt an den Holztischen oder im Gras, es wird getrunken und gegessen. Es ist kein besonderer Feiertag, aber es gibt einen Anlaß, warum man gemeinsam ißt und trinkt: Ein Verwandter aus Jugoslawien ist auf Besuch gekommen, und man gibt ihm die Ehre, *paćiv,* wie das auf *Romanes* heißt.

Vier Musiker sind auch unter den Gästen, und sie haben selbstverständlich ihre Instrumente mitgebracht: Violine, 2 Tamburicainstrumente und einen Baß. Sie beginnen zu spielen, zu singen. Einige Frauen beginnen zu tanzen, auch die Kinder. Umsitzende Zuhörer erheben die Arme, erleben die Musik, drücken ihre Begeisterung aus. Mitten auf einer Wiese im Prater an einem ganz gewöhnlichen Freitag. Der Prater ist gut besucht an diesem Tag, und viele Passanten bleiben stehen. Sie sehen und beneiden möglicherweise die „Zigeuner", wie sie spielen, singen und tanzen, wie sie ihre Lebensfreude in der Musik ausdrücken.

Dies ist nur eines von vielen Beispielen, wo Mehrheitsvolkangehörige zufällig miterleben, wie Roma mit der Musik leben. Wenn ein Volk so zu feiern versteht, muß ihm doch wohl „die Musik im Blut liegen"?

Ein wichtiges Faktum, das zum Entstehen des Klischees beigetragen haben könnte, ist wohl auch die außergewöhnliche musikalische Flexibilität der Roma-Musiker. Möglicherweise durch die lange Wanderung dieses Volkes und durch die Konfrontation mit unterschiedlichsten Musikstilen und -arten in ihrer Geschichte haben Roma die Fähigkeit entwickelt, jede Art der Musik zu spielen. Svanibor Pettan (1992) belegt die Flexibilität und auch Kreativität der Roma im Umgang mit fremder Musik anhand von Beispielen aus dem Kosovo. Die Improvisation wird dabei als wichtiges, eigenständiges Element eingesetzt. "Gypsies are the best musicians because they play music of all nations. We are universal and international" (Pettan 1992: 118) – so die Aussage eines Rom-Musikers über sein Volk.

Sowohl in der Art, wie die Roma Musik handhaben, als auch in der Konfrontation der Außenstehenden mit diesem Umgang mögen die Gründe dafür liegen, daß dieses Klischee entstanden ist. Zur Klärung der Frage, inwieweit dieses Klischee haltbar ist, sollte man versuchen darauf einzugehen, wie sich die Roma ihre musikalischen Fertigkeiten erwerben. Da steht nun auf der einen Seite die mündliche Tradierung. Diese erfolgt innerhalb der Familie. Die Kinder wachsen bewußt oder unbewußt in die Traditionen hinein, übernehmen von Eltern und Verwandten, was diese singen. Es gibt begabtere Kinder, die dann innerhalb der Gruppe zu den Trägern der Liedkultur werden. Diese Form des Lernens betrifft vor allem die Vokaltraditionen. Zur Beherrschung eines Instruments ist, ebenso wie bei den Nicht-Roma, Unterricht erforderlich.

Roma müssen zur Beherrschung eines Instrumentes genau so hart arbeiten wie Nicht-Roma. Es fliegt ihnen auch nicht im Schlaf zu.

Werden Roma von Nicht-Roma unterrichtet, so hört man von den Lehrern des öfteren, daß die Kinder viel mehr zum Auswendigspielen neigen, nicht so gern von Noten spielen, und zur Musik einen anderen, viel sinnlicheren Zugang haben als Nicht-Roma. Von manchen Lehrern wird das geschätzt. Andere kommen mit der freieren Interpretation des Begriffes „Disziplin" schwerer zurecht.

Werden Roma von Roma unterrichtet, gestalten sich die Methoden meist anders: Der Geiger Moša Sišić (rumänischer Rom aus der Vojvodina) z. B. unterrichtet eine Gruppe von Violinschülern, die meisten davon Roma. Seine Methode ist die des Vorzeigens von einzelnen Griffen, die die Schüler nachspielen. Es ist ein direktes Weitergeben ohne den Umweg über das Notenbild. Die Schüler lernen verschiedene Parts, die für eine Realisation dieses spezifischen Musikstils, der serbischen Roma-Musik notwendig sind. Zuerst die leichteren, begleitenden, denn es wird immer in der Gruppe musiziert, und jedes Kind hat seine musikalische Funktion zu erfüllen. Aber nicht nur der Unterricht erfolgt in der Gruppe, auch die Auftritte finden gemeinsam statt. Der Lehrer steht mit seinen Schülern auf der Bühne, und sie spielen gemeinsam, wobei jeder der fortgeschritteneren Schüler auch einen Solopart bekommt. Der Wechsel ist fließend. Der „Meister" bildet das musikalische Zentrum, und es bietet sich dem Zuhörer eine ganz spezielle, lebendige Interaktion zwischen Lehrer und Schülern. Der Leistungsdruck ist trotz dieser Art des Unterrichtens gegeben, denn viele der Schüler lernen hier ein Handwerk, mit dem sie später einmal ihren Lebensunterhalt verdienen wollen, und sie konkurrieren miteinander. Ohne Üben, Konsequenz und Disziplin werden sie keine „Meister" sein, und obwohl der Zugang spielerisch wirkt, handelt es sich bei näherem Hinsehen um harte Arbeit.

Vielleicht sollte man auch einen Roma-Schüler aus unserem Nachbarland Ungarn zitieren, der seine musikalische Ausbildung in der bekannten „Rajko" Roma-Musikschule macht. Er hat die strenge Aufnahmsprüfung bestanden, die in ganz Ungarn und sogar in der benachbarten Slowakei ausgeschrieben wird. Er schildert seinen Tagesablauf: „Ab 10 Uhr morgens haben wir Orchesterproben bis 13 Uhr. Dann bekommen wir Einzelunterricht mit Notenheften, der findet jeden Nachmittag eine Stunde lang statt – das Spielen vom Blatt liebe ich nicht gerade. Wir werden in allen möglichen Stilrichtungen ausgebildet, von klassischer Musik bis hin zu Operetten und Volksmusik. Wir müssen uns ja auf die unterschiedlichsten Vorführungen vorbereiten, verschiedene Repertoires einüben. Da wir eine Tanzgruppe haben, lernen wir auch die Begleitstücke für diese Gruppe. Täglich übe ich so ungefähr fünf bis sieben Stunden, manchmal auch mehr, wenn es nötig ist, wie zur Zeit: Innerhalb von 24 Tagen mußten wir 22 Stücke auswendig lernen, um einen Chor begleiten zu können. Täglich von acht bis vierzehn Uhr haben wir geübt, eine kurze Pause, danach wurde weiter geübt. Und abends haben wir noch Vorstellungen" (Fienbork-Mihok-Müller 1992: 71).

Man muß sicher eine besondere Einstellung zur Musik haben, um das als

15jähriger durchzuhalten. Ich würde es als sehr professionelle Einstellung bezeichnen. Der Schüler, der dies durchhält, kann mit der Achtung seiner Sippe rechnen. Und da liegt wohl ein Unterschied zur Welt der Nicht-Roma. Die Musiker haben gesellschaftlich eine wichtige Funktion, denn die Musik ist wichtig im Leben der Roma. Insofern hat das Klischee nun vielleicht doch eine Berechtigung . . .

Die Vielfalt der Arten und Gattungen

Die Musikstile, die Roma auf der ganzen Welt singen und spielen, sind so unterschiedlich wie die Dialekte, die Geschichte und die Lebensformen der einzelnen Gruppen. Es ist sehr schwierig und auch problematisch, stilistische Gemeinsamkeiten in der Musik, die von Roma gespielt oder gesungen wird, herauszufinden.

Da die Roma aus Indien stammen[2], versucht man gelegentlich, dort gemeinsame musikalische Wurzeln zu entdecken.

Es ist in einigen Publikationen zu lesen (z. B. Rüdiger 1991), daß die zwei übermäßigen Sekunden in einem Raga Indiens dem sogenannten „Zigeunermoll" entsprächen. Erstens ist diese Skalenstruktur im ganzen Balkanraum verbreitet, und zweitens wird bei solchen Behauptungen nicht bedacht, daß man von der indischen Zeit des 7.–10. Jahrhunderts ausgehen muß. Damals war das Ragasystem erst im Entstehen begriffen und begann langsam das alte „Grama murcchana jati"-System abzulösen. Es war eine Periode des Übergangs, auch gesellschaftlich. Diese Entwicklung zum Ragasystem bezog sich aber nur auf die Hochkultur, an der die Roma aufgrund ihres Standes, der Zugehörigkeit zu einer niederen Kaste, wohl kaum teilhatten (Djurić 1989: 16). Für ihre musikalische Praxis war die Volksmusik oder die tribale Musik der damaligen Zeit prägend, und über diese Gattungen ist aus jener Zeit nichts bekannt.

Bálint Sárosi, der viel über die Musik der Roma in Ungarn publiziert hat, schreibt dazu: „Die Zigeuner haben keine gemeinsame Musiksprache. Es existiert weder ein gemeinsamer Liedschatz noch eine Art des Musizierens, die bei allen Zigeunern der Welt die gleiche ist . . . Ihre Volksmusik

2 Aufgrund von Sprachanalysen des Romanes läßt sich die Herkunft der Roma auf das Gebiet Nordindiens zurückverfolgen. Das Romanes ist mit dem Sanskrit eng verwandt. Durch Umlautungen vom Sanskrit zu den neuindischen Dialekten, die das Romanes nicht mehr mitvollzogen hat, läßt sich auch ungefähr der Zeitpunkt der Abwanderung zwischen dem 7. und dem 10. Jahrhundert festlegen (siehe genauer: Heinschink).

gestaltet sich im großen und ganzen je nach Ländern unterschiedlich und besitzt überall viele Gemeinsamkeiten mit der lokalen Volksmusik" (Sárosi 1977: 22).

Seit einigen Jahren beschäftige ich mich mit der Musik der Roma in Österreich (siehe Publikationsliste) und konnte bis jetzt vier verschiedene Gruppen und deren Musikstile untersuchen. Ich konnte feststellen, daß sich nicht einmal bei den Gruppen, deren gemeinsame kulturelle Grundvoraussetzung das gleiche Gastland ist, ein ähnlicher Musikstil findet. Der Einfluß der Volksmusik des Gastlandes Österreich hat sich noch nicht oder nur bei einer Gruppe ausgewirkt. Gemeinsam ist allen Gruppen, daß die Musik einen zentralen Stellenwert einnimmt, allerdings in unterschiedlichen Ausprägungen. Jede der Roma-Gruppen, die derzeit in Österreich lebt, ist auf unterschiedlichen Wegen, zu unterschiedlichen Zeitpunkten hierher gekommen:

Roma in Österreich

Gruppe	eingewandert aus	in Österreich
1. Burgenländ. Roma	Ungarn, Slowenien	seit 16. Jh.
2. Lovara	Ungarn, Slowakei	seit 19. Jh.
3. Sinti	Deutschland, Böhmen	seit 19. Jh.
4. Jugoslaw. Roma	Serbien, Makedonien	seit 1965–1970

Jede der Gruppen hat als Muttersprache einen anderen Dialekt des *Romanes* und war im Laufe der Zeit unterschiedlichen kulturellen Einflüssen ausgesetzt.

Es sollen nun zunächst die musikalischen Erscheinungsformen der Musik der Roma in Österreich behandelt werden. Dies geschieht als Voraussetzung dafür, dann ihren Stellenwert im Leben der Roma zu beleuchten.

Die Musik der Roma in Österreich als Erscheinungsform

Ich möchte versuchen, dem schwierigen, in der Literatur sehr unterschiedlich oder überhaupt nicht gelösten Einteilungsproblem der Musik der Roma mit Hilfe der Begriffe Art und Gattung beizukommen.[3] Die

3 „Art" ist in diesem Zusammenhang als Musizierpraxis zu verstehen. Es ist nämlich wichtig, für wen gespielt wird, denn danach unterscheiden sich auch die musikalischen Gattungen. Art und Gattung lassen sich einander zuordnen, sind jedoch hier nicht hierarchisch zu verstehen.

Einteilung soll helfen, zu klären, was die Musik der Roma in Österreich alles sein kann.

Man kann bei den Roma zwischen zwei Arten von Musik unterscheiden: Sie spielen oder singen für den zahlenden Gast, den Nichtzigeuner, oder sie spielen oder singen für die eigene Gruppe, für die Roma. Nicht immer sind die beiden Arten streng voneinander zu trennen, es gibt fließende Grenzen, und sie beeinflussen einander. Die folgende Tabelle versucht, die komplizierten Daseinsformen und die Gebrauchspraxis der Musik der Roma mit Hilfe der Begriffe Art und Gattung vereinfacht darzustellen.

Arten (Musizierpraxis)	Gattungen
Für das Mehrheitsvolk	„Zigeunermusik" die Volksmusik des jeweiligen Gastlandes Gebrauchsmusik Roma-Musik in modernisierter Version Zigeunerjazz
Für die eigene Gruppe	Roma-Musik, traditionell (je nach Gruppen verschieden) Roma-Musik, modern (kein einheitlicher Stil) „Zigeunermusik" Zigeunerjazz

Zigeunermusik:

Die „Zigeunermusik" ist eine der Gattungen, die für beide Arten stehen kann und die die meisten Assoziationen hervorruft.

Bálint Sárosi (1977) hat über „Zigeunermusik" ein ganzes Buch geschrieben, und ich beziehe mich im folgenden auf seine Erkenntnisse. Gemeint ist damit jene Musik, die in ungarischen Lokalen, in fast jeder Csarda im Burgenland gespielt wird und immer dann erklingt, wenn Zigeunermusikanten Unterhaltungsmusik vortragen. Bálint Sárosi beweist ganz klar, daß dies nicht die ursprüngliche Musik der Roma ist, sondern die ungarische volkstümliche Musik des 19. Jahrhunderts, die jedoch von den Zigeunermusikanten getragen wurde.

Roma als Musikanten haben in Ungarn eine lange Tradition, bereits der „Verbunko" wurde gespielt von Zigeunerensembles, die es in einem hohen Prozentsatz seit zwei Jahrhunderten als Musikanten in Ungarn gibt.

Es bestand eine starke Affinität der Zigeunermusikanten zu den Fürstenhöfen. Sie mußten oft Gedanken und Gefühle des Herrn erraten und diese musikalisch ausdrücken. Vielleicht hat sich aus dieser Tradition die besondere Fähigkeit des „Zigeunermusikanten" entwickelt, zu erraten, was der zahlende Gast hören möchte.

Im 19. Jahrhundert wurden die Zigeunerensembles immer bekannter und trugen diese Musikgattung in die ganze Welt, woraus dann weltweit das Klischee der „Zigeunermusik" entstand. Klischee insofern, als oft die Meinung vertreten wird, dies sei die einzige, traditionelle Musikgattung der Roma. Professionelle Roma-Musiker der meisten Roma-Gruppen können diese Musik spielen. Aber nur für einige Gruppen, wie z. B. die burgenländischen Roma in Österreich, ist diese Musik auch Ausdruck ihrer Identität.

Gegenüber der Instrumentalmusik sind die Lieder im allgemeinen bessere Identitätsträger, da sie in der eigenen Sprache gesungen werden können.

Die „Zigeunermusik" ist primär eine Instrumentalmusikgattung, obwohl es auch in diesem Stil Lieder gibt, die aber meist ungarische Texte haben.

Bei der Betrachtung der Musik der Roma in Österreich fällt aber noch eine Instrumentalgattung auf, die auch beim Mehrheitsvolk sehr bekannt ist und die sich auch zum Identitätsträger einer Gruppe entwickelt hat, nämlich der „Zigeunerjazz".

Zigeunerjazz:

Der Zigeunerjazz ist ebenfalls eine Gattung, die beiden Arten zugeordnet werden kann. Zigeunerjazz wird jedoch nur von einer Gruppe praktiziert, nämlich von den *Sinti*. Deshalb hört man auch oft die Bezeichnung „Sintijazz".

Die *Sinti* können auf eine lange Tradition als Berufsmusiker zurückblikken, wobei sie jeweils das vom Mehrheitsvolk gewünschte Repertoire spielten. Die Vokaltradition dürfte wenig ausgeprägt gewesen sein. Ich verweise auf den Artikel „Kote džal o mulo. Lieder österreichischer Sinti" von Mozes Heinschink und Christiane Juhasz (1992).

1934 wurde in Paris der Grundstein zu einem identitätstragenden instrumentalen Musikstil der *Sinti* gelegt: Der belgische Sinto-Gitarrist Django Reinhardt und der französische Geiger Stephane Grappelli gründeten das „Hot Club De France-Quintett". Ihre Musik stellt den einzigen europäischen Impuls im Jazz dar. Die Besetzung mit Saiteninstrumenten dürfte aus der Tradition der Sinti stammen: Gitarre, Violine, zwei Rhythmusgitarren, Baß. Stilistisch flossen in diesen Swingjazz auch Elemente des Musettewalzers und der Zigeunerfolklore ein.

Auf dieser musikalischen Basis formierten sich viele Zigeunerjazzensembles. Es entwickelte sich aus diesem Impuls eine Musik, mit der sich die *Sinti* bis heute identifizieren. In diesem Sinne kann man von „ethnischer" Musik sprechen. Zigeunerjazz ist in Deutschland sehr verbreitet. Als österreichischer Vertreter dieser Stilrichtung ist Zipflo Weinrich zu nennen, der auch international bekannt ist.

Beide Instrumentalgattungen, Zigeunerjazz und „Zigeunermusik", werden oder wurden getragen von zwei Roma-Gruppen, die traditionell den Musikantenberuf ausübten, nämlich von *Sinti* und ungarischen Roma. Sie spielten immer auch für das Mehrheitsvolk. Beide Stile sind aus der Praxis des Musikanten und der eigenen Kreativität in Verbindung mit den eigenen Traditionen entstanden.

Es ist wichtig, festzuhalten, daß beide Gattungen der Instrumentalmusik zuzuordnen sind. Zwar haben sie auch Identitätscharakter, aber nicht in dem Maße wie die Vokalmusikgattungen. Sie richten sich primär an das Mehrheitsvolk, da die nonverbale musikalische Kommunikation viel leichter ethnische Grenzen überwindet.

Alle in der Tabelle erwähnten Gattungen, die nicht „Zigeunermusik" oder Zigeunerjazz sind, sind je nach Romagruppen unterschiedlich.

In diesem Zusammenhang möchte ich den Begriff „Roma-Musik" einführen. Ich meine damit jene Musik, die von Roma gespielt oder gesungen wird, die starken Identitätscharakter und primär eine Funktion innerhalb der Gruppe hat. Roma-Musik ist je nach Gruppe unterschiedlich, es gibt keinen einheitlichen Stil. Ich verwende diesen Begriff vor allem deshalb, weil in Österreich und in anderen Ländern in Verbindung mit Roma meist „Zigeunermusik" assoziiert wird. Wie bereits erwähnt, ist diese Musik nur eine Gattung innerhalb der großen stilistischen Vielfalt der Musikausübung der Roma. Deshalb soll jene Musik, die sich so vielfältig und so deutlich vom Klischee der „Zigeunermusik" abhebt, hier Roma-Musik genannt werden.

Da eben diese Roma-Musik eine ganz besondere Funktion im Leben der einzelnen Gruppen hat, möchte ich sie im folgenden in den Zusammenhang des Lebens der Roma setzen. Denn ohne eben diesen Lebenszusammenhang ist sie nicht denkbar.

Die Musik im Lebenszusammenhang der Roma in Österreich

1. *Lovara:*

Die *Lovara* leben seit etwa 150 Jahren in Österreich.[4] Sie beschäftigten sich bis zum Zweiten Weltkrieg mit dem Pferdehandel und waren mit ihren Wohnwagen in ganz Österreich unterwegs. In der NS-Zeit wurde fast eine ganze Generation der österreichischen *Lovara* in den Konzentrationslagern ermordet. Einige wenige konnten überleben. In ihnen lebt die Kultur dieser Gruppe weiter. Soweit bekannt ist, waren die *Lovara* nicht hauptberuflich Musiker (Heinschink/Juhasz 1992), was möglicherweise der Grund dafür ist, daß sich ihre Vokaltradition bis heute erhalten hat.

Die *Lovara* singen „langsame Lieder – *loke ĝila*", „Tanzlieder – *khelimaske ĝila*" und neuere Lieder. Die meisten werden in Romanes, im spezifischen Dialekt der *Lovara* gesungen. Die Improvisation spielt bei den beiden ersten Gattungen eine große Rolle. Bei den neueren Liedern, die melodisch Schlagercharakter haben, wird kaum improvisiert. Oft handelt es sich um bekannte Jazzmelodien, die ein wenig umgeformt, mit einem Text in Romanes unterlegt werden. Es kommen aber auch Eigenkompositionen im Schlagerstil vor.

Loke ĝila

Der ursprüngliche traditionelle Funktionszusammenhang dieser Lieder sind Feste in der Familie oder Feste in größerem Rahmen, jedenfalls Ereignisse, bei denen fast ausschließlich Roma anwesend sind. Die andere mögliche Bezeichnung dieser Lieder ist *mesaljake ĝila,* was so viel heißt wie „Tischlieder" und das Gesagte bestätigt. Dieser Funktionszusammenhang, in dem solche Lieder bis vor kurzem immer standen, bedingt die große Flexibilität in der Ausführung. Die Zuhörer sind nämlich ein ganz wesentliches Element bei der Darbietung.

Katalin Kovalcsik, die einen nahe verwandten Liedstil der Roma in der Slowakei untersucht hat (1985: 35), schreibt zur Aufführungspraxis dieser Lieder: "The singer keeps in touch with his or her listeners, using various gestures as well as facial expressions. They often look, smile or point at one another. The audience may interrupt the perfomance by asking ques-

4 Angehörige der Gruppe der Lovara leben nicht nur in Österreich. Die Lovara sind in ganz Europa und Übersee verbreitet. Die intensivste kulturelle Verbindung der österreichischen Lovara besteht mit den ungarischen und slowakischen Angehörigen dieser Gruppe.

tions about certain events, or by giving their comments or hinting at concrete affairs. They often encourage the singer." Die Zuhörer werden direkt in den Vortrag einbezogen. Dies geschieht auch durch bestimmte gesprochene Formeln wie *„sa tumara paćivake, romale!"* (euch zu Ehren, Roma!) oder gesprochene Texteinschübe zwischen den Strophen. Trotz dieser Einheit von Ausführendem und Zuhörern hat das Singen Darbietungscharakter. Die Lieder werden immer von nur einer Person, einer Frau oder einem Mann gesungen. Es kommt nicht zum gemeinsamen Singen aus folgenden Gründen: Die Lieder sind einstimmig, und außerdem ist der melodische und textliche Ablauf nicht vorhersehbar, weil er der Situation angepaßt individuell gestaltet wird. Die einzige Möglichkeit für die Zuhörer singend mitzuwirken ist an den Zeilenschlußtönen, die immer gleich bleiben und die im unisono, manchmal in der Oktave, mitgesummt werden. Es wird im Parlando-rubato-Stil gesungen. Was den großen Unterschied zu vielen anderen europäischen Volksmusikstilen ausmacht, ist nach Katalin Kovalcsik die Tatsache, daß "in the folk music tradition of Vlach Gypsies a given melody does not necessarily imply the exact repetition of notes one after the other, i. e. the singer has an ideal tune in mind that may take a different shape each time he sings it".

Die Funktion der Lieder beschränkte sich, wie gesagt, bis vor kurzem auf die Gruppe. Seit 1988 beginnen die Roma in Österreich jedoch, aus der Verborgenheit herauszutreten. Ceija Stojka war eine der ersten, die an die Öffentlichkeit getreten ist, mit ihrem Buch: „Wir leben im Verborgenen" (1988). Sie hat das Konzentrationslager überlebt und in diesem Buch ihre Leidensgeschichte geschrieben.

Diese Öffnung gegenüber der Welt der Nicht-Roma bedingt auch ein „Herzeigen" der eigenen kulturellen Werte. Mit dieser Bewegung gelangen auch die Lieder der *Lovara* an die Öffentlichkeit.[5] Ceija Stojka ist auch als Trägerin der traditionellen Liedkultur der *Lovara* bemerkenswert.

Wie persönlich die Beziehung Ceijas zu ihren Lieder ist und wie sehr sie um ihre „Töne" fürchtet, beschreibt sie im folgenden Gedicht:

5 Zum ersten Mal sang Ceija Stojka öffentlich zwei ihrer alten Lieder bei einer Veranstaltung des Wiener Volksliedwerkes („Gelem, gelem lungone dromenca") im Oktober 1989. Seither hat sie schon viele Auftritte hinter sich. 1992 wurde mit der Kassette und dem Buch „Romane ģila" (Hemetek et. al. 1992) erstmalig die vielfältige Musik der Roma in Österreich auf Tonträger der Öffentlichkeit übergeben.

Die Noten von meinen Liedern auf Romanes

Sie sind noch alle durcheinander,
der höchste Ton, er sitzt ganz oben
der tiefste fällt hin und her.
Meine Töne haben noch keinen Halt
und sie streiten auch miteinander.
Und das, obwohl ich ihnen sagte:
Habt doch etwas Geduld,
ihr seid ja Töne auf Romanes,
und glaubt ihr, ihr werdet das Rampenlicht vertragen?
Denn ihr kennt doch noch kein Licht.
Im Finstern wart ihr tief begraben,
doch nach der tiefen Finsternis für euch
erscheint dann auch das Licht.

Diese tiefe Beziehung Ceijas zu ihren „Tönen" erscheint mir doch sehr außergewöhnlich zu sein. Sie hat sicherlich mit dem hohen Stellenwert zu tun, den die Lieder funktionell innerhalb der traditionellen Kultur der *Lovara* haben.

Lassen Sie mich einige Beispiele dafür anführen:

Die Bedeutung zeigt sich darin, wie diese Lieder im KZ „gebraucht" – ihm wahrsten Sinne des Wortes – wurden, um ihren Sängern Trost zu vermitteln, ihnen ein Identitätsgefühl zu geben und den Widerstand gegen die Unmenschlichkeit und Grausamkeit zu stärken (siehe Hemetek/Heinschink 1991).

Sie zeigt sich, wenn im familiären Zusammenhang bei einem Fest ein stolzer Vater seine Tochter präsentieren möchte, daß er sie bittet, ein Lied zu singen.

Oder darin, wenn ein Ehemann seine Gäste besonders ehren möchte, daß er seine Frau bittet, für die Gäste ein Lied zu singen.

Das Singen dient der Unterhaltung aller, dient der Ehrung der Anwesenden, ist aber gleichzeitig auch Prestigesache für den Sänger oder die Sängerin. Ruža Nikolić-Lakatos, eine sehr geschätzte Sängerin in Lovarakreisen, erzählt, daß es beileibe nicht jedem gestattet war, in Gesellschaft zu singen. Junge Frauen sollten sich so wenig wie möglich in den Vordergrund spielen. Sie durften nur singen, wenn sie dazu aufgefordert wurden. Denn Singen bedeutet sich exponieren, und es hat viel mit der gesellschaftlichen Rangordnung zu tun.

In den Liedern der Lovara wird die augenblickliche Stimmung ausgedrückt, es wird davon gesungen, was der Sänger oder die Sängerin erlebt hat, was für die Gruppe von Bedeutung ist. Es wird viel in Bildern gesprochen, und es werden auch bestimmte, immer wiederkehrende Formeln gebraucht, um die herum improvisiert wird. Gerade der improvisatorische Charakter ermöglicht so viel an Gefühlsausdruck, was die Darbietung so lebendig macht. Das Notenbild kann nur eine Ahnung davon geben. Es ist nur eine von vielen möglichen Versionen, die hier festgehalten ist mit inadequaten Mitteln. Eigentlich muß man diese Lieder hören.

Hip, hop, hip, hop, ternej

Ceija Stojka, Gesang

Aufnahme: 6. 10. 1990, Burg Schlaining, Seminar des Instituts für Volksmusikforschung „Volksmusik ethnischer Gruppen in Österreich“

1. Hip hop, hip hop, ternej, de rigate angla ma
te na desa rigate jaj tele čurinos tu.

2. Jaj šargi mure khure petala jak šina
taj muri sani gaži, mamo hej, jaj mamo paša ma tor*ǵaros*.

3. Jaj naj kacave šave, sar amare šave
so birin to trajin, jaj ande kadi loli, mamo de luma.

4. Jaj ašta šeje, ašta na xolajve pre ma.

Freie Übersetzung:

Hüpfe, springe, junge Braut, tritt zurück vor mir;
wenn du nicht auf die Seite springst, muß ich dich niederfahren.

Gelbbraun sind meine Rösser, die Hufeisen schlagen Feuer;
meine zarte, schlanke Frau, Mutter, stelle ich neben mich.

Solche Burschen wie unsere, die sind selten,
die in dieser roten (kommunistischen) Welt leben können.

Warte, Mädchen, warte, und hab keinen Haß auf mich.

Ceija Stojka zu diesem Lied: „Dies ist ein uraltes Lied, man müßte sehr weit zurückgehen; in Ungarn gibt es vielleicht noch einen, der dieses Lied kennt. Ich hab' es noch nie außer von meiner Großmutter gehört, und mir ist es eingefallen, da war mein kleiner Enkelsohn, der Ašta, bei mir (Ašta: Wart ein bißl). Er hat irgend etwas gemacht, und ich hab' gesagt hip, hop, und dann dachte ich, das kenne ich doch, woher kommt das jetzt? Und dann ist mir das Lied eingefallen! Ich hab' es von meiner lieben Großmutter, und die hat es von ihrer Großmutter, und ich wünsche mir, daß es so weitergeht."

Zum Verständnis des Textes (1. Strophe) erzählt Ceija: „Man muß sich das so vorstellen: Ein älterer verheirateter Mann spannt auf der Wiese gerade seine Pferde aus. Eine junge Frau ohne Kopftuch und Schürze überquert vor ihm den Weg. Das ist ein sehr unehrenhaftes Verhalten der Frau. Es widerspricht der Sitte und ist eine Beleidigung. Er wird böse, und es könnte sogar passieren, daß er sie mit der Peitsche schlägt."

Die Sängerin benützt die größtmögliche Freiheit, jede Strophe neu zu gestalten. Dadurch entstehen eigenständige Varianten einer aus dem Hintergrund des Musikempfindens wirkenden festen Liedform.

2. *Burgenländische Roma*

Die burgenländischen Roma sind jene Gruppe, die seit mehr als 300 Jahren im Gebiet des heutigen Burgenlandes (bis 1921 Westungarn) lebt. Sie waren durch ihre frühe Seßhaftigkeit am meisten dem Assimilationsdruck ausgesetzt. Deshalb sind auch viele ihrer musikalischen Traditionen verlorengegangen.

Es gibt den traditionellen Musikantenberuf bei den burgenländischen Roma. Bis vor etwa dreißig Jahren war die Musik in einigen Ortschaften des Burgenlandes ein einträglicher Beruf. Die „Zigeunerkapellen" waren sehr begehrt bei Hochzeiten, Bällen und sonstigen Veranstaltungen. Außerdem übernahmen die Roma auch die Heischebrauchgänge zu Weihnachten oder zu Neujahr. Die „Zigeunerkapellen" spielten einerseits den Stil, der von ihnen erwartet wurde, nämlich die ungarische „Zigeunermusik". Andererseits konnten sie aber fast sämtliche Wünsche des Publikums erfüllen, da sie sich dem jeweils gefragten Stil anpaßten. Kroatisches bei burgenländisch-kroatischem Publikum, österreichische Volksmusik bei deutschsprachigem Publikum. Die Besetzung war meist Geige, Bratsche, Klarinette, Zymbal und Baß. Da sich der musikalische Geschmack geändert hat und heute kaum mehr eine Hochzeit ohne Verstärkeranlage musikalisch gestaltet wird, ist das Leben für die „Zigeunerkapellen" schwieriger geworden.

Die „Zigeunermusik" ist ein Stil, der den Musikern vorbehalten ist. Das Roma-Publikum identifiziert sich zwar damit, kann aber außer Zuhören nicht viel beitragen dazu.

Die Liedtradition der burgenländischen Roma war fast schon verschwunden, als 1989 Hand in Hand mit der Gründung des ersten Roma-Vereins in Österreich in Oberwart[6] auch das Interessse an den eigenen kulturellen Wurzeln wiedererwachte. Es wurden alte Lieder in Romanes wiederentdeckt. Eines davon, „Ma rov, ma rov", ist zu einem Identitätsträger ersten Ranges geworden und hat beinahe so etwas wie „Hymnencharakter" entwickelt.

6 Es gibt inzwischen in Österreich schon drei Roma-Vereine, die als offizielle Vertretungen der Roma fungieren. Der Herausgeber dieses Buches ist einer davon (1991 gegründet): „Romano Centro", Schneiderg. 15/5, A-1110 Wien
Der erste Romaverein in Österreich war (1989):
„Roma"-Verein zur Förderung von Zigeunern, Pf. 41, A-7400 Oberwart.
Weiters wurde in Wien der „Kulturverein österreichischer Roma" gegründet (1991): Springsiedelg. 32, A-1190 Wien.
1993 wurde in Villach der erste Sinti-Verein gegründet.

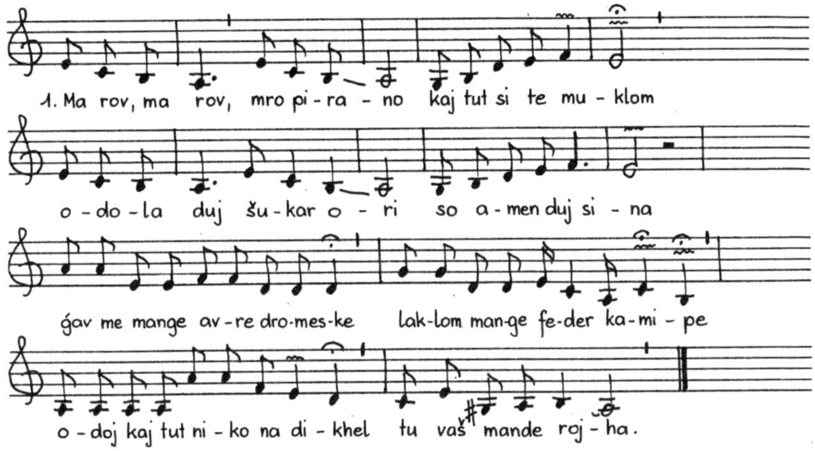

Ma rov, ma rov

1. Ma rov, ma rov, mro pirano
kaj tut si te muklom
odola duj šukar ori
so amen duj sina
ǵav me mange avre dromeske
laklom mange feder kamipe
odoj kaj tut niko na dikhel
tu vaš mande rojha.

2. Ma rov, ma rov, mro pirano
kaj tut si te muklom
gejom mange avre dromeske
laklom mange feder kamipe
odoj kaj tut niko na dikhel
tu vaš mande rojha.

Freie Übersetzung:

Weine nicht, mein Liebster, weil ich dich verlasse.
Wir hatten zwei schöne Stunden miteinander. Ich gehe einen anderen Weg.
Ich habe eine bessere Liebe gefunden. Dort, wo dich niemand sieht, wirst du um mich weinen.

Viele burgenländische Roma, und besonders die Jugend, haben ein großes Bedürfnis, sich musikalisch auszudrücken. Da stehen auf der einen Seite die eigenen Traditionen, welche erst wiederentdeckt werden müssen. Andererseits ist die Jugend aber durch musikalische Einflüsse in ihren Lebensbereichen wie Medien und Discos mit völlig anderen Musikstilen konfrontiert. Die Kreativität liegt darin, wie nun mit diesen beiden Bereichen umgegangen wird.

Ich möchte dies am Beispiel einer Hochzeit schildern, die ich in Kleinbachselten miterleben konnte:

Es ist keine kirchliche Hochzeit, sondern nur eine standesamtliche Trauung mit anschließender Feier in einem Privathaus vorgesehen. Die Feier wirkt völlig unstrukturiert und spontan. Das Mahl ist in einem Kellerstüberl hergerichtet, es sind etwa 50 Gäste anwesend. Es wird gegessen und getrunken. Musikkapelle ist für diesen eher privaten Rahmen natürlich keine engagiert. Aber dem Bedürfnis nach Musik wird dadurch nachgekommen, daß man einen Plattenspieler aufgestellt hat und immer einer der jungen Männer als Discjockey fungiert. Es werden fast nur deutsche volkstümliche Nummern gespielt. „Herzilein" war zu dieser Zeit (1990) ein großer Hit, es wird mehrmals gespielt. Das Repertoire ist an und für sich nicht erstaunlich, denn in anderen Ortschaften des Burgenlandes besteht ebenfalls eine Vorliebe für diesen Musikstil. Was aber auffallend ist, ist die musikalische Aktivität der Zuhörer. Es wird bei jedem Lied mitgesungen, teilweise sogar auffallend gut. Es handelt sich nicht um das so gängige Mitgrölen der Refrains, das man überall hören kann, sondern einige der Sänger beherrschen den ganzen Text und singen auch die zweistimmigen Passagen zweistimmig mit. Wenn ein Lied zu Ende ist, wird applaudiert. Da man ja wohl kaum einer Schallplatte applaudieren wird, ist dieser Applaus als Anerkennung der eigenen Leistung zu sehen. Diese Art des gemeinsamen musikalischen Ausdrucks von Fröhlichkeit und guter Laune ist ein deutlicher Schritt aus der Passivität des Zuhörens heraus zum aktiven musikalischen Mitgestalten.

Bei dieser Hochzeit werden auch Lieder in *Romanes* angestimmt. Da sie aber bei den Anwesenden weniger bekannt sind als jene volkstümlichen deutschen Lieder, finden sie weniger Anklang. Eine sehr kreative Kombination von Roma-Identität (Sprache) und musikalischem Zeitgeschmack schufen einige junge Unterwarter Roma: Es wurde z. B. der Melodie von „Ein Schiff wird kommen" ein neu entstandener Liebesliedtext in *Romanes* unterlegt. Dieser Prozeß musikalischer Kreativität ist bei weitem noch nicht abgeschlossen. Bei jedem meiner Besuche in Oberwart wird mir ein neues Lied vorgesungen. Diese Entstehung einer „alten, neuen" musikalischen Identität der burgenländischen Roma ist sehr spannend zu beobachten. Es ist der Selbstfindungsprozeß einer Gruppe, die ihre Wurzeln sucht und mit dem, was sie findet, kreativ umgeht. Daß dies vor allem auf musikalischem Gebiet geschieht, scheint mir ein Indikator dafür zu sein, wie hoch der Stellenwert der Musik im Leben der burgenländischen Roma ist.

3. *Jugoslawische Roma:*

Unter dem Begriff „jugoslawische Roma“ sind mehrere Gruppen subsumiert, die aus dem ehemaligen Jugoslawien, vor allem aus Serbien, der Vojvodina und Makedonien im Zuge der Gastarbeiterwelle nach Österreich gekommen sind. Sie sind die zahlenmäßig größte Gruppe der Roma in Österreich und leben ihre Traditionen noch sehr aktiv. Die Festkultur nimmt bei den serbischen Roma einen wichtigen Platz ein. Die Musik ist ein wesentliches Element der Feste. Die Musikstile, die dabei erklingen, spiegeln am stärksten den Einfluß des früheren Gastlandes, nämlich Serbien. Oft werden für Hochzeiten auch Musiker aus Serbien engagiert. In Serbien haben die Roma einen guten Ruf als Berufsmusiker, und natürlich spielen sie all jene Musikstile, die vom Publikum gewünscht werden. Die beliebteste Besetzung besteht derzeit aus Gesang, Violine, Akkordeon, Keyboard, Gitarre, Baß. Sehr oft hört man jene typische „nova komponovana narodna muzika“, das sind Neukompositionen, die, ähnlich unserer volkstümlichen Musik, Elemente der traditionellen Musik mit Popmusikelementen verbinden. Es gibt einige Stars dieser Musik in Jugoslawien, die Roma sind. Sie singen in Romanes bzw. Serbokroatisch und Makedonisch. Durch diese Persönlichkeiten ist die sogenannte „Roma-Musik“ sehr populär geworden. Stars wie Šaban Bajramović oder Esma Ređepova werden auch von den in Österreich lebenden Musikern nachgeahmt.

Eine Hochzeit serbischer Roma in Österreich ist ein Fest, das meist drei Tage dauert. Es sind an die 500 Gäste geladen, es werden bis zu 40 Spanferkel und Lämmer verzehrt, und es wird gegessen, getrunken, geredet, getanzt und gesungen. Es gibt keine Hochzeitslieder in unserem Sinn, aber Musik und Tanz nehmen einen wichtigen Platz im Ablauf des Festes ein, wenn nicht sogar den wichtigsten. Ich möchte das anhand einiger Beobachtungen belegen:

Die Musik spielt alle drei Tage und Nächte durch. Dabei wechseln sich die Musiker zwar ab, so daß einer immer 1–2 Stunden schlafen kann, aber im Prinzip sind sie für drei Tage und Nächte engagiert. Die Verstärker werden so laut aufgedreht, daß eine Unterhaltung neben der Musik kaum möglich ist. Es wird durch die Musik kommuniziert. Das geschieht z. B. durch den Tanz. Es wird im Kolo (Kreis) getanzt; die Tänzer fassen einander bei den Händen und bewegen sich in eine Richtung im Kreis. Es gibt einen Grundschritt, der aber von den Tänzern beliebig variiert wird. Ein Tänzer führt den Kolo, und es schließen sich immer mehr Tänzer und Tänzerinnen an. Manchmal kommt es vor, daß bis zu 200 Personen in einem Kolo durch den Saal tanzen. Bisweilen begibt sich ein Solist oder eine Solistin in den Kreis um sein/ihr tänzerisches Können zu zeigen.

Auch die Kinder sind mit einbezogen. Die Fähigkeiten der Tänzer werden registriert und nachher auch besprochen. Für das Image innerhalb der Gruppe ist es wichtig, ein guter Tänzer zu sein.

Das gemeinsame Tanzen des Kolos ist eine Form der Kommunikation, die nonverbal, durch Gesten, Bewegungen und Tanzschritte erfolgt.

Das extra Bezahlen für eines oder mehrere Lieder – wobei der Sänger an den Tisch kommen muß – ist eine andere Form der Kommunikation. Einer der Gäste wünscht sich ein Lied und bezahlt den Sänger dafür. Ich habe gesehen, daß bis zu 5.000 öS (!) pro Lied bezahlt werden. Es ist eine Ehre für den Gast, wenn der Sänger für ihn singt. Er und seine Sippe genießen den Augenblick, die Musik und das Im-Mittelpunkt-Stehen. Die Freude daran wird auch ganz deutlich artikuliert. Sitzend oder stehend werden die Arme erhoben, mit den Fingern wird im Takt geschnalzt, der Körper wiegt sich, manchmal wird auch mitgesungen. Wenn die Stimmung am Höhepunkt angelangt ist, werden, als intensivster Ausdruck der Freude, Gläser zerschlagen. Für eine große Hochzeit werden ungefähr 500 (billige) Gläser nur zum Zerschlagen gekauft. Wenn der Sänger an einen Tisch kommt, wird vor den Gast, der für das Lied bezahlt, sofort ein Karton mit leeren Gläsern hingestellt. Er nimmt eines nach dem anderen und wirft es als besonderen Ausdruck seines Gefühls auf den Boden. Die Scherben werden sofort weggekehrt.

Das Singen am Tisch ist eines der zentralen Ereignisse einer Hochzeit. Jeder will nämlich im Mittelpunkt stehen und auf diese Art zeigen, wieviel Geld er hat. Reichtum wird dadurch demonstriert, wieviel einem ein Lied wert ist. Bei 400 Gästen ist es natürlich für einen Sänger unmöglich, allen Wünschen zu entsprechen. Fast immer kommt es deshalb bei Hochzeiten oder Festen wegen der Musik zu Auseinandersetzungen. Die Gäste vertreten ihre Ansprüche mit flammenden Reden, die über Mikrophon gehalten werden. Selten kommt es zu einem ernstlichen Streit, denn meist findet irgendein angesehener Rom eine diplomatische Lösung.

Die Musik fungiert als Ausdrucksmöglichkeit für Gefühle, sowohl des Genießens wie auch des Geltungsbedürfnisses. Musik hat bei einer Hochzeit der serbischen Roma viel mit Prestige zu tun.

Schlußbemerkung

Das Thema dieses Beitrags war „Musik im Leben der Roma". Ich wollte das Klischee und seine Entstehung von verschiedenen Gesichtspunkten her beleuchten. Die Grundthese ist, daß Musik im Leben der Roma eine große Bedeutung hat. Anhand der verschiedenen Roma-Gruppen in Österreich habe ich das zu zeigen versucht.

Verschiedene Stile und Gattungen sind dabei zur Sprache gekommen, die von Roma gesungen oder gespielt werden. Es ging vor allem um traditionelle Musik oder jene Musik, die mit der Identität der Roma verbunden ist.

Ein wesentliches Kapitel wäre sicher die Rolle der Roma als Musiker in der klassischen Musik. In Österreich gibt es einige sehr berühmte Musiker, die Roma sind. Auch für sie spielt die Musik eine große Rolle, denn sie leben davon. Sehr viele von ihnen bekennen sich nicht mehr zu ihrer Identität, sobald sie „es geschafft" haben. Sie möchten nicht mehr als Roma gelten. Zu viel an Demütigung und Diskriminierung ist in der Geschichte mit ihrer Nationalität verbunden gewesen. Sie lösen sich von ihrem Volk und von dessen Traditionen. Sozialer Aufstieg bedeutet in diesem Fall Identitätsverlust. Ich habe mit einigen dieser Musiker gesprochen. Interessant ist, daß sie sich sehr wohl auf eine besondere Begabung berufen, die sie als spezifisch „zigeunerisch" einstufen. Der Gesellschaft gegenüber wollen sie mit dem „Zigeuner"-Klischee nicht in Verbindung gebracht werden. Sie sind Musiker wie alle anderen Nicht-Roma auch und wollen mit all den Vorurteilen, mit denen man „Zigeunern" begegnet, nichts mehr zu tun haben.

Vielleicht wird einmal die Zeit kommen – der Weg dorthin hat hoffentlich schon begonnen –, da es für alle Roma möglich sein wird, sich zu ihrer Identität zu bekennen, ohne daß sie fürchten müssen, abgelehnt, verfolgt und diskriminiert zu werden. Die Musik kann dabei eine wichtige Rolle spielen.

Es wäre möglich – und es geschieht auch schon verschiedentlich –, daß man dieses existierende positive Klischee von den „musikalischen Zigeunern" benützt, um dem Mehrheitsvolk den Zugang zu erleichtern. Es könnte langsam begonnen werden, die leeren Hüllen des Klischees mit Inhalten zu füllen, die der tatsächlichen Identität der Roma entsprechen. Vielleicht ist dieser Weg gangbar, und möglicherweise kann die Musik auf diese Art einmal mehr die völkerverbindende Wirkung beweisen, die ihr nachgesagt wird.

Literatur:

Djurić, Rajko, Nebojša Tomašević, Dragoljub Zamurović: Roma: Eine Reise in die verborgene Welt der Zigeuner. Beograd 1988, Köln 1989.

Fienbork, Gundula, Brigitte Mihók, Stephan Müller: Die Roma – Hoffen auf ein Leben ohne Angst. Rowohlt, Hamburg 1992.

Heinschink, Mozes, Christiane Juhasz: Koti džal o mulo . . . Lieder österreichischer Sinti. In: Jahrbuch des Österr. VLW Bd. 41, Wien 1992, S. 63–88.

Hemetek, Ursula: Das Projekt „Traditionelle Musik ethnischer Gruppen – Von der Idee zur Realisation". Vortrag beim 18. Seminar des Instituts für Volksmusikforschung, Burg Schlaining, Oktober 1990.

Hemetek, Ursula et. al.: Romane ǵila – Lieder und Tänze der Roma in Österreich. Kassette mit Begleitheft, IDI-Ton 23, Wien 1992. Herausgegeben vom Institut für Volksmusikforschung und den Österreichischen Dialektautoren. Zu beziehen über: ÖDA, Gumpendorfer Str. 15/13, 1060 Wien.

Hemetek, Ursula und Mozes Heinschink: Lieder im Leid. Zu KZ-Liedern der Roma in Österreich. In: Jahrbuch 1992 des DÖW, Wien 1992, S. 76–94.

Hemetek, Ursula: Musik als Ausdruck der Identität – Roma und Sinti in Österreich. In: Jahrbuch der Hochschule für Musik und darstellende Kunst, Wien, 1992, im Druck.

Keil, Adalbert: Zigeunergeschichten. Wien/München/Basel 1964. Darin findet sich die Übersetzung von Ferdousis Erzählung.

Kovalcsik, Katalin: Vlach Gypsy Folk Songs in Slovakia (= Gypsa Folk Music of Europe 1.) Budapest 1985.

Pettan, Svanibor: „Lambada" in Kosovo: A Profile of Gypsy Creativity. In: Journal of the Gypsy Lore Society 5, Vol. 2, No. 2, 1992, S. 117–131.

Rüdiger, Gerhard F.: Baschrah'mange I Gili. Anmerkungen zur Romani Musik. In: Ratvale bijava (Bluthochzeit), Heft 20 des Theaters an der Ruhr, Spielzeit 1990/91, Mühlheim, S. 42–44.

Sárosi, Bálint: Zigeunermusik. Budapest 1977.

Stojka, Ceija: Wir leben im Verborgenen. Picus Verlag, Wien 1989.

Zu Handwerk und Lebensweise der Roma
Zwei Metallhandwerkerjatis

Claudia Mayerhofer

Einen wesentlichen Bestandteil der materiellen Kultur der Rom-Gruppen bildet ihr Handwerk.

In Europa gibt es heute (1992) über zwanzig verschiedene Rom-Jatis[1] (Jati = Sippenverband mit einheitlichem Beruf = Subkaste).

In einer traditionellen Rom-Jati üben viele Mitglieder die gleiche Beschäftigung aus, die von einer Generation zur nächsten weitergegeben wird.

Der Gruppenberuf ist mit der Gruppe selbst untrennbar verbunden. Soweit die Geschichte der Zigeuner zurückzuverfolgen ist, fallen neben den Händlerberufen, vermutlich einer Spätentwicklung, zwei weitgefächerte Hauptkategorien ihrer Berufe auf.

a) Vergnügungs- oder Unterhaltungsberufe

Dazu zählen Musiker, Berufstänzerinnen, Sängerinnen, Zirkusleute, Schausteller, Ziegen-, Affen- und Bärenführer, „Gymnastikerinnen und Seiltänzerinnen"[2] und Wahrsagerinnen. Das Wahrsagen diente der Unterhaltung, der Abwechslung, dem Nervenkitzel, der Kommunikation, dem überregionalen Informationsaustausch und der Reflexion der Seßhaften.

b) Metall-Handwerksberufe

Diese Handwerker fertigen Gebrauchsgegenstände, die von den Nichtzigeunern, den *Gađe*, benötigt werden.

Die Handwerkerjatis benützen verschiedene Metalle, sei es nun Messing, Kupfer, Zinn, Weißblech, Eisen oder Bronze. Die traditionellen Hand-

1 K. S. Mathur: Caste and ritual in a Malwa village, University of Lucknow.
S. V. Ketkar: History of Caste in India, Ithaca. N. Y. 1909.
J. H. Hutton: Caste in India, Oxford University Press, 1963.
M. Hübschmannová: What can sociology suggest about the origin of Roms. Archiv Orientální, 40. 1972. S. 51–64.

2 K. K. Ministerium des Inneren, 1888, Protokoll 15332.

werksberufe sind so zahlreich, daß hier nur einige davon aufgelistet werden können, wie etwa die Nagelschmiede, Schwarzschmiede, Bohrermacher, Scherenschleifer, Glockengießer, Rastlbinder, Häferlflicker, Schirmreparierer, Kupferschmiede und Schlosser.

Aus der Fülle der Metallhandwerker habe ich für die folgende Dokumentation zwei Jatis ausgewählt, die zur Zeit beide in Österreich leben und eine sehr unterschiedliche Vergangenheit haben, nämlich die „Roma" (burgenländische Roma) und die *Kalderaš.*

1. „ROMA" (burgenländische Roma)

Die verschiedenen Berufsjatis der Zigeuner haben normalerweise größtenteils eine Eigenbezeichnung, die auf den gemeinsamen Gruppenberuf hinweist.

Die Glockengießer nennen sich Kolomár, die Schlosser heißen *Lakatos,* die Siebmacher heißen Rostás, *Kalburđia* oder , die Schmiede heißen Kovács, die Kesselmacher nennen sich *Kalderaš,* die Eisenarbeiter heißen *Demirđi.*

Bohrermacher bezeichnen sich selbst als *Burguđi,* die Verzinner nennen sich *Kalaiđides.* (Die Gruppenbezeichnungen sind Entlehnungen aus der jeweiligen Landessprache.)

Die Jati-Namen sind aus Lehnwörtern aus dem Ungarischen, Tschechischen, Rumänischen oder Türkischen entstanden.

Kolomp (ung.)	Glocke
Lakat (ung.)	Schloß
Rosta (ung.)	Sieb
Kovàř (tschech.)	Schmied
Kovač (sebokroat.)	Schmied
Căldare (rum.)	Kübel
Demir (türk.)	Eisen
Ciur (rum.)	Sieb
Kalbur (türk.)	Sieb
Burgu (türk.)	Bohrer
Kalay (türk.)	Zinn

„Roma" nennt sich eine Gruppe von seßhaften Zigeunern im Burgenland. Das Wort „Roma" weist auf keinen gruppenspezifischen Beruf hin. Rom = der Zigeuner, der Ehemann, Roma = die Zigeuner, die Ehemänner.[3]

Der Überbegriff aller Jatis, das Wort „Rom", ist im Burgenland zur Eigen-

3 Die Übersetzungen verdanke ich zum größten Teil Herrn Mozes Heinschink.

bezeichnung der hier ansässigen Jati geworden. Die Familiennamen der „Roma" lassen den Schluß zu, daß diese zumindest in zwei unabhängigen Einwanderungsschüben ins Burgenland zugewandert sind.

1. Der eine Schub ist aus dem Süden, aus Kroatien (Hrvatska) gekommen, der bei den burgenländischen Roma sehr oft vorkommende Name Horvath deutet darauf hin.

2. Die andere Einwanderungswelle ist aus dem Osten gekommen, aus Narda und Pápa, beide Orte liegen östlich des Plattensees, und aus Sárköz und Baranja, zwei Landschaften am rechten Donauufer. Diese ursprünglichen Landschaftsnamen sind heute bei den Roma im Burgenland die gängigsten Familiennamen (zum Beispiel Sárközi, Pápai, Nardai, Baranjai).

Kaiserin Maria Theresia versuchte zwischen 1762 und 1780 die Zigeuner

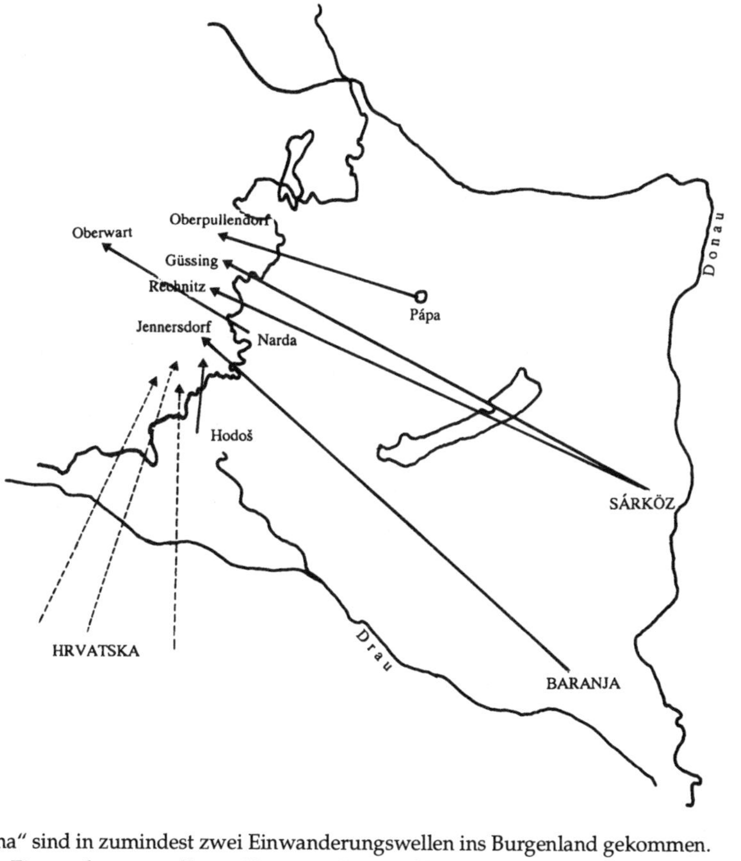

„Roma" sind in zumindest zwei Einwanderungswellen ins Burgenland gekommen.
(Erste Einwanderungswelle aus Kroatien, drei *strichlierte* Pfeile)
(Zweite Einwanderungswelle = schwarze Pfeile)

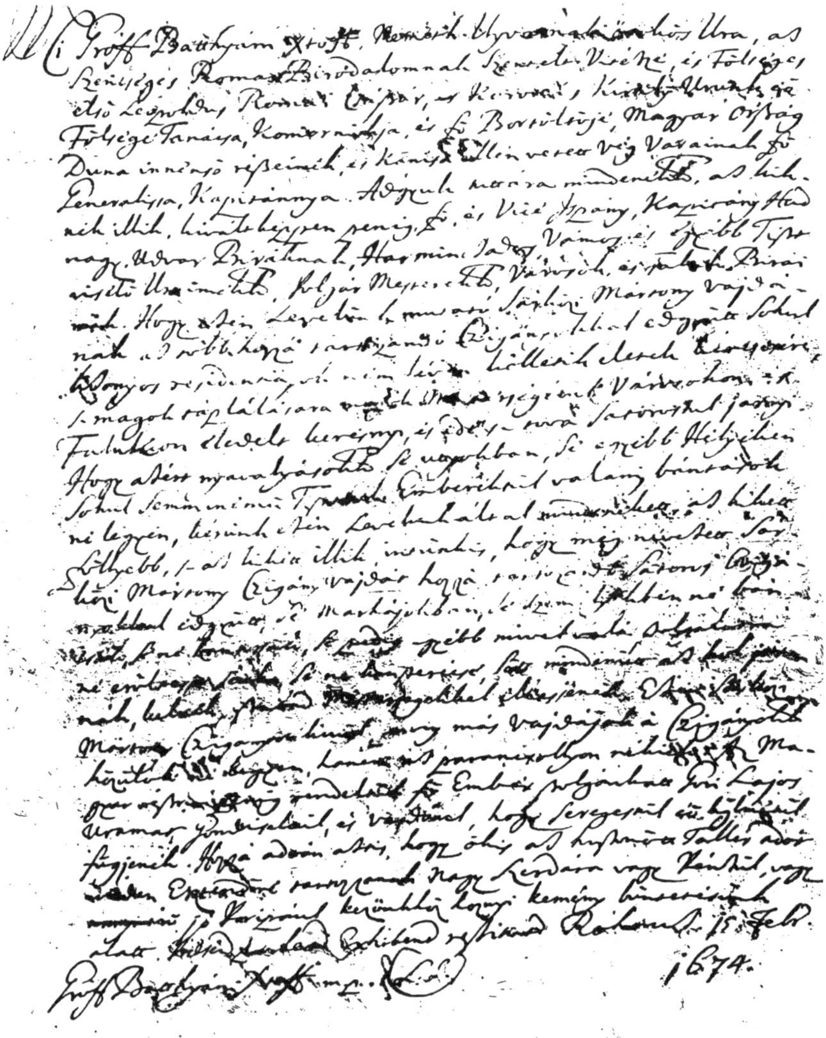

Urkunde, 1674

SCHUTZBRIEF DER ZIGEUNER AUS DEM JAHRE 1674
aus dem Archiv der Evangelischen Pfarrgemeinde HB Oberwart.

Wir, Graf Christof Batthyány, Erbherr der Burg Güssing, geweihter Ritter des Heiligen Römischen Reiches, Kammerherr und oberster Mundschenk des majestätischen Rates Seiner Majästät Leopoldus I., des römischen Kaisers und geweihten Königs, General und Kapitän diesseits der Donau in Ungarn und in den Festungen, die gegen Kanisa gestellt sind. Wir geben bekannt, Allen, die es wissen sollen, vor allem aber dem Ober- und Vizegespann, dem Kapitänleutnant, den Hofrichtern, den Dreissigstelnehmern und Zöllnern und anderen Beamten, Bürgermeistern, den Richtern der Städte und der Dörfer, daß der Woiwode *Martin Sárközi,* der diesen Brief vorzeigt, und die zu ihm gehörigen Zigeuner nirgends eine feste Residenz haben und gezwungen sind – um das Leben zu erhalten und sich zu ernähren und ihr Handwerk auszuüben –, mitsamt ihren Zelten hin und her zu ziehen. Damit diesen Elendigen weder unterwegs noch an anderen Orten nirgends durch irgendwelche beamtete Menschen Kränkung widerfährt, bitten und ermahnen wir jedermann, die oben Genannten und alle, die es angeht, daß sie den genannten Woiwoden *Martin Sárközi* und die dazu gehörenden zeltbewohnenden Zigeuner weder in ihrem Besitz noch in ihrer Person kränken, noch ihnen durch andere Leid zufügen lassen und sie in keiner Weise zu Diensten anhalten. Niemand soll sie zwingen, sie sollen vielmehr überall, wo sie umherziehen, ihren Beruf frei ausüben. Sie sollen außer diesem Zigeuner *Martin Sárközi* unter den Zigeunern keinen anderen Woiwoden nehmen, sondern dieser soll ihnen befehlen. Von ungarischer Seite wird Herr Ludwig Gori bestellt, daß er ihr Pfleger und Woiwode sei und die ganze Schar von Wien abhänge. Es wird hinzugefügt, daß sie alljährlich im Frühling, am Mittwoch der Karwoche, zu unseren Händen jene 25 Taler Steuer unter strenger Strafe bezahlen, entweder in Geld oder in einem guten Roß im selben Wert.

... Exhibent restitut. Rechnitz, am 15. Feber 1674

Graf Christof Batthyány m. p. L. S.

Deutsche Übersetzung des ungarischen Originals.

in ihrem Reich anzusiedeln und bat die ungarischen Magnaten Eszterházy, Batthyány, Erdödy usw., ihr Vorhaben zu unterstützen und Zigeuner auf den Gebieten der jeweiligen Landesherren siedeln zu lassen. Durch die Ansiedlungsmaßnahmen wurden vermutlich unterschiedliche Berufsjatis gemischt und an einen Ort gebunden. Durch die Verschmelzung mehrerer verschiedener Berufsjatis entstand eine neue Gruppe, nämlich die „Roma des Burgenlandes", heute eine seßhafte Gruppe mit zwei Dialekten, dem altertümlichen Liebinger Dialekt und dem burgenländischen Romani-Dialekt. Diese Einteilung wurde vom Sprachwissenschaftler Johann Knobloch getroffen.[1]

Obwohl die neue Jati der „Roma" keinen einheitlichen Beruf ausübte, waren noch 1927 in den oben erwähnten zwei Traditionsberufen 7,6% als Metallhandwerker und 10,06% als Musiker tätig. Diese Zahlen sind der Gendarmeriestatistik über die Zigeuner im Burgenland entnommen. (Protokoll 1927, ZLA-1770/4 BLA). In dieser Statistik werden insgesamt 7.153 Personen erfaßt, 50% davon sind unter 14 Jahren, von den restlichen 3.577 Personen werden 50% Frauen angenommen. Von den übrigen 1.790 Männern im Alter zwischen 15 und 80 Jahren werden 180 Personen als Musiker ausgewiesen (= 10,06%). Die 136 *Metallhandwerker* sind in die folgenden Berufssparten aufgeschlüsselt:

62 Schmiede
27 Scherenschleifer
22 Rastlbinder
15 Spengler
8 Schirmreparierer (Metallhandwerker im weiteren Sinn)
2 Häferlflicker
(insgesamt 7,6% Metallhandwerker)[5]

Es ist interessant zurückzuverfolgen, wer die Vorfahren dieser Metallhandwerker gewesen sein mögen. Es stellt sich auch die Frage, wann und woher sie gekommen sind.

Ein Dokument scheint darüber Aufschluß zu geben.

Die hier abgedruckte Urkunde in ungarischer Sprache aus dem Jahr 1674 wurde in Rechnitz im heutigen Südburgenland ausgestellt. Graf Christoph Batthyány erteilt darin dem Zigeunerwoiwoden Mártony Sárközi und dessen Sippe die Erlaubnis, auf Batthyánischen Besitzungen im Komitat Vás mit ihren Zelten frei umherzuziehen und ihr Handwerk frei auszuüben. Alljährlich am Aschermittwoch mußten sie ihre Steuer bezah-

4 Johann Knobloch, Romani-Texte aus dem Burgenland, Eisenstadt 1953.

5 C. Mayerhofer: Dorfzigeuner, 1987, S. 128.

len, diese betrug 25 Taler oder ein Pferd im gleichen Wert. Der bekannte Historiker Reimer Gilsenbach[6] stellt fest, daß Martin Sárközi und seine männlichen Sippenmitglieder Schmiede gewesen sind.

Diese Feststellung ist naheliegend, da um 1674 die Anwesenheit von Händlerzigeunern im Burgenland nicht bekannt ist, die *Lovara*-Pferdehändler und die *Drisara*-Fetzenhändler erst zu einem späteren Zeitpunkt in dieses Gebiet vorgedrungen sind und auch die Fertigkeit des Korbflechtens und des Bürstenbindens sich die Zigeuner erst zu einem späteren Zeitpunkt angeeignet haben. Die Trogmacher und Löffelschnitzer wurden erst 1855 aus ihrer rumänischen Leibeigenschaft entlassen, die Musiker wiederum lebten 1674 bei den türkischen Okkupatoren oder am Hofe von ungarischen Magnaten. Zigeuner, die keinen festen Wohnsitz besaßen und mit ihren Zelten umherzogen, um ihr Handwerk frei auszuüben, waren also Schmiede. Schmiede wurden zu dieser Zeit allerorts benötigt, es gab an einem Ort allerdings nicht genügend Arbeit, um eine Zigeunersippe ein Jahr hindurch zu ernähren. Es war also naheliegend, jeweils dort seine Zelte legitim und erlaubterweise aufzuschlagen, wo es gerade Arbeit zu verrichten gab.

Die von der Sippe des Martin Sárközi geleistete Jahressteuer von 25 Talern weist auch auf eine gewisse Wohlhabenheit der Sippe hin, was nur dann möglich war, wenn die Schmiede beruflich ausgelastet waren.

Metallhandwerk

Suchen wir nun verschiedene Arten der traditionellen Metallbearbeitung, die von Zigeunern in Form des freien Gewerbes ausgeübt wurde, so stoßen wir immer wieder auf die Namen Sárközi, Baranjai und Horvath.

Franz Sárközi etwa ist 1869 in Königsdorf (Bezirk Jennersdorf) geboren. Er heiratete nach Gritsch (Bezirk Jennersdorf), er war Scherenschleifer und besaß eine Lizenz. Als Scherenschleifer besuchte er zweimal im Jahr alle Orte des Bezirkes. Zumeist war er allein unterwegs. In jedem Dorf hatte er eine befreundete Bauernfamilie, bei der er verköstigt wurde, auf der Ofenbank übernachtete und in deren Hof er sein Schleifgerät zur Arbeit aufstellte. Dann ging er von Haus zu Haus, sammelte die stumpfen Messer und Scheren ein, schliff sie und brachte sie der jeweiligen Besitzerin zurück. War keine Arbeit mehr aufzutreiben, dann schob er sein „Schleifwagerl“ ins nächste Dorf.

6 Reimer Gilsenbach in einer persönlichen Mitteilung am 20. 1. 1986. Reimer Gilsenbach ist auch gemeinsam mit Donald Kenrick Verfasser des historischen Werkes: Geschichte der Roma in Daten. DDR 1988.

Nach einer „Roas" (Reise) von etwa fünf Tagen kehrte er für eine Nacht zu seiner Familie zurück, um dann wieder auf eine neue „Roas" zu gehen.

Franz Sárközi war allgemein unter dem Namen „Sechserschleifer" bekannt, weil er in jede Schere einen winzigen Sechser als sein Zeichen eingravierte.

Zwei Scherenschleifer mit ihren Schleifgeräten (li = Sechserschleifer) – Gritsch (Bezirk Jennersdorf) 1934. ÖNB. 52170.

Franz Baranyai wurde 1905 in Rudersdorf (Bezirk Jennersdorf) geboren und war später in seiner Heimatgemeinde als Eggenschmied tätig. Seine offene Werkstatt war an sein Haus angebaut. Im Boden der Werkstatt war ein knietiefes Loch in den Boden gegraben, in dem der Schmied beim Arbeiten stand.

Fertigung einer Egge

„Die traditionelle Egge der Region bestand aus vier bis fünf Balken und hatte 24 bis 28 Zähne.

Die hölzernen Teile der Egge wurden vom Wagner aus Birkenholz hergestellt. Der Schmied fertigte die Haltebänder, die asymmetrisch montierte Zugkette mit dem Haken und die Zähne. Jeder Zahn hatte am Zahnhals kleine Widerhaken, welche ein Rückrutschen ins Holz verhindern sollten.

Zwei Eggenschmiede, Rudersdorf, 1936. ÖNB. 52169.

Waren die Zähne stumpf geworden, so konnte der Schmied sie nachschleifen."[7]

Nikolaus Horvath wurde 1915 in Kleinpetersdorf (Bezirk Oberwart) geboren. Der Bevölkerung war er allgemein als „Max" bekannt. Schon vor dem Zweiten Weltkrieg half er seinem Vater bei der Schmiedearbeit. Während des Zweiten Weltkrieges hielt er sich bei Verwandten im Ausland auf.

7 Persönliche Mitteilung von Herrn Tauz, Gemeindesekretär von Rudersdorf, 1991.

Schmied in Kleinpetersdorf (links). Foto Mayerhofer, 1977.

Nach 1945 kehrte er nach Hause zurück und baute sich ein neues Haus und eine neue Werkstatt. Bis zu seinem Tode im Jahre 1982 arbeitete er als Eggenschmied und fertigte auch Nägel für Dachstühle, Haken, Ketten, Klampfen, Schürhaken und Erdäpfelhauen.

Pista Baranyai aus Oberwart arbeitete als Siebmacher. In einem Kellerlokal, links vom Haupteingang des Hotels Goldenes Lamm in Wien IV, Wiedner Hauptstraße 7, war eine Siebmacherwerkstätte.

Pista Baranyai war hier angestellt. Er fertigte und reparierte Hechsel- und Haferreiter (für die Melasse und das Haferstroh der Pferde), Kalkreiter (für Maurer, Anstreicher und Restaurateure) und Haushaltssiebe.[8]

Siebmacherwerkstätte, links unten, Wien IV, Wiedner Hauptstraße 7. 1911. Foto: Bezirksmuseum für den 4. und 5. Bezirk.

8 Persönliche Mitteilung Landrichter, Kustos für das Bezirksmuseum des 4. und 5. Bezirkes von Wien.

Über die burgenländischen Roma-Schmiede wurde hier eine rein historische Reflexion vorgelegt und auch das Berufsleben einiger weniger Personen nachgezeichnet, auf deren Existenz wir durch Zufall aufmerksam wurden. Kein einziger burgenländischer Rom arbeitet meines Wissens heute noch im traditionellen Beruf seiner Vorväter. Bei meiner persönlichen Bekanntschaft mit dem Schmied namens Max im Jahre 1977 habe ich es leider versäumt, von ihm gefertigte Gegenstände aufzukaufen. Nach seinem Ableben wurde auch seine Werkstatt abgetragen. Es hätte sich gelohnt, für die Nachwelt sichtbare Spuren dieses traditionsreichen Rom-Berufes zu erhalten, um vielleicht auch den Nachkommen die Möglichkeit zu geben, diesem edlen Handwerk nachzugehen.

Kalderaš

Die Jati der *Kalderaš* nahm eine völlig andere historische Entwicklung, als die der „Roma" des Burgenlandes.

Kalderaš sind in vielen europäischen Ländern beheimatet. Căldare heißt auf rumänisch Kübel. Die Eigenbezeichnung und die Berufsbezeichnung dieser Gruppe fallen zusammen. Der traditionelle Gruppenberuf der *Kalderaš* ist die Herstellung und Reparatur von Kübeln und Kesseln aus Weißblech oder aus Kupferblech.

Eine beträchtliche Anzahl von *Kalderaš* ist in den letzten 25 Jahren von Serbien nach Österreich zugewandert. Das traditionelle Kesselschmieden wurde aufgegeben und wird von der Altengeneration neben einem neuen Hauptberuf als gelegentlicher Zusatzerwerb betrieben.

Zur einfacheren Illustration des Handwerks wird in der Folge die traditionelle Arbeit eines *Kalderaš*-Ehepaares beschrieben, welches bis 1970 hauptberuflich als Kesselschmiede arbeitete.

Anschließend wird auch die Emigration nach Österreich kurz angerissen, um darzustellen, in welchem Veränderungsstadium sich das traditionelle Handwerk befindet.

Lebenslauf eines Ehepaares:

Dragan Jevremović wurde 1946 in Ibarsko Zlatina, einem Ort südlich von Kraljevo, Serbien, als viertes von sechs Kindern geboren. In den Wintermonaten wohnte die erweiterte Familie in einem Haus mitten im Dorf. In den acht Monaten der wärmeren Jahreszeit fuhr die Familie mit dem Pferdewagen von einem Ort zum nächsten und verweilte in jedem Dorf mehrere Tage lang. Geschlafen wurde im Zelt und im Wagen, gekocht, gegessen und gearbeitet wurde vor dem Zelt.

Die Mutter, gemeinsam mit einem ihrer sechs Kinder, aber nie alleine, ging von Haus zu Haus und fragte nach reparaturbedürftigen Kesseln. Oft tauschte sie einen neuen Kessel gegen mehrere löchrige ein, als Rohmaterial für Neuanfertigungen. Die Hauptarbeit aber bestand darin, löchrige Kessel zu flicken, abgenützte Böden aufzudoppeln und die Kessel an der Innenseite neu zu verzinken.

Manchmal beauftragte ein Bauer den *Kalderaš* auch, einen Schnaps-Brennkessel anzufertigen, eine heikle, aber gut bezahlte Arbeit.

Die Töchter halfen der Mutter bei der Arbeit, und die Söhne halfen dem Vater. Dragan zeigte großes Interesse und besondere Begabung für das Sippenhandwerk, und er war stolz darauf, schon mit 17 Jahren schneller arbeiten zu können als sein Vater.

Hochzeitsfoto des jungen Paares Dragan und Miza.

1966 verheirateten die Eltern ihren Sohn Dragan mit einer hübschen *Romni.*

Miza war auch aus Serbien, sie war 1952 geboren, doch stammte sie aus keiner Kesselmacherfamilie und war das sommerliche Wanderleben zunächst nicht gewöhnt. Sie lernte Holzkohle zu brennen, Blasebälge herzustellen, die Esse vorzubereiten, auf der Esse zu kochen und zu backen, die Blasebälge zu bedienen und noch viele andere Tätigkeiten. Das junge Paar lebte größtenteils im Familienverband mit Dragans Eltern, manchmal unternahmen die beiden aber auch alleine kurze Geschäftsreisen nach Makedonien, sie besaßen allerdings niemals einen eigenen Pferdewagen, sondern reisten mit dem Zug.

Großeltern mit Enkeltochter 1973.

1970 kam das erste Kind zur Welt, Dragan und Miza gingen nach Österreich, um mehr Geld zu verdienen, die Tochter blieb bei den Großeltern in Serbien.

Auch für das zweite Kind, das 1971 zur Welt kam, war in dem zu engen Arbeiterquartier in Wien kein Platz. Das Ehepaar wollte nur kurze Zeit in Österreich bleiben, doch die Verdienstmöglichkeiten waren verlockend, und so leben und arbeiten Dragan und Miza nach 22 Jahren (1992) noch immer in Wien. Mittlerweile haben sie sich in Serbien ein eigenes Haus gebaut, das aber nicht mehr benützt wird. Dragans Vater ist gestorben, Dragans Mutter und seine Kinder sind zu ihm nach Wien gezogen.

Sohn Dejan wird verheiratet. Foto: Tom Seelich, 1987.

Beide Kinder sind bereits verheiratet und haben auch schon eigene Kinder.

Der Sohn hat den traditionellen Beruf des Vaters nicht erlernt, er ist aber Installateur geworden, denn der Umgang mit Metallen war ihm von Kindheit an vertraut.

Dragan selber arbeitet in seiner Freizeit noch häufig als Kesselschmied. Er macht auch Blumenvasen, Türschilder aus Messing

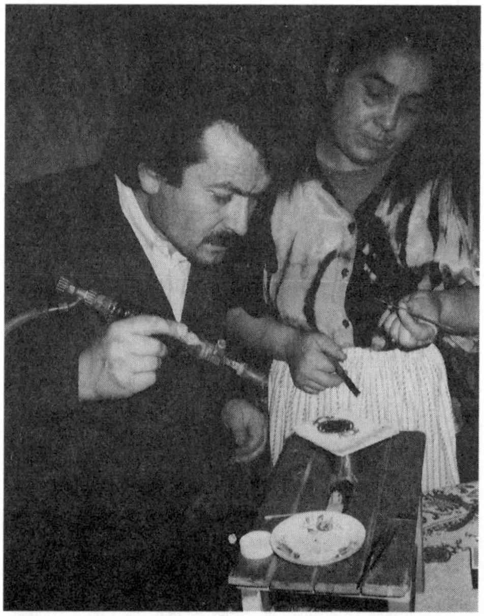

Dragan beim Goldschmieden.Foto: Mozes F. Heinschink, 1991.

Die Schwiegertochter trägt Goldschmuck, der von Dragan selbst gefertigt wurde. Foto: Mozes F. Heinschink, 1987.

und Schmuck aus Gold, wie etwa Hals- und Armbänder, Gürtel aus Goldmünzen oder einen goldenen Pferdewagen als Brosche.

Neben den Gebrauchsgegenständen schmiedet er auch Dinge, „. . . die noch kein *Kalderaš* je hergestellt hat".[8] Dies sind Gegenstände mit dekorativem Charakter, aber ohne Gebrauchswert. Dragan empfindet es als Herausforderung, technische Schwierigkeiten zu bewältigen. Als Vorbilder dienen ihm alltägliche Dinge, die ihn umgeben und die er möglichst naturgetreu nachmacht.

In den letzten Jahren entstanden folgende Gegenstände aus Kupfer und Messing: zwei Geigen, ein Männerkopf, ein Hut, ein Miniaturbrennkessel.

Die technisch schwierigste Aufgabe, die Dragan sich je gestellt hat, war das Formen und Schmieden des Männerkopfes.

Das Zusammenfügen der beiden Kopfhälften wird auf den folgenden Farbseiten fotografisch dokumentiert.

Kupferhut. Foto: Mozes Heinschink, 1982.

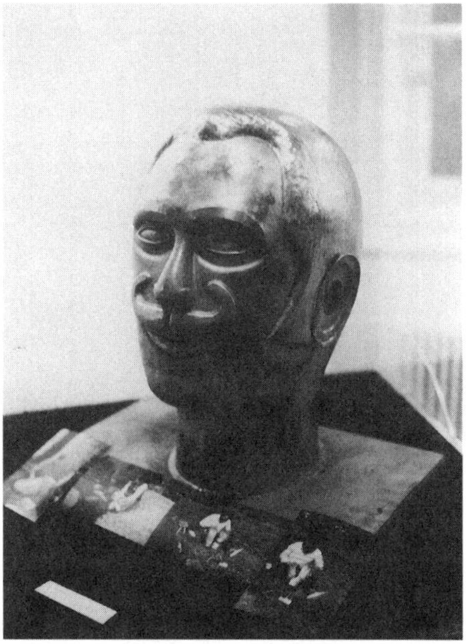

Der Männerkopf. Foto: G. Maurer, 1991.

9 Persönliche Mitteilung Dragan Jevremović, Vorsitzender des Vereines Romano Centro, Wien.

Fotos: Claudia Mayerhofer

Die Bildtexte wurden Peter Koch, dem Innungsmeister der Spengler und Kupferschmiede, zur Korrektur vorgelegt und für richtig befunden (1050 Wien, Grüngasse 27).

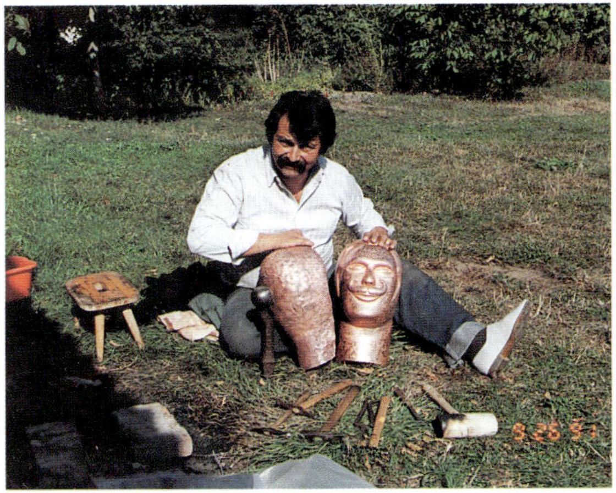

1. Die beiden fertigen Kopfhälften . . .

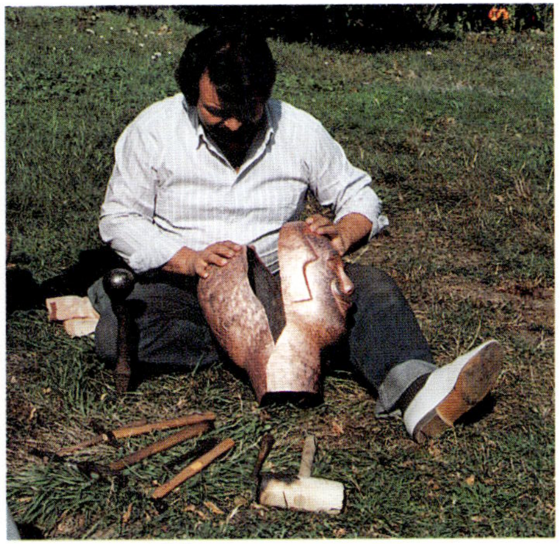

2. . . . passen präzise zusammen.

3. Vor dem schwierigsten Teil der Arbeit wird noch kräftig gegessen.

4. Der Kaffee wird zubereitet.

5. Der Außenrand des Hinterkopfes wird erhitzt.

6. Die zukünftige Nahtstelle wird weichgeklopft.

7. Der Rand des vorderen Teiles wird erhitzt.

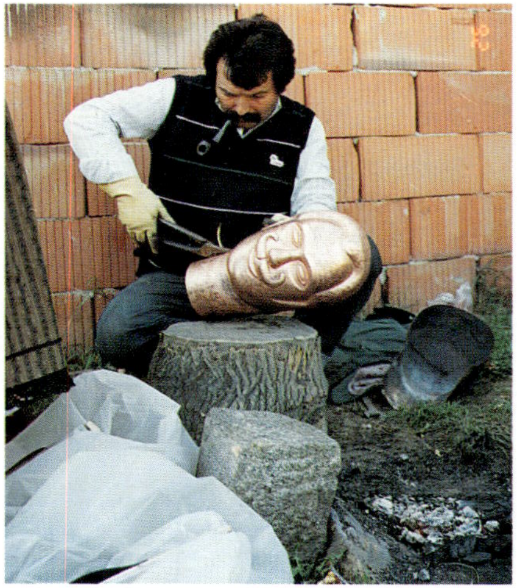

8. Der Rand wird geradegeschnitten.

9. Funken haben den linken Blasebalg durchlöchert.

10. Die Griffe und das Blechrohr werden vom Blasebalg abmontiert.

11. Eine Ecke des neuen Blasebalges wird mit dem Blechrohr durchstoßen.

12. Der neue Blasebalg wird mit Klebeband abgedichtet.

13. Der neue Blasebalg besteht aus einem Papiersack für Grillholzkohle aus Frankreich. (Das gute Recycling ist beachtenswert.)

Die alten Griffe aus Holz und Leder werden an den neuen Blasebalg angenagelt.
14. Der neue Blasebalg wird in die Esse geschoben.

15. . . . und ausprobiert.

16. Vorder- und Hinterkopf werden zusammengefügt, die Nahtstelle wird angezeichnet.

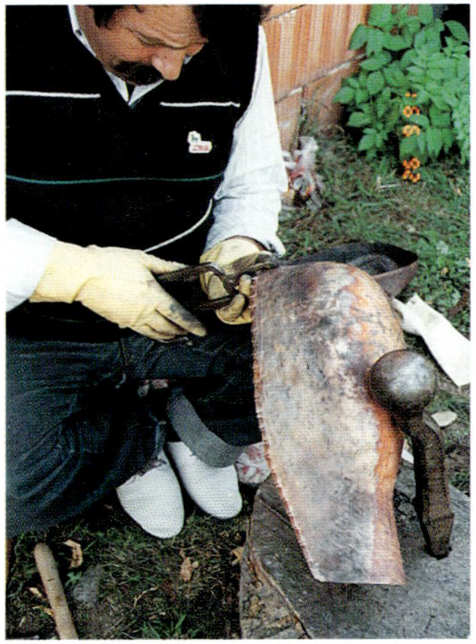
17. Der Rand des Bleches wird eingeschnitten.

18. Jede zweite Zacke wird aufgebogen.

19. Die aufgebogenen Zacken werden glattgeklopft.

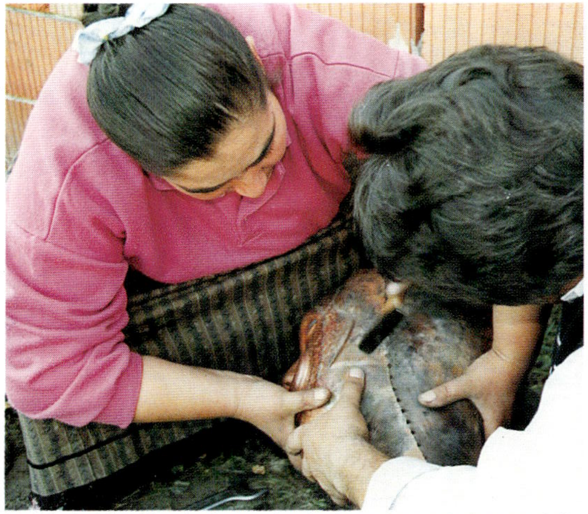
20. Die beiden Kopfteile werden ineinandergeschoben und die aufgebogenen Zacken heruntergeklopft. Die Zusammenarbeit der Eheleute funktioniert wortlos und perfekt.

21. Boraxpulver wird mit Kupfergranulat gemischt.

22. Das Kopfinnere wird befeuchtet, damit das Borax-Kupfer-Gemisch haftet.

23. Das Pulver wird auf die Nahtstelle gestreut.

24. Das aufgebrachte Pulver wird bei besonders starker Hitze zum Schmelzen gebracht.

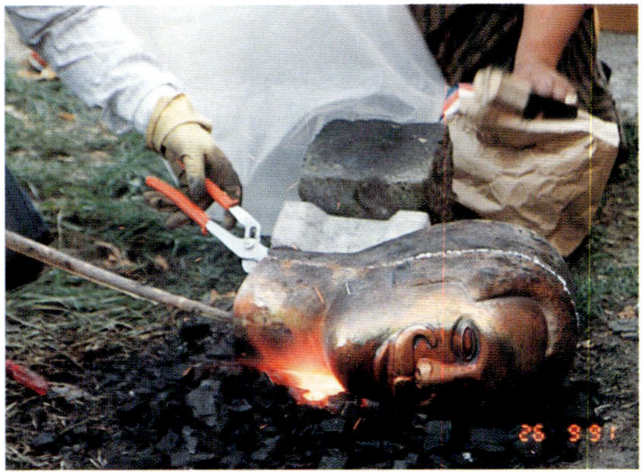

25. Die Naht wird verlötet. Bei guter Arbeit tritt fast kein flüssiges Kupfer aus. Das Ehepaar ist am schwierigsten und am spannendsten Moment der Arbeit angelangt. „Pump stärker, pump fester . . .“, ruft Dragan, Miza ist außer Atem.

26. Die Lötstelle wird mit Wasser abgekühlt.

27. Das Feuer wird gelöscht, ein Habitus der Sparsamkeit, um Holzkohle zu sparen, die später wiederverwendet werden kann.

28. Dragan betrachtet sein gelungenes Werk.

Dragan Jevremović lebt seit 1970 in Wien. Er arbeitete bei einer Spenglerfirma. Neben dieser Arbeit betätigte er sich auch als Altwarenhändler.

Dragan ist einer der fleißigsten Menschen, denen ich je begegnet bin. Neben den bereits aufgezählten Tätigkeiten hilft Dragan seiner Frau zuweilen bei ihrer Arbeit als Hausmeisterin in einem großbürgerlichen, fünfstöckigen Wohnhaus im dritten Bezirk von Wien. Im Gang des Hauses hat er verschiedene Messingreparaturen am Lift, an den Türen und an den Namensschildern geleistet.

Noch immer nimmt die Aufzählung von Dragans Tätigkeiten kein Ende, 1991 wurde er zum ehrenamtlichen Vorstand (Präsident) des neu gegründeten Vereines „Romano Centro" gewählt, 1992 wurde er zum zweiten Mal zum Präsidenten des Vereins gewählt. Das Vereinslokal im 11. Bezirk in der Schneidergasse 15 wurde allein von ihm um- und ausgebaut und auch eingerichtet. Im Oktober 1991 war er an den Schulführungen durch die Ausstellung „traditionelles Handwerk" im Amerlinghaus wesentlich beteiligt.

Zu erwähnen sind auch die zahlreichen familiären Verpflichtungen, denen er als Sippenvorstand nachkommen muß, wie etwa die aktive Mithilfe an diversen Hochzeiten, das Ausrichten der *Slava* (Familienfest) und anderer Feste, die zur Ankunft von Gästen oder zum Abschied von einrückenden Soldaten gefeiert werden. Erwähnenswert ist auch die familiäre Verpflichtung, Emigranten und Asylanten aufzunehmen, zu beherbergen und zu finanzieren.

Auch andere in Wien lebende *Kalderaš* betreiben das Kesselschmieden nur noch als Freizeitbeschäftigung bzw. als Zusatzerwerb.

In den Geschäften des dritten Bezirkes von Wien etwa stellen sich in regelmäßigen Abständen *Kalderaš* ein, die ihr handwerkliches Können zur Schau stellen.

Im Gegensatz zu den burgenländischen „Roma" beherrschen einige *Kalderaš* noch die Technik des Kupferschmiedens samt den Vorbereitungen und den Hilfsleistungen.

Es wäre sinnvoll, jetzt schon eine Sammlung von Kupferobjekten anzulegen und auch eine Sammlung des benötigten Werkzeuges mit ihrer Bezeichnung in *Romanes.* Das Handwerk sollte auch in Form von Workshops und Fortbildungskursen an alle Interessierten weitergegeben werden.

Zusammenfassung

In dem vorliegenden Artikel werden zwei Rom-Gruppen näher beleuchtet, die beide mehrere Generationen lang ein Metallhandwerk als Gruppenberuf betrieben haben.

Im Falle der Burgenland-Roma, einer seit über zwei Jahrhunderten seßhaften Rom-Jati, wurde der Schwerpunkt im historischen Bereich gesetzt und versucht, die Herkunft dieser Jati zu klären.

Im Fall der *Kalderaš* hingegen steht der Lebenslauf eines Ehepaares und die Beschreibung einer handwerklichen Meisterleistung im Mittelpunkt.

Dragan Jevremović lebt seit 1970 in Wien. Er arbeitete bei einer Spenglereifirma. Neben dieser Arbeit betätigte er sich auch als Altwarenhändler.

Zeichenerklärung

Buchstaben, die vom deutschen Alphabet abweichen, und ihre Aussprache:

ă	kurzes i (Halbvokal) vor dem a
ć	palatalisiertes t oder k, entspricht dem ć im Serbokroatischen, stimmlos
č	etwa tsch im Deutschen, entspricht dem č im Serbokroatischen, stimmlos
đ	stimmhaft, vgl. im Serbokroatischen
ǵ	stimmhaft, vgl. im Serbokroatischen dž, im Lovaradialekt öfter g
î, ê	Schwalaut
h	(nach č, k, t u. p) aspiriert gesprochenes č, k, t, oder p.
k	unaspiriert gesprochen
p	unaspiriert gesprochen
ŕ	uvulares r, neigt zum ch
ś	palatalisiertes š, etwa schj
š	sch, stimmlos
t	unaspiriert gesprochen
x	ch wie in dt. ach
ź	palatalisiertes ž, stimmhaft
ž	etwa franz. jour, stimmhaft

Wortliste von Wörtern in Romanes (im Text kursiv)

Es werden jeweils Singular, Plural und Geschlecht angeführt

Arlia(ja), Arlije, m.	Rom aus der Gruppe der seßhaften, moslemischen Zigeuner
Burguđi, Burguđides, m.	Rom aus der Gruppe der Bohrermacher
Čurara, Čurara, m.	Rom aus der Gruppe der Siebmacher
Demirđi, Demirđides, m.	Rom aus der Gruppe der Metallarbeiter
Drzara (Drisara), Drzara, m.	Rom aus der Gruppe der Lumpensammler
Gitano, Gitanos, m.	Angehöriger einer Zigeunergruppe, die vor allem in Spanien lebt

Gurbet, Gurbet, m.	Rom aus einer Gruppe, die vor allem am Balkan verbreitet ist
gađo, gađe, m.	Nichtzigeuner
Kalaiđi, Kalaiđides, m.	Rom aus der Gruppe der Verzinner
Kalburđi, Kalburđija, m.	Rom aus der Gruppe der Siebmacher
Kalderaš, Kalderaš(a), m.	Rom aus der Gruppe der Kupferschmiede
khelimaski ǵili, khelimaske ǵila, f.	Tanzlied
Kortorari, Kortorara, m.	Rom aus der Gruppe der Zeltzigeuner
kris, krisa, f.	Gerichtsverhandlung
loki ǵili, loke ǵila, f.	langsames Lied
Lovara, Lovara, m.	Rom aus der Gruppe der Pferdehändler
Manuš, Manuš, m.	Mensch; Angehöriger einer Zigeunergruppe, die kulturell den Sinti eng verwandt ist
mesaljaki ǵili, mesaljake ǵila, f.	Tischlied
mulo, mule, m.	Geist, Toter
paćiv, paćiva, f.	Ehre, Fest
pomana, pomane, f.	Totenmahl
Romani, n.	Sprache der Zigeuner
Rom, Roma, m.	Zigeuner, Ehemann
Romni, Romnă, f.	Zigeunerin, Ehefrau
Romanes, adv.	zigeunerisch, auch: die Sprache der Zigeuner
Sepeči, Sepečides, m.	Rom aus der Gruppe der Korbflechter
Sinto, Sinti, m.	Angehöriger einer Zigeunergruppe, deren Kultur wesentlich durch den deutschen Einfluß geprägt ist
slava, slave, m.	Fest
xoraxano Rom, xoraxane Roma, m.	Rom aus der Gruppe der moslemischen Zigeuner (türkische Zigeuner)

Vorwort zum Namens-, Sach- und Ortsregister:

Begriffe, die als Grundthema dieser Publikation gelten können, wie zum Beispiel der Begriff Roma, wurden in dieses Register nicht aufgenommen. Namen, Orte und Länder wurden durchgehend ausgewiesen, die Sachbegriffe wurden je nach Themenstellung der einzelnen Artikel angeführt. Einige besonders wichtige Begriffe wurden jedoch durchgehend erfaßt.

Personenregister

Ortsregister

Sachregister

Die Autoren:

Prof. Dr. Dr. Reimer GRONEMEYER
Geboren 1939. Theologie und Soziologie. Seit 1975 Professor für Soziologie an der Universität Gießen. Zahlreiche historische und sozialwissenschaftliche Veröffentlichungen zum Thema „Zigeuner". Hg. der Fachzeitschrift: „Tsiganologische Studien".

Dr. Georgia A. RAKELMANN
Geboren 1951. Studium der Volkskunde, Völkerkunde und Pädagogik in Marburg. Seit 1979 wissenschaftliche Mitarbeiterin in Roma-Forschungsprojekten. Zahlreiche Veröffentlichungen sozialwissenschaftlicher und ethnosoziologischer Arbeiten zum Thema. Hg. der Fachzeitschrift: „Tsiganologische Studien".

Renata M. ERICH
Geboren 1933 in Prag. Mittelschule und Jusstudium in Wien. Pressereferentin des Molden Verlages, freie Journalistin, seit 1982 festangestellte Redakteurin des Bayerischen Rundfunks Fernsehen. Fernsehdokumentationen vor allem aus dem Südosten Europas. 1988 das Buch: „Ojtser, das Schtetl in der Moldau und Bukowina heute" (Verlag Brandstätter, Wien).

Univ.-Doz. Dr. Erika THURNER
Geboren 1952. Studium der Geschichte und Germanistik. Dozentin am Institut für Neuere Geschichte und Zeitgeschichte der Universität Linz. Dzt. VAss. am Institut für Politikwissenschaft der Universität Innsbruck. Arbeitsschwerpunkte: Widerstand und Verfolgung in der NS-Zeit, Minderheitenforschung am Beispiel der Sinti und Roma, Regionale Arbeiterbewegungsgeschichte, Historische Frauenforschung.

Mag. Barbara RIEGER
Geboren 1964 in Wien. Studium der Geschichte und Germanistik, 1990 Diplomarbeit: „Zigeunerleben in Salzburg 1930–1943." Arbeit an der Dissertation „Sinti und Roma in Österreich nach 1945", Betreuung Doz. Dr. Erika Thurner, Linz. Tätig am Internationalen Kulturinstitut Wien.

Mozes F. HEINSCHINK
Geboren 1939 in Oberndorf an der Melk. Seit über 30 Jahren intensive Beschäftigung mit Kultur und Dialekten verschiedener Roma- und Sintistämme. Seit Anfang der sechziger Jahre zahlreiche Feldforschungen bei Roma in Österreich, Ungarn, Tschechoslowakei, am Balkan und in der

Türkei. Umfangreiche Audiosammlungen (rund 700 Aufnahmestunden) mit Oraltraditionen und traditioneller Musik der Roma. Vortrags- und Lehrtätigkeit zur Sprache und Kultur der Roma.

Mag. Beate EDER
Geboren 1964 in Hall in Tirol. Studium der vergleichenden Literaturwissenschaft und Spanisch an der Universität Innsbruck. Studienjahre im Ausland (USA, Spanien). Forschungsprojekt zur Literatur der Roma am Institut für Vergleichende Literaturwissenschaft, Universität Innsbruck. Lehrbeauftragte.

Dr. Ursula HEMETEK
Geboren 1956 in Wien. Studium der Musikwissenschaft, Anglistik, Volkskunde und Slawistik an der Universität Wien. 1987 Dissertation über die burgenländischen Kroaten. Seit 1987 in Forschungsprojekten am Institut für Volksmusikforschung tätig. Dzt. VAss. in den Projekten „Traditionelle Musik ethnischer Gruppen in Österreich" und „Die traditionelle Musik der Roma in Österreich".

Dr. Claudia MAYERHOFER
Geboren 1949 in Villach. Ausbildung zur Sonderschullehrerin für Sprachheilkunde und Hörbehindertentherapie. Studium der Volkskunde, 1982 Dissertation über die Burgenland-Roma. Forschungsschwerpunkt: verschiedene Roma-Gruppen im In- und Ausland. Lehrtätigkeit: romaspezifische Pädagogik.